JN200479

東京事務所の政治学

都道府県からみた
中央地方関係

大谷基道

Otani Motomichi

勁草書房

はじめに

　……各銀行は，MOF の行政指導の意向がどの辺にあるのかを探るべく，MOF 担当の行員を配している。MOF の建物の中をいかにも慣れたように歩き，一見 MOF の役人であるかのように見えながらも，どことなく違う人たちがちらほらいる。……（中略）……彼らは「大蔵省（MOF）の担当」であることから，この世界では「MOF 担」という隠語で呼ばれている。……[1]

　1998 年に発覚した大蔵省接待汚職事件を契機に，世間にその存在が知られるようになった「MOF 担」。彼らは銀行員でありながら大蔵省に日参し，大蔵官僚と世間話をしながら，それとなく最新の情報を探り，政策の微妙な変化を読み取るといった活動を展開してきた[2]。さらに，大蔵官僚との良好な関係を構築するため，夜は料亭やクラブなどでの接待も頻繁に行われたという[3]。その後，過剰接待が世間の批判を受けて徹底した綱紀粛正がなされるとともに，大蔵省改革により金融機関の検査・監督部門が分離されると MOF 担も姿を消した。しかし，これと似た活動を都道府県が今でも展開していることを皆さんはご存知だろうか。

　筆者は 1993 年に茨城県庁に入庁した。新人の頃，東京に事務所があることを知り，不思議に思って周囲の先輩たちに何をやっているのか聞いたことがある。その回答は一様に「官僚と酒席を共にして情報を取ってくる」といったものであったが，それ以上のこと，たとえば，何に関する情報を取るのか，どの

1　石澤（1995），119 頁。
2　同前，119-120 頁。
3　大倉（1996），54-56 頁。

ようにして情報を取るのか，昼間は何をしているか，など具体的なことについ
ては誰もはっきりとは知らなかった。

　「本庁の部長が，課長とぜひ一度やりたいといっているんですが，いか
がでしょうか」
　県の東京事務所の行政担当者がそういうと，霞が関の課長は，
　「そうね。○○県さんとはいくつか案件があることだし，会っておいた
方がいいね。日程は委せるからよろしく」[4]

　これが都道府県東京事務所の活動に関する当時の一般的なイメージであろう。
その後，1995 年に官官接待が社会問題化すると，その舞台の 1 つとして東京
事務所の存在がマスコミ等で報じられるようになった。その後，官官接待は世
間の激しい批判を受けて廃止されたが，東京事務所自体はその後も廃止されず
に存在し続けている。
　2005 年 4 月，筆者は東京事務所に異動になった。それを知った県庁の人た
ちからは，「東京事務所って，いまは何をやっているの？」という反応が相次
いだ。それも当然であろう。官僚と酒席を共にして情報を取ってくるための事
務所と思っていたのに，官官接待が廃止されても残っていると聞けば，「いま
はいったい，何をやっているのか？」と思うのが自然である。また，「国の情
報も昔ほど必要ではないのではないか？」との反応も多かった。たしかに，
1990 年代半ばから進められた地方分権改革は，1999 年の地方分権一括法制定
を一応の着地点としていったん終結し，その後，財政面の改革として三位一体
の改革が進められているところであった。さらに，この頃までには，FAX や
電子メール，インターネットなど情報通信技術（ICT）の飛躍的な発展により，
地元からでも東京発の情報へのアクセスが容易になったことで，「わざわざ東
京に事務所を構える必要があるのか？」との意見も聞こえてくるようになって
いた。

4　村山（1997），61-62 頁。

　筆者自身も東京事務所が何をやっているのか疑問に思っていたが，いざ東京事務所に着任してみると，その疑問はすぐに氷解した。着任すると早速，前任者とともに担当省庁への挨拶回りを行うことになった。茨城県出身者，茨城県への出向経験者，一時的に省庁に派遣されている茨城県職員など，茨城県にゆかりのある方々を中心に担当省庁内を回って着任の挨拶をすると同時に，前任者から「○月には○○に関する情報が必要になるから，○○課に行って入手すること」「各課のプレスリリース資料は○階の○○に，人事異動情報は○階の○○に行って入手すること」「○○に関する情報が必要になったら○○さんに尋ねてみること」といった省庁回りのポイントを教えられていった。そう，東京事務所では酒席がなくなっても依然としてさまざまな情報の収集を行っていたのである。

　当時，このような活動はどこの東京事務所でも同じように行われていた。たとえばこんな感じである。

　　今日は早速，国土交通省へ新任の挨拶回り。大量の名刺を片手にこれからお世話になるであろう方々や県出身者等と次々に名刺を交換していく。
　　「……（中略）……最も大切なのは人脈形成だ。とにかく沢山の人を覚えて，沢山の人に覚えてもらえるように頑張りなさい」とアドバイスを受けていたこともあり，一日も早く相手の顔と名前を覚えようと私なりに精一杯神経を集中し続けていた。
　　私たちの毎日の仕事に県出身者や県へ派遣されていた省庁の人へ新聞記事を配布するというものがあり，2人とも早く名前を覚えてもらおうと，毎日毎日相手が嫌がるのではないかと思われるくらいに足しげく通うことにした[5]。

　　東京には，都道府県の出先機関である東京事務所がある。そこの駐在員さんが，事務次官以下の地元出身の官僚に月に1回間隔で，県の機関紙を

5　全国都道府県・政令指定都市国土交通省担当者連絡協議会編（2005），33-36頁。

配りがてら，情報収集と挨拶に来るのだ。

　僕の所にも，中央とのパイプ作りのために毎月担当の主査が挨拶回りにやって来る[6]。

　ところで，東京事務所はこのような活動によって，具体的にどのような情報を収集しているのだろうか。また，「国の情報も昔ほど必要ではないのではないか？」「わざわざ東京に事務所を構える必要があるのか？」といった疑問には何と答えればよいだろうか。あるいは，東京都や埼玉県なども他の道府県と同様，霞が関の近くに対中央省庁用の事務所を置いているが，「霞が関に程近い東京都やその近県がわざわざ東京に事務所を置く必要があるのか？」と問われれば，果たして何と答えればよいのだろうか。

　本書においては，東京事務所における実務の実態とその変遷を明らかにすることで，これらの疑問に回答しようと試みた。結論を先取りすればおおむね次のとおりとなる。現在に至る東京事務所の多くは戦後数年以内に誕生し，その業務の1つに中央省庁を相手とする連絡調整・情報収集業務があった。その遂行には国とのパイプが必要であったが，戦前は国の総合出先機関的な存在であった都道府県が戦後は完全自治体となったことで国との関係が希薄となり，情報・交渉経路としての人的ネットワークの構築が急務とされた。そこで，東京事務所の職員が中央省庁に日参し，関係を深めようとする行動が見られるようになった。

　1960年頃になると，国から地方への財政支出が増大し，補助金や事業枠を都道府県同士で奪い合うようになった。そのため，国への陳情・要望活動や官官接待が活発に行われるようになっていった。1990年代半ば以降になると，官官接待の社会問題化や景気後退による国家財政事情の悪化などを受け，かつてのような派手な陳情・要望は見られなくなっていった。

　2000年代に入ると，三位一体の改革により補助金が大幅に削減されたため，さらに陳情・要望活動は少なくなった。その一方で，地方分権改革の進展によ

り国と都道府県が対等・協力の関係になり，国の関与の見直しも進んで，都道府県の自己決定権が拡大した。その結果，かつては国の指示どおり実施していれば済んだものを自身で判断・決定せねばならなくなったため，主に実施段階における不確実性を極力低減させるための情報が求められるようになった。具体的に言えば，中央省庁による法令案や国会想定問答集など，公表前の情報や非公表の情報である。そのようなインサイダー情報に接近するには，相手との接触頻度を高め，親近感を持たせることで準インサイダーの地位を得る必要がある。そこで，ICT が発達した現在においても，東京事務所の職員は中央省庁に日参したり，「省庁県人会」や「東京事務所間の連携組織」を活用したりしながら，そのような情報を効率的に獲得しようとしているのである。なお，東京事務所間の連携組織が存在することからもわかるように，中央省庁の情報を得るために東京事務所同士が連携することがしばしば見られる。本来は東京事務所を置く必要性の薄い都県が東京事務所を置いているのは，そのような連携を考慮しているためと考えられる。

　その一方で，中央省庁も地方分権改革により都道府県との関係が希薄になったため，日頃から接触のある東京事務所を通じて現場の情報を求めるようになっていった。つまり，東京事務所は中央省庁の情報を入手して都道府県庁（本庁）に流すだけでなく，都道府県の現場の情報を中央省庁に伝える役割も担っているのである。

　行政学の世界において，東京事務所は，知事をはじめとする地方政治家が中央政界に政治的な働きかけを行うための前線基地として長らく認識されていた。しかし，東京事務所の実務の実態に着目した本書によれば，東京事務所はこれまで思われてきたような「政治ルート」よりも，中央省庁・都道府県庁間の「行政ルート」において，より重要な役割を果たしてきたのではないかと考えられる。そしてその役割とは，中央省庁の情報を都道府県庁（本庁）に，あるいは，都道府県庁（本庁）の情報を中央省庁に，それぞれ媒介することであった。つまり，東京事務所を媒介者として国と都道府県との間で情報資源の交換が行われていたのである。

　冒頭に述べたとおり，東京事務所の活動は都道府県の職員にもあまり知られていない。ましてや，外部からの観察は非常に困難である。本書を執筆する上

では，筆者の東京事務所勤務経験を活かし，元インサイダーならではの利点を最大限に活用した。すなわち，実体験に基づく本質の見極め，関係者限定資料の所在の把握，関係者人脈の活用により，外部からでは知り得ない東京事務所の活動実態をかなり詳細に示した。ただし，主観の入り込む余地を極力排除するとともに，検証可能な研究にするため，個人的な経験を直接用いることは基本的に行っていない。本研究は，あくまでも文献調査，インタビュー調査，アンケート調査など客観的な根拠に基づくものであることを申し添えておく。

目　　次

問題意識と分析視角：なぜ東京事務所が必要なのか

1　問題意識と分析視角

(1) 問題意識

　一般にはあまり知られていないが，東京都を含む全 47 都道府県が東京に事務所（以下，「東京事務所」という）を設置している[1]。なお，ここでいう東京事務所とは，第 1 章で詳述する成立過程を踏まえ，「東京において中央省庁との連絡調整を行う事務所」を指す[2]。現在，そのほとんどは全国知事会の関連団体が管理する「都道府県会館」[3] 内にあり，江戸時代における各藩の「江戸屋敷」に例えられることもある[4]。

　東京事務所の歴史は古い。現在の東京事務所につながる組織体制・所掌業務が確立された時期を辿っていくと，地方自治法が施行された 1947 年頃にまでさかのぼることができる。もともとは「中央省庁との連絡調整」を目的に設置されたものであるが，現在では，多くの事務所が観光物産や企業誘致などの業務もあわせて所管している。

　ところで，そもそもの目的であった「中央省庁との連絡調整」とは主にどのような活動を指すのだろうか。事務所の存在を知る人の多くは「国から補助金を獲得するためにいち早く情報を入手したり，さまざまな働きかけをしたりすること」と答えるであろう。たしかに以前ならこのような活動は必要不可欠であった。

1　東京都が東京に事務所を置いているというのも奇妙な話のように思われるが，実際に都庁とは別に事務所（正確には都道府県会館内東京都事務室）を置いている。
2　このほか，企業誘致や観光物産 PR のみを所管する事務所も東京に存在するが，本書ではそれらは対象外とする。また，「中央省庁との連絡調整」以外の業務もあわせて所管している事務所に関しては，特段の理由がある場合を除き，「中央省庁との連絡調整」を担う部分だけに焦点を当てることとする。
3　所在地：東京都千代田区平河町 2-6-3，最寄り駅：東京メトロ永田町駅。
4　たとえば，童門（2005），295-298 頁。

図表 0-1　地方向け補助金等の推移（当初予算ベース）

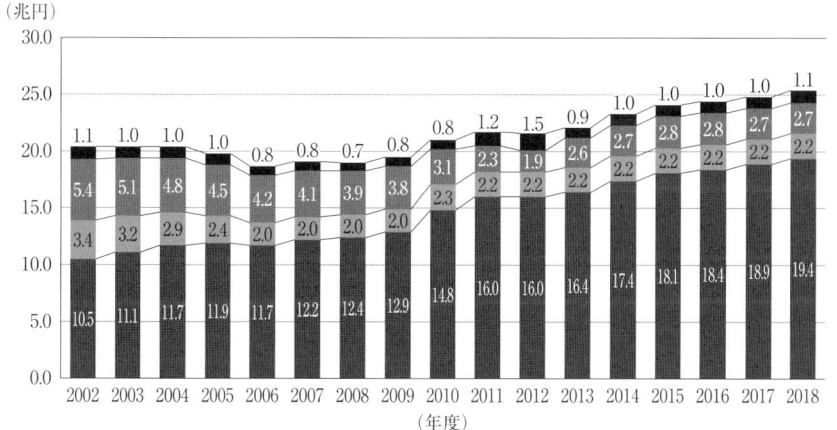

注）2012 年度以降の東日本大震災復興特別会計分を除く。
出所：財務省資料「地方向け補助金等の全体像」（各年度版）等をもとに筆者作成

　しかし，第 1 次地方分権改革では機関委任事務の廃止，国の関与の見直し等が行われ，国と地方の関係は「上下・主従」から「対等・協力」に変化した。続く三位一体の改革では国の地方向け補助金も以前より大きく減少した。

　図表 0-1 は，近年の地方向け補助金等の推移である。三位一体の改革による補助金等の整理は 2003 年度予算において反映が始まり，2006 年度予算に終わった。総額的には一時減少した後，再び増加しているが，これは社会保障関係分野の伸びによるものである。その内訳は健康保険，介護保険，生活保護，障害者自立支援に係る負担金等であって，地方が自由に使えるものではない。地方の裁量度が高い公共事業関係分野を見てみると，2003 年度予算から徐々に削減され，2006 年度予算以降もさらに削減傾向が続き，2018 年度には 2002 年度の半分にまで減少している（5.4 兆円→2.7 兆円）。

　したがって，国からの補助金獲得のための活動の必要性は以前に比べて大きく低下しているはずである。

　また，中央省庁への物理的なアクセス事情も大きく変化している。新幹線や高速道路など交通インフラの整備が進み，必要があればすぐ上京できるようになった。情報通信技術（ICT）の発達により FAX や電子メールでのやりとり

も可能となった。また，各省庁のホームページを見れば大抵の資料は入手可能
であり，時事通信社の iJAMP[5] を契約すれば，中央省庁の動向もウェブ上で逐
一追うことができるようにもなった。

　このような状況の変化を踏まえると，わざわざ東京に事務所を構える必要性
は大幅に低下したように思える。実際，政令指定都市を除く市町村の東京事務
所の中にはそのような理由で廃止されたところも散見される。ところが，都道
府県レベルでは，現在もすべての都道府県が東京に事務所を置き，中央省庁と
の日常的な接触活動を継続している。これをどのように説明すべきか。

　この問いについて，次のように考えることもできる。そもそも東京事務所が
中央省庁に接触していたのは補助金の獲得のためだけだったのだろうか。たと
えば，国が意思決定権を持つ事項全般がターゲットだったと考えることはでき
ないか。国の決定が地方行政に大きな影響を及ぼすのであれば，自治体もその
情報を得ようと躍起になるはずである。これは民間企業が関係法令の制定・改
廃の趨勢や税制の動向等に神経を尖らせるのと同様の構図であり，かつて各銀
行が監督官庁である大蔵省から情報を得ようとして置いた MOF 担[6] に似た役
割を果たしているのではないか。あるいは，地方分権改革によって都道府県の
自立性が高まり，以前より国と都道府県の関係が希薄になったとしても，たと
えば地方自治制度など国が枠組みを定めるものや国の直轄事業など国が決定権
を持つものが存在する限り，都道府県が国から入手しようとする情報も存在し
続けるのではないだろうか。

　また，ICT や交通インフラの発達・発展により遠隔地から中央省庁にアク
セスすることが容易になったとしても，それだけですべての情報を入手できる
とは限らない。情報には公表されている情報と公表されていない情報がある。
非公表の情報を外部の者が入手するのはきわめて難しく，準インサイダーのよ

うな立場を手に入れる必要があるのではないか。そのために，足繁く通うことのできる距離に常駐し，日頃からフェイス・トゥ・フェイスの関係を構築しておく必要があるのではないか。

　仮に上記のような，「補助金に限らず，国が意思決定権を持つ事項全般に関する情報収集活動のため，都道府県は中央省庁に日参するための拠点として東京に事務所を置いている」との説明が正しく，東京事務所を置くことに一定の合理性が認められるとしても，説明が難しい部分が2つある。

　1つは，東京事務所を置くことによるコストとベネフィットの関係である。国との関係は都道府県によって濃淡がある。財政的に自立し，多くの地域資源を抱える東京都と，財政的に国に強く依存し，地域資源にも恵まれない過疎地域の県では，国との関係の密度は当然異なるはずである。国との関係が濃ければ東京事務所を置くベネフィットは大きく，薄ければベネフィットは小さくなる。そのベネフィットが東京事務所を置くコストを下回るのなら，事務所を存続するという判断は合理的ではない。実際に，市町村の東京事務所にはそのような理由で撤退したところもある。しかし，都道府県の場合，これまでに東京事務所を撤退した例はなく，すべての都道府県が東京事務所を存続させている。とくに財政力が豊かな都道府県は，費用対効果の面から見て東京事務所を置くことが必ずしも合理的ではないようにも思われる。もしそうならば，合理的でないにもかかわらず，東京事務所を存続させているのはなぜだろうか。

　もう1つは，霞が関に容易に通える距離にある都県がわざわざ東京事務所を置くことの合理性である。東京都は都庁から霞が関まで電車で30分以内の距離にある。その東京都が東京事務所を置くことに合理性は感じられない。県庁から霞が関まで電車でいずれも1時間以内である埼玉県，千葉県，神奈川県についても同様である。なぜ中央省庁に物理的に近接するこれらの都県も東京事務所を置いているのだろうか。

　これらの点については，いずれも合理性の面からは説明が困難なようにも思える。そのため，合理性以外の視点からのアプローチについても検討が必要である。

(2) 分析の視角

2-1　中央地方関係に関する理論

　東京事務所は国と都道府県の物理的な接点に位置し，その役割は国と都道府県の関係に大きく影響される。東京事務所の仕事は補助金に関する事項だけが対象なのか。それとも，国が意思決定権を持つ事項全般を対象とするのか。そもそも都道府県はなぜ国の動向を注視し，その情報に敏感でなければならないのか。こういった点を理解するには，国と都道府県の関係がいかなるものなのかを踏まえる必要がある。

　戦前の府県は，国の出先機関と地方自治体の２つの性格をあわせ持っていたが，国の行政事務を総合的かつ全国一律に地方レベルに浸透させる単位として，国の総合出先機関[7]としての性格をより強く有していた。当時，国の内政施策はすべて府県知事を通じて施行されるようになっており，府県知事は内務大臣の直属でその指揮監督を受けるとともに，他の各省の所管事項については各省大臣の指揮監督を受けていた[8]。

　知事は内務省から派遣され，部課長等の府県幹部も内務省採用者が多数を占めていた[9]。また，府県庁の課長以上の人事権はすべて内務大臣が握っており，あたかも内務省とあわせて１つの組織人事のように考えられていた[10]。知事が管外に出張する際には内務大臣の許可が必要であった[11]ことなども含め，知事は地方自治体の長というよりも国の出先機関の長，いわゆる地方長官[12]としての色彩が濃いことからも，当時の府県は国の出先機関の性格が強かったことが見てとれる。

　戦後，1946年の府県制改正，1947年の地方自治法制定等により，知事は住民による直接公選となり，府県も国の総合出先機関ではなく，東京都や北海道

7　辻（1976），178頁。鈴木（1999），127頁。

8　大霞会編（1971），197-198頁。

9　中国新聞社編（1976），292-294頁。

10　大霞会編（1971），582頁。鈴木（1999），127頁。

11　大霞会編（1971），793頁。

12　茨城の占領時代研究会編（2001），322頁。

とともに地方自治体（普通地方公共団体）と位置づけられた。また，知事以下すべての職員の身分も一部を除き[13]国家公務員ではなく地方公務員となり，戦前のような国（内務省）と一体化された人事管理は姿を消した。これにより，都道府県は完全自治体となり，国と都道府県における「国－出先」の関係は，機関委任事務を除き，法律的には消滅した。

このような中央地方関係の変化については，2つの説が唱えられてきた。温存説（連続説）と断絶説である[14]。

温存説（連続説）は，戦前の集権体制が戦後も温存された（続いた）とする見解であり，辻清明や赤木須留喜ら戦後第一世代の通説であった[15]。機関委任事務制度が残されたことがその最大の根拠とされる。この温存説は，わが国の行政学界において長らく通説の地位を占めてきた[16]。

これに対し，断絶説を唱えたのが次世代の村松岐夫である。村松は，「戦後体制は国会に基盤を持つ諸政党が強い政治的影響力を持ち始め，中央地方関係と地方自治は，その影響力構造の下で戦前の集権システムとは別物になった」[17]とする「戦前戦後断絶論」を主張し，それまでの通説を「戦前戦後連続論」と呼んで批判した[18]。さらに村松は，日本の中央地方関係について，戦前から続く官僚優位の立場から中央地方関係を行政関係として理解する，いわば伝統的な「垂直的行政統制モデル」に対し，同モデルには欠落している政治の影響を考慮した「水平的政治競争モデル」を提示した。すなわち，中央地方関係を単なる行政同士の関係ではなく，政治的意思に後押しされた地方間の横並

13　当分の間はその身分を国家公務員とする地方事務官とされた職員を除く。

14　市川（2012），45頁。なお，この2説については，少し異なる呼び方も見られるが，ここでは市川の呼称に従う。

15　村松（2014），4頁。

16　温存説（連続説）の詳細については，辻（1969）所収「戦後の統治構造と官僚制」，赤木（1978）所収「地方制度改正の意義と限界」などを参照のこと。

17　村松（2014），4頁。

18　村松（1979），同（1988b）。ただし，これに対しては批判もある。たとえば，市川喜崇は，戦前からの旧体制の終焉と同時に，政府機能の拡大と機能分化を背景とする機能的集権化（個別行政機能別の実施統制手段の増大）が進展した結果，戦前の集権体制とは異なる機能的集権体制が成立したとする「変容説」を主張している（市川（2012），10-11頁）。

び競争として理解したのである[19]。

　日本は中央と地方の守備範囲が明確に分かれておらず，相互が密着して同一領域での権限と責任を共有するシステムである[20]。その点において集権化傾向を内在させているが，他方，中央も地方に対して行政的に依存している面がある。たとえば，いくら中央が財源や権限を持っていても，政策を現実のものにするには実施を担う地方が動く必要がある。そのため，地方が政治的な自律性を発揮して中央に影響を与えることもしばしば起こり得る。このように日本の中央地方関係は相互依存的とする「相互依存モデル」を示した村松は，中央地方関係の鍵は「交渉」にあり，「交渉にのぞむ地方政府の戦略のかなりの部分が，他地方政府との競争原理から説明できる」と主張した[21]。

　ただし，村松は，相互依存モデルを「中央地方関係の全体を，政治に媒介された相互依存関係とみようとする見解」とする一方で，「垂直的行政統制モデルを全く誤りと考えるのではない」とも述べている。村松は，垂直的行政統制モデルでは政治過程との交渉部分が説明できないが，実際にはその部分が拡大しつつあり，かつ，その部分が中央地方統合の枠組みをなすこと，また，政治過程が行政的関係を変化させたことについての分析が欠落していることを踏まえ，垂直的行政統制モデルに対して批判的な立場を取る[22]。

　村松の「相互依存モデル」は，デイル・ライト（Deil S. Wright）による中央地方関係理論を参考にしている。ライトは，アメリカの中央地方関係に関する3つのモデルを提示した[23]。地方政府を包含する州政府と連邦政府（中央政府）がそれぞれ独立して行動する「分離モデル」，連邦政府が州政府を，州政

19　笠（1990），65頁。
20　この議論は，天川晃による集権―分権，分離―融合の2つの軸を用いた分類モデル，いわゆる「天川モデル」を踏まえている。天川は，中央―地方の関係をこの2つの軸を用いて捉えようとした。第一の軸は，中央政府との関係でみた地方団体の意思決定の自律性に関する「集権―分権」の軸であり，第二の軸は，中央政府と地方団体の行政機能の関係に関する「分離―融合」の軸である。このモデルに即して考えれば，日本は明治以降の「集権・融合型」が戦後改革を経て「分権・融合型」に再編されたとする（天川（1983））。
21　村松（1988b），180-183頁。
22　村松（1988b），47-48頁。
23　Wright（1988），pp. 39-49.

図表 0-2　ライト（Wright）の中央地方関係モデル

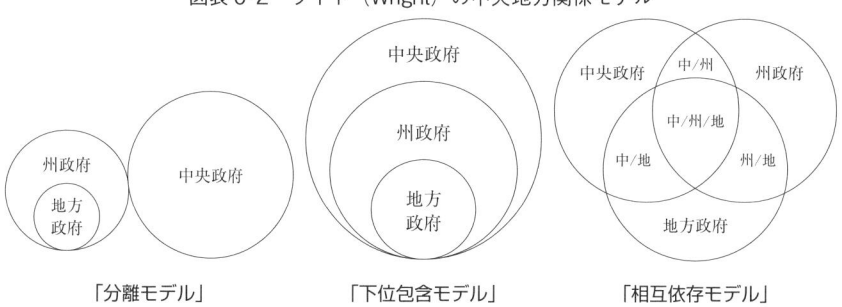

出所：Wright（1988），p. 40 をもとに筆者作成

府が地方政府をそれぞれ包含する「下位包含モデル」，この三者が相互に依存し合う「相互依存モデル」である（図表 0-2）。

　アメリカの中央地方関係は伝統的に分離モデルに相当する関係と考えられてきた。連邦政府と州政府との間には明確な役割分担があってそれぞれ自立しているが，「州の創造物」である地方政府は州から付与された権限を行使するに過ぎず，州に包含される存在とされる。ところが，ニューディール政策以降，連邦主導の政策が多く展開されるようになり，それらの事業に関しては州も連邦政府による監督・統制下に置かれるようになっていった。つまり，下位包含モデルに近づいていったのである。しかし，ライトによると現実はこの中間にあって，その活動領域は二者間あるいは三者間で重複する場合がある。その場合は相互に協力し合う関係となり，関係者間の交渉が重要になる[24]。

　第二次世界大戦以降，福祉国家化が進んだ国では，地方政府がその実施機関としての役割を期待されるようになった。福祉国家は行政サービスの全国平準化を図るため中央集権化が進む。その一方で，中央政府は実施機関としての地方政府への依存度を高めていく[25]。リチャード・ローズ（Richard Rose）によれば，地方は実施を担うことで中央に対する交渉材料を獲得し，自律性を拡大していったのである[26]。

24　同前。
25　秋月（1988），5 頁。

　また，R. A. W. ロウズ（R. A. W. Rhodes）によれば，あらゆる組織は資源面で他の組織に依存し，そのため組織の目標達成には資源交換が不可欠となる。すべての政府間の相互作用は「資源の交換過程」として扱うことが可能である。ここで交換される資源は，①法的資源（法令や制度に基づく権限），②財政的資源，③政治的資源（意思決定へのアクセス等），④情報資源，⑤組織資源（政策実施能力）である[27]。このうち，中央政府は①，②において，地方政府は④，⑤において，とくに優位を占めるとされる[28]。

　後述のとおり，国と都道府県の接点に位置する東京事務所は，国と何らかの情報交換を行っている。相互依存的な日本の中央地方関係において，その接点である東京事務所は国と都道府県との資源交換の最前線となる。

2-2　同型化に関する理論

　東京事務所の活動が仮に一定の合理性を持つものだとしても，「コストを上回るベネフィットが望めない場合でも東京事務所を置いていること」あるいは「霞が関に容易に通える距離にある都県がわざわざ東京事務所を置いていること」については，合理性だけでは説明がつかない可能性がある。

　そのような場合に用いられる分析枠組みとして，いわゆる「社会学的新制度論」がある。「新制度論」とは，1980 年代半ば以降に台頭した，制度の役割に注目した諸理論を指す。その代表的なアプローチの1つが組織論を背景とした社会学的新制度論であり，アクターが特定の行動を選択する際の認識に対する制度の影響の分析を中心とする。そこでは，法律など公式の制度だけでなく，社会の文化，規範，慣習など非公式の制度も重要視される。それらに基づく行動や関係が繰り返された結果，その意味が社会的に共有され，人々が疑問を抱かずに従うようになって制度となる。たとえば，エスカレーターに乗る時に，東京では左側に立って右側を空け，大阪では逆に右側に立って左側を空けるというようなことがそれに当たる[29]。

26　Rose（1985），pp. 21-31.
27　Rhodes（1981），p. 80.
28　Rhodes（1986），pp. 16-22.
29　伊藤（2002a），148-150 頁。秋吉・伊藤・北山（2010），166-170 頁。

　このように取るべき行動が自明視されるようになると，人々はそれぞれの状況に応じた行動を新たに考え出すという面倒な作業を経ることなく，それぞれの状況に応じた行為の予測が可能となる[30]。ただし，それは必ずしも合理的な判断とは限らない。エスカレーターの例で言えば，どんなに混雑していても東京であれば右側を，大阪であれば左側をかたくなに空けているため，エスカレーターに乗ろうとする人が長い列を作っている場面を見かけるが，合理的に考えれば片側を空けずに2列になって乗るほうが効率的である。実際に，そのような場面では，片側を空けずに2列で乗るよう誘導する店員や警備員を目にすることも少なくない。

　社会学的新制度論によると，不確実性の高い状況下の組織行動は，各自の合理的意思決定ではなく，自らが属する「組織フィールド」で共有されている共通理解，社会規範，認識枠組みに沿ってなされる。組織フィールドとは，ごく簡単に言えば同一の制度的環境下にある組織群のことであり，たとえば，主要な供給者，消費者，規制当局，さらには類似のサービスや生産物を生み出すその他のさまざまな組織などあらゆる利害関係者が含まれる。この組織フィールド内では，組織は同じような組織の行動を参照し，互いに相談し合って共通認識を形成することで，適切と思われる行動を選択し，自らの「正統性」を確保しようとする。これにより，同種の組織の行動は互いに同型化していく。つまり，曖昧な状況下で組織行動を正統化しようとすると「同型化（isomorphism）」が起きるのである[31]。

　ポール・ディマジオ（Paul DiMaggio）とウォルター・パウエル（Walter W. Powell）によると，同型化は「競争的同型化」と「制度的同型化」の2つに大別される[32]。競争的同型化とは，環境の機能的特性に適合した行動が選択され，その結果，残るのは同じような行動ばかりになるというものである。つまり，その環境下においては最も合理的な行動であると考えられる。もう1つの制度的同型化とは，正統性を有する行動が選択されるというものであり，機能

30　伊藤（2002a），148-150頁。
31　DiMaggio and Powell（1983），pp. 148-150.
32　同前。

的適合ではなく文化・社会的適合を強調する。合理的意思決定によらないというのが最大のポイントである。

　制度的同型化には，①強制的同型化（coercive isomorphism），②模倣的同型化（mimetic isomorphism），③規範的同型化（normative isomorphism），の３つのパターンが存在する[33]。

　１つ目の「強制的同型化」は，依存関係にある他の組織や文化的期待によって行使される公式及び非公式な圧力の結果として生じる同型化である。法令，慣例，強い影響力を持つ集団からの圧力を背景とする公式または非公式の要請に従わざるを得ない場合が典型的である[34]。

　国と都道府県の関係に関する例でいえば，中央省庁が都道府県に対して何らかの意思表示を行い，都道府県はそれに従わざるを得ないといったシチュエーションが考えられる。より具体的には，国勢調査の例や地方公務員の給与水準の例などが挙げられよう。

　国勢調査の場合，法定受託事務として都道府県や市町村の仕事とされているが[35]，その実施にあたっては，国勢調査令，国勢調査施行規則，国勢調査の調査区の設定の基準等に関する省令や，総務省統計局国勢統計課が作成する要領やマニュアル等に沿うこととなる。また，地方公務員の給与水準については，法制度的には職務給の原則，均衡の原則などが地方公務員法に規定されているだけであり，その範囲内でいかなる給与水準を取るかは各自治体が自主的に決定できることとされている。しかし，総務省の指導・助言により，ラスパイレス指数でみると地方自治体の給与水準は一定の範囲内に収まるなど，強い類似傾向がみられる[36]。

　２つ目の「模倣的同型化」は，曖昧な状況に直面した組織が，不確実性を回避するため他の組織の行動をモデルとして模倣することによって生じる同型化である。この場合，より正統性の高い，あるいは，より成功していそうな類似

33　DiMaggio and Powell（1983），pp. 150-154.

34　同前。平田（2017），32-35 頁。

35　国勢調査令第 16 条。

36　稲継（2000），159-160 頁。

組織の行動を模倣することになる[37]。

　国と都道府県の関係に関する例でいえば，新たな行政ニーズが発生したが関係法令が整備されていない場合に，先進的な取り組みを行っている都道府県の取り組みを参照し，模倣するというようなシチュエーションが考えられる。このようなシチュエーションについては，すでに行政学の分野においても，伊藤修一郎による条例の波及過程の研究をはじめ，自治体間の政策波及に関する研究が存在する[38]。逆に，新たな法律が制定・施行されてはいるものの，その運用方針等が明確でない場合に，最初に該当事例を処理した都道府県の処理の仕方を模倣するというような場合も想定される。このような実施過程における法適用プロセスに関する研究については，これまであまり見られなかったが，近年は平田彩子による土壌汚染対策法及び水質汚濁防止法の適用プロセスに関する研究が注目される[39]。

　3つ目の「規範的同型化」は，専門家により提唱されたものが正統なものとして組織間に広まり採用されることによって生じる同型化である[40]。

　国と都道府県の関係に関する例でいえば，新たな法令が制定・施行されたが，その運用方針等が明確でなく，まだどの都道府県も処理した経験がないケースについて，法律を制定した所管省庁に意見を求めるシチュエーションが考えられる。この場合，法律案を作成した担当省庁が当然ながら最もその法律に詳しく，彼らからの助言が最も適切ということになる。

　これらはいずれも合理性・効率化を追求するものではない。組織が生き残るには，正しいと思われる行動を取ること，つまり，規制，規範，文化的信念などを満たして正統性を得ることが必要とされる。そのように努めた結果，組織は同質的になるのである。

　東京事務所は都道府県の組織の一部であって，国と都道府県の接点に位置する。したがって，都道府県の行動が国との関係の中で同型化していく場合，東

37　DiMaggio and Powell（1983），pp. 150-154. 平田（2017），32-35 頁。

38　たとえば，伊藤（2002b），同（2006）など。

39　平田（2017）。

40　DiMaggio and Powell（1983），pp. 150-154. 平田（2017），32-35 頁。

京事務所の活動も当然に同型化していくものと考えられる。

2　東京事務所研究の意義と先行研究

(1)　東京事務所研究の意義

1-1　東京事務所研究の意義

　東京事務所は，日本の中央地方関係を語る上で非常に重要な存在である。国と都道府県の物理的な結節点であり，両者間の調整・交渉等の最前線基地として，あるいは，両者間を行き交う情報の媒介者として大きな役割を果たす。

　たとえば，村松岐夫は著書の中で次のように述べている[41]。全国の地方政府は行政水準を上げるため，地元選出の国会議員を巻き込みながら，中央政府からの補助金獲得の競争を演じたり対立したりする。そして，「中央との交渉ではじめて決まる事項が多ければ，それが中央指令ではなく，地方がむしろ望んだことであるとしても，非東京のアクターたちの東京への出張は多くなる。各府県や大都市は，東京出張所を永田町と赤坂界隈におくことになる」として，東京事務所を地方が国に対して圧力をかける際の拠点とみなしている。

　また，村松は別の著書において[42]，中央地方関係において最大動員の原理が物理的に表現されたのが東京事務所であるとも主張している。ここでいう最大動員の原理とは，日本の行政を「明らかに一つの合理的な体系」とし，「人的リソース，資金，制度のあらゆるものを目的に向かって能率的に動員するシステム」と捉える「最大動員システム」を指す。東京に行政の機能が集中している以上，東京事務所が霞が関や永田町界隈に置かれていることが重要になる。微妙できめ細かい情報伝達を行うには対面的接触が効率的であり，フェイス・トゥ・フェイスの関係を維持するため物理的距離を少しでも縮めようとする努

41　村松（1988b），202-203 頁。なお，村松はここでは「東京事務所」ではなく「東京出張所」と記している。
42　村松（1994），42-45 頁。

力の結果，東京事務所が「噴出」した。しかし，これは中央が地方を押さえつけるためのものではなく，地方にも中央のリソースを最大限に利用しようとする意図があり，「中央のみならず地方も同意を与えた共通目標を追求するシステムが，地方側の情報センターとなる東京事務所を設置させてきた」という。

　繰り返すが，東京事務所は国と都道府県の物理的な結節点である。国が東京事務所を通じて都道府県を統制しようとしているのか，あるいは逆に，都道府県が東京事務所を通じて国を動かそうとしているのか，東京事務所の実態が解明されれば国と都道府県の関係を解き明かすことにつながる。

　かつて，日本の中央地方関係は中央集権的であり，国が地方を統制しているという考えが主流であった。それが正しいのであれば，国は結節点にある東京事務所を通じて自らの考えを都道府県に徹底しようとするはずである。より具体的に言えば，東京事務所の職員を集めたり呼びつけたりして，一方的に伝達や指導を行うような行動が観察されるものと考えられる。逆に，村松が主張したように，地方は国の一方的な統制下にあるのではなく，両者は相互依存の関係にあるという考えが正しければ，国と地方の間で交渉が行われるはずである。つまり，都道府県が自らの目標を実現するため東京事務所を通じて国を動かそうとするのであれば，国に対する圧力活動が東京事務所で観察されるものと考えられる。

　さらには，東京事務所の役割の変遷を辿ることで，中央地方関係がどのように変化してきたか，あるいは，変化していないのかを解明することも可能であろう。

1-2　本研究の重要性

　このように，中央地方関係に関する研究において非常に重要な位置づけであるにもかかわらず，これまで東京事務所を対象とする研究はきわめて少なかった。それは，その活動の実態を把握することがきわめて難しかったためであろうと推察される。東京事務所の活動の中心は中央省庁との連絡調整，つまり水面下，内々での情報のやりとりや根回しなどである。補助金やモデル事業枠といった限られたパイの奪い合いに勝利するための活動も多く，ライバルである他の都道府県を出し抜くには秘密裏に行動しなければならない。また，1990年代半ばに官官接待が社会問題化するまでは，夜の宴席での活動も一般的であ

った[43]。そのような活動の内容が公文書として残されるわけもなく、数少ない表舞台での活動である予算獲得のための陳情の様子がマスコミで報道される程度であった。そもそも同じ都道府県職員でも東京事務所の仕事がどのようなものか正確に知る者は少ない。

　このように東京事務所の活動は外部からの観察が非常に困難である。そのような場合、当事者にアンケート調査やインタビュー調査を行い、その実態を把握するということも考えられるが、東京事務所のような水面下の活動を赤裸々に語ってくれる職員を見つけるのはきわめて難しい。東京事務所の職員は公務員であるから守秘義務に反する行動は期待できず、たとえ守秘義務に反しないとしても後々問題となったり関係者に迷惑がかかったりするリスクを考えれば、その実情を語ることには消極的になりがちである。そもそも競争相手を出し抜くためには手段を選んではいられない場合もあるはずであり、たとえば国の担当者に「えこひいき」をしてもらわなければならないこともあろう。そういった表立って話せない活動も少なくないのであれば、外部の者に対して口が堅くなることは当然予想される。

　事実、東京事務所に関する数少ない先行研究においてもアンケート調査やインタビュー調査を実施しているが、その結果は当たり障りのないものである。それでは東京事務所の真の実態をつかむことは困難であろう。

　筆者は、2000年代に茨城県の東京事務所に4年間勤務した経験を有する。いわば参与観察に近い機会を得たわけである。ただし、本書では、東京事務所勤務時の経験を直接用いることは基本的に行っていない。これは、主観の入り込む余地を極力排除するとともに、検証可能な研究にすることを意図している。そのため、本書においては、文献調査、アンケート調査、インタビュー調査による客観的な根拠を用いて議論を展開している。この点に関しては、先行研究と何ら変わるところはない。

　しかし、インサイダーとしての経験が明らかに有利に作用した点が3つある。1つ目は、実体験に基づく、いわば参与観察による深層の把握である。感覚的

43　後述のとおり、東京事務所は官官接待の主たる舞台の1つであった。

な部分が存在することも否めないが，実態をしっかりと見極めて本質を捉えることが，的外れな結論を導かないためには重要とする見方もある[44]。2つ目は，多くの関係者限定資料の存在・所在を知っていたことである。公式には残せない話であっても，仲間内で作った記念誌などには赤裸々な回顧文が掲載されていることがある。また，同じく関係者限定配布の名簿も，その時々の組織体制等を把握する上で大いに役立つ。3つ目は，東京事務所関係者の警戒心を解くことができたことである。東京事務所勤務時に構築した他県の東京事務所職員や中央省庁職員との人脈により，裏話も含めた貴重な証言を多数得ることが可能となる。

　これにより，外部からの観察が非常に難しい東京事務所の活動実態をかなり詳細に示すことが可能となった。その結果，これまでベールに包まれていた東京事務所の活動が相当程度明らかになり，ファクト・ファインディング（新たな事実の発見）に関してだけでも学問上，一定の貢献をなすものと考えられる。

(2) 東京事務所に関する先行研究の概観

2-1　筆者による研究

　都道府県東京事務所を取り上げた先行研究はきわめて少ない。その活動を正面から取り上げた研究としては，まず筆者による研究が挙げられる。筆者は2009 年の論文「都道府県東京事務所の研究」において，地方分権改革の進展やICT の発展により，対中央省庁の前線基地としての東京事務所の役割は終わったとする見方について検証するとともに，それを通じて国と都道府県の関係を整理した[45]。これによれば，現在の東京事務所の役割は，中央省庁の職員

44　自治体職員の経験を有する稲継裕昭は「個人的な理由は，研究テーマの選択を正当化するうえで必要でもなければ十分でもない」という King, Keohane, and Verba（1994）の記述を引用し，実務経験の有無は論文作成には関係がないとする。その一方で，実務経験を持つ者から「現実の実態からみると皮相な研究だと直感的に評価される」ことを避けるには，現実の実態をしっかりととらえることが必要であり，その点で実務経験者にはアドバンテージがあるとも記している（稲継（2007），113-114 頁）。

45　大谷（2009）。これは本研究の端緒となった論考であり，本書でも，これに記された知見，データ等を適宜見直しながら数多く活用している。

とフェイス・トゥ・フェイスの関係を日々続けることで独自の人脈（「縦のネットワーク」）を構築するとともに，東京事務所相互の間にも省庁別の連携組織など情報交換のルート（「横のネットワーク」）を構築し，それら縦横のネットワークを用いて国の政策・施策に関する情報収集を行い，時には国の政策・施策に対して自都道府県の意見反映を図ることと結論づけられる。

　この論考では，まず，都道府県東京事務所の設置現況や沿革を整理した上で，東京事務所のターゲットとなる情報を類型化し，それらの情報を省庁日参や他都道府県の東京事務所との連携により入手していく実態を示している。さらに，その実態を踏まえて東京事務所不要論を検証し，それに反論する形で東京事務所がなぜ必要となるのかを，その背景にある国・都道府県関係から解き明かしている。そして，そのような活動が必要なのは，①国からの補助金が依然として残っていること，②地方自治制度をはじめ国が枠組みを定める事項について，都道府県としては自身の行政運営はもちろん，管内市区町村への媒介役としても正確な情報が必要であること，③地方分権が進むまで制度・政策の企画立案は国，実施は地方という役割分担が長く続いた影響で，制度的な専門知識の蓄積はいまだ国のほうが圧倒的に大きいこと，などが原因であると分析している。

2-2　真渕勝と高東柱による研究

　真渕勝と高東柱による論文「地方自治体の東京事務所」も，都道府県の東京事務所を対象とする数少ない論文の1つである[46]。彼らは，東京事務所の役割に関する通説的理解は，①中央省庁による指導の伝達役，②地方が国に圧力をかける際の拠点（陳情，働きかけの拠点），③もはや役割はない（無用論[47]），の3つであるとする。その上で，各見解の妥当性について東京事務所を対象とするアンケート調査の結果等を用いて検証している[48]。

　まず，インターネットで取得できる情報には限りがあるため足を使った活動が必要になること，所長ポストが退職直前の慰労ポストであったり，職員のポ

46　真渕・高（2017）。

47　真渕・高（2017）は無用論，大谷（2009）は不要論と呼んでいるが，本書では前者の「無用論」で統一する。

48　真渕・高（2017），251-276頁。

ストが研修目的であったりすることはなく，いずれも重要な役割を担っていることの2点を示し，③の東京事務所無用論を不適切な単純化であるとして否定する。

　残る①，②について，同じくアンケート調査の結果等により東京事務所の現状，設置経緯，活動状況等を概観した上で，東京都や東京に近い県もあえて東京事務所を置いていること，東京事務所のほとんどが都道府県会館内に置かれていることに着目し，東京事務所同士が協力関係にあると推測する。さらに，中央から地方，あるいは，地方から中央への垂直的な意思伝達のための拠点としての役割のみを果たしていると考えるのはかなり無理があるとし，「むしろ，都道府県の間の水平的な意思伝達の機能が大きいと見るべきではないだろうか。そして，この水平的な関係を基礎において，都道府県が集合的に国に働きかけるための拠点として機能しているのではないだろうか」[49]との仮説を提示する。

　さらに，プリンシパル・エージェント論[50]を用いて，国が主，地方自治体が従であるとする通説的な見解とは逆に，「実は複数の地方自治体こそが『本人』であり，彼らは『代理人』たる中央省庁を自らの意向に沿って動かすために，東京事務所を設置しているのかもしれない」[51]との見解を示している。その上で，エージェンシー・ギャップ[52]が発生しないよう，逸脱行為を防ぐ工夫として，「本人」の意思統一と「代理人」に対する集合的監視のため，いつしか東京事務所間の連携が行われるようになったのではないかとの推論も示している。

　この論考は都道府県の東京事務所を対象とする非常に貴重な論考であるが，次の3点において不十分であると指摘せざるを得ない。第一に，東京事務所には企業誘致業務や観光物産業務をあわせて所掌するものも多く存在するが，東

49　同前，256頁。
50　二者間の関係を本人（principal）及び代理人（agent）の関係と捉え，代理人が本人の意向に沿って行動する，あるいは，本人の意向に反した行動を取る現象について，その誘因（インセンティブ）等などから説明しようとする考え方。
51　真渕・高（2017），274頁。
52　代理人が本人の意思に反する行動，本人の利益よりも自身の利益を優先する行動を取ってしまうこと。エージェンシー・スラックともいう。

京事務所の機能を論じる際にそれらを厳密に分けていないことである。話の流れからみて明らかに対中央省庁業務に着目しているものと思われるが，たとえば，東京事務所同士の協力関係を論じる際に企業誘致情報の扱いについての話が出てきている。企業誘致，観光や県人会の世話も含め，東京事務所の役割は「要するに情報の収集と発信」[53] と解していることから，対中央省庁業務もそれ以外も一緒に扱っているものと思われる。しかし，東京事務所の中に対中央省庁部門と企業誘致部門が存在する場合でも，それらは本庁主管課も異なる完全に別々の組織で，東京に置かれているというだけで便宜的に同じ組織に入れ込まれていることもある。また，企業誘致のターゲットは民間企業，観光物産のターゲットは一般消費者または関係事業者であって，中央地方関係とは関係がない。そのため，これらを一緒にして論じることは適当ではなく，整理が必要である。

　第二に，東京事務所の現状，設置経緯，活動状況等について，先行研究の知見の再整理にとどまる箇所が少なくなく，全体的に記述が薄いことである。また，独自に実施したアンケート調査及び聞き取り調査の結果と 1980 年代以前の文献の記述に多くを依拠しているが，聞き取りと古い文献情報に拠る部分については，現在の状況について正確性をやや欠くのではないかと思われる箇所が散見される。たとえば，東京事務所の事務分掌については 1980 年代の文献に基づいて論述しているが，各都道府県の規程や各東京事務所のホームページを参照すれば得られる現在の事務分掌とは少々異なるように思われる。もちろん紙幅の都合もあっただろうし，アンケート調査に基づく所長の活動実態や所長就任前後の役職など貴重な知見も多い。しかし，東京事務所の存在意義を論じるにはもう少しその実態をつまびらかにする必要があるのではないかと思われる。

　第三に，東京事務所のほとんどが都道府県会館内に置かれていることを根拠の 1 つにして，都道府県の間の水平的な意思伝達の機能が大きいとみているが，東京事務所はもともと，それぞれが独自に確保した場所で事務所を構えており，

53　真渕・高（2017），264 頁。

都道府県会館ができたのはその後であって，会館建設当初は 30 府県程度の東京事務所が入居していたに過ぎない。現在のような入居状況になるまでには，1969 年に別館が建設され，さらに 1999 年に現在の都道府県会館が建設されるという経過を経ている。都道府県会館の実質的なオーナーである全国知事会が同会館を東京事務所間の水平的連携の拠点になるよう主導した形跡も管見の限り見当たらない[54]。

　また，後述の久世公堯による論文には，各東京事務所は他府県と競争しながら少しでも多く利益を中央から引き出そうとしていて，「自らの府縣の利益となれば，そのために他府縣が困窮しても構わないとする利己主義に基くもの」[55] と記されている。つまり，少なくともこの久世論文が執筆された 1950 年代後半においては，都道府県の間の水平的な意思伝達機能のほうが国との垂直的な意思伝達機能よりも大きいという状況は見て取れない。それが現在に至るまでに変化したというのであれば，そのプロセスを示す必要があるが，前述のとおりプリンシパル・エージェント論に基づく推論を提示してはいるものの，「その時期については不明」[56] と記すなど，その経過については明示されていない。

　このように指摘すべき点があるとはいえ，東京事務所を対象とするアンケート調査結果を中心に，それまで明らかになっていなかった事実関係を把握する上で非常に貴重な論考であることは間違いない。

2-3　東京事務所に関するその他の研究等

　中心論題としてではないが，その一部に都道府県東京事務所を取り上げた論考が少数ではあるが存在する。たとえば，旧自治省の官僚であった久世公堯は，当時の国と府県との関係に関する論文「府縣における地方自治の實態」において，国・府県間の連絡組織・陳情基地として東京事務所を取り上げ，当時の設置状況，沿革，活動実態等を簡潔に提示した上でその意義を分析している。その上で，東京事務所の機能は「各府縣とも概ね同一であり中央各省と當該府縣

54　全国知事会編（1977），199-204 頁。同（2007），681-697 頁。

55　久世（1957），121 頁。

56　真渕・高（2017），275 頁。

との連絡——情報の収集と府縣の意思の反映——を行うこと」であるとし，前述のとおり，他府県の競争の中で国から多くの利益を引き出そうとする「『陳情基地』に外ならない」と断じている[57]。

　土岐寛は，都市自治体（市レベル）の東京事務所に焦点を当てた論文「東京事務所の政治行政機能」において，都道府県東京事務所についても「都市東京事務所とは論理も組織行動も次元が異なる側面があるように思われる」[58]と，都市東京事務所の比較対象として言及している。そこでは，「すべての都道府県が東京事務所を設置しており，東京都さえもが構えているのは奇異な感もするが，それは，中央の情報が全国知事会経由で都道府県東京事務所におろされてくるなどとも関係している。つまり，情報窓口なのである。そこから，都道府県東京事務所は“ポスト”にすぎないと皮肉られたりすることにもなる」と記されているが，東京事務所の能動的活動には触れず，情報の受動的な受け手としての側面のみを取り上げてこのような判断を下しており，実態からやや乖離しているように感じられる。

　山田正志は，地方自治体の情報収集回路に関する論文「地方自治体と情報収集」において，その回路の1つとして都道府県東京事務所を取り上げている[59]。これによれば，東京事務所は，中央政界・中央官庁あるいは民間企業等を対象とする都道府県の組織的な情報収集活動を担うとされる。情報収集活動の中心は，本来，中央政界・中央省庁との日常的接触であるが，現実には，地元から上京する陳情団への支援に多くの労力・時間を費やしているという。いずれにしても，東京事務所においてこのような活動が必要となるのは，「新産業都市」や「テクノポリス」などの指定や補助金などを獲得するため，「いちはやく中央政府・省庁等の関係情報を入手したり，他より強力な人間関係をつくりだすことで，他の自治体の“機先を制する”ことが重要」[60]なためとしている。このように，職員へのインタビュー等をもとに活動概要を簡潔に記しており，都

57　久世（1957），120-121頁。

58　土岐（1986），43頁。

59　山田（1986）。

60　同前，36頁。

道府県東京事務所の活動をうかがい知ることができるが，あくまでその一端を垣間見る程度である。

このほか，ルポルタージュ的な文献や新聞記事の中に，都道府県東京事務所を取り上げたものがいくつか存在する[61]。その多くは，陳情など国からの予算獲得に奔走する様子をレポートしたものであるが，官官接待が社会問題化した1990年代半ば以降のものには，その舞台としての東京事務所の活動に言及したものも少なからず見受けられる。

2-4　アメリカにおける各州のワシントン DC 事務所に関する研究

海外の地方政府にも，日本の都道府県の東京事務所のような機能を持つ組織が見られる。ここでは，ロビイング活動が盛んなアメリカ合衆国における各州のワシントン DC 事務所に関する研究に触れておきたい。

ジェニファー・ジェンセン（Jennifer Jensen）は，各州のワシントン DC 事務所（State Office in Washington, D. C.）と全米知事会（National Governors Association）による連邦政府・議会向けのロビイング活動に関する研究書『*The Governors' Lobbyists*』を発表している[62]。これによれば，全米50州のうち首都ワシントン DC に事務所を置いているのは2015年時点で半数程度に過ぎないという。このような事務所の嚆矢はニューヨーク州が1941年に開設した事務所である。1960〜70年代になると多くの州が事務所を開設し始め，1980年代には事務所数がピークを迎えたが，その後，連邦からの補助金が減っていったのと連動するように事務所も減少または縮小していった。なお，1970年代に全米知事会が中心となってワシントン DC に州会館（Hall of the States）を建設して以降，全米知事会は各州が同会のロビイング活動を後押ししてくれることを期待し，各州に事務所の設立と同会館への入居を推奨したこともあるというが，それによって事務所の数が大きく増えることはなかった。

ワシントン DC 事務所の主な役割は，「連邦に対するロビイング組織（lobby-

---

ing organizations)」と「連邦主義の安全装置（safeguards of federalism)」（連邦が州の権限を侵そうとすることを察知・防止）の2つである。その具体的な活動としては，①連邦からの補助金の獲得，②連邦の政策情報の取得，③政策実現に係る連邦への働きかけ，④知事の中央政界への政治的足がかり，が挙げられる。とくに大きいのは①であり，補助金が削減されると事務所の数が減少または規模が縮小する傾向が観察されるのは前述のとおりである。

　連邦政府・議会への働きかけは，関係各州の利害が一致する場合には全米知事会，共和党・民主党の党派別知事会，または地域別知事会を通して行うのが基本である。各州の事務所が単独で働きかけを行うのは，関係各州の利害が一致しない場合に限られる。

　このように，アメリカにおける連邦と州との関係と日本における国と都道府県の関係とが同じではないこともあって，州のワシントン事務所と都道府県の東京事務所を比べると相違点も見られるが，上記①〜③のような活動目的については共通していそうなことがうかがえる。

3　問いと仮説

（1）東京事務所の役割に関する主な見解

　第2節で見たとおり，真渕勝と高東柱によれば，東京事務所の役割に関する通説的理解は，「中央省庁による指導の伝達役」，「地方が国に圧力を掛ける際の拠点」，「もはや役割はない（無用論）」，の3つとされる。さらに彼らは，「中央・地方間の垂直的な意思伝達のための拠点よりも，都道府県の間の水平的な意思伝達の機能が大きい。そして，都道府県が集合的に国に働きかけるための拠点として機能している」との新たな視点を提示している。

　これらを踏まえて東京事務所の役割に関する見解を整理すると，次の3つになる。

　1つ目は，中央省庁による指導・助言等[63]の伝達役である。これは垂直的行政統制モデルに基づく見解であり，中央省庁が都道府県を統制・誘導するため

の情報を東京事務所が受け，都道府県の本庁に中継するというものである。その情報には公式・非公式，主観的・客観的を問わず，中央省庁が発信するあらゆるものが含まれる。本書ではこれを「①中央省庁から都道府県への意思・情報の伝達役」と呼ぶ。

　2つ目は，地方が国に圧力をかける際の拠点である。これは水平的政治競争モデルに基づく見解であり，都道府県が中央省庁に働きかけを行うための活動として，公式・非公式の陳情・要望活動を行うものである。このほか，政治的な圧力は伴わないが，地方発の情報を中央省庁にインプットし，自らに有利な政策展開に誘導しようとするような活動もこれに含める。圧力を伴うか伴わないかの違いはあるものの，いずれも都道府県が中央省庁に何らかの情報を伝達しようとする活動であることには変わりはない。本書ではこれを「②都道府県から中央省庁への意思・情報の伝達役（働きかけ役）」と呼ぶ。

　3つ目は，都道府県間の水平的な意思伝達を行い，都道府県が集合的に国に働きかけるための拠点となっているというものである。国・都道府県間の垂直的な意思疎通に着目した①，②とは異なり，都道府県間の水平的な意思疎通に着目した点がポイントである。本書ではこれを「③都道府県同士の意思・情報の伝達役」と呼ぶ。

　なお，このほかに東京事務所の役割はもはやないとする「東京事務所無用論」もあった。地方分権が進展し，国からの補助金も減り，交通インフラやICTも発達した現在においては，もはや東京に事務所を置いて職員を常駐させる意味がないとするものである。たしかに，東京事務所を不要とする意見は職員の中にもある[64]。しかし，真渕・高は，「東京事務所の所長は慰労ポストかどうか」「所員は研修ポストかどうか」の2点について各東京事務所を対象とするアンケート調査をもとに検証し，所長については東京事務所長を最後に退職した者が約2割であったのに対し，約7割がより高い役職に異動している

63　真渕・高（2017）では「指導」とされていたが，地方分権改革以降，自治事務に関しては「技術的助言」（地方自治法第245条の4第1項など）が行われることになったため，本書では「指導・助言等」という表現を用いる。
64　真渕・高（2017），253頁。

ことから，重要なキャリアパスの1つであると結論づけている。また，所員についても平均年齢が40歳前後であり，相当の経験を積んだ職員が配置されていると見られることから，決して研修ポストではないともしている。これらを踏まえ，東京事務所無用論は不適切な単純化であると指摘する[65]。いずれにせよ，①〜③の役割が観察されれば東京事務所無用論は成立し得ないものではあるが，本書では，真渕・高の議論に依拠して東京事務所無用論はすでに棄却されたものとして扱うこととする。

(2) 本書における問い

第1節で示したとおり，本書の問題意識は，国の補助金獲得のための活動の必要性が低下し，交通インフラやICTなど中央省庁への物理的なアクセス環境が改善された現在においても，都道府県が東京事務所を置いているのはなぜか。とくに，国への依存度や霞が関への距離に関係なく，すべての都道府県が東京事務所を置いていることをどのように理解したらよいのか，ということであった。アメリカにおける各州のワシントンDC事務所に関する研究を見ても，連邦政府からの補助金が削減され，事務所を置くベネフィットが縮小すると多くの州が事務所を閉鎖していた。これに比べ，日本では合理的に考えれば事務所を閉鎖すべきと思われるケースでも，すべての都道府県が東京事務所を存続させている。つまり，合理性だけでは説明がつかない事象をどう説明すべきか，ということになる。

これを本書の問いとしてあらためてまとめると，次の2点に整理される。

リサーチ・クエスチョン（RQ）1：
　　　地方分権改革，三位一体の改革による補助金の削減，交通インフラの整備，ICTの発達等により，都道府県が中央省庁と接触するための事務所を東京に構える必要性は小さくなったように見える。しかし，都道府県は東京事務所を廃止することなく，現在も中央省庁との直接的な接触活動を継

65　同前，253-256頁。

続している。なぜ都道府県は今も東京事務所を存続させているのか。＜都
道府県が東京事務所を置く一般的な理由＞

リサーチ・クエスチョン（RQ）2：
　　都道府県が東京事務所を置くことに一定の合理性が認められるとしても，
　国への依存度や霞が関への距離に関係なく，東京都を含むすべての都道府
　県が東京事務所を置いているのはどのように説明すべきか。＜すべての都
　道府県が東京事務所を置く理由＞

　RQ1の答えを導き出すには，一般に東京事務所がどのような役割を果たし
ているのかを明らかにする必要がある。前述の主な見解に沿って言うならば，
①中央省庁から都道府県への意思・情報の伝達役，②都道府県から中央省庁へ
の意思・情報の伝達役（働きかけ役），③都道府県同士の意思・情報の伝達役，
のどれに該当するのか，さらには，具体的にどのような意思・情報をやりとり
しているのかを示す必要がある。
　この段階で③都道府県同士の情報の伝達役が東京事務所の主たる役割という
ことになれば，RQ2のすべての都道府県が東京事務所を置く理由も「都道府
県間の横の連携を取るため」ということで解決する可能性がある。そうではな
く，①中央省庁から都道府県への意思・情報の伝達役，あるいは，②都道府県
から中央省庁への意思・情報の伝達役（働きかけ役），が主たる役割というこ
とになれば，RQ2の答えを導き出すには，それぞれの置かれた環境に関係な
く，すべての都道府県が東京事務所を置いて同じような活動を行うことを説明
できる枠組みを示す必要がある。

（3）問いに対する仮説

　東京事務所の役割に関する3つの見解のうち，①中央省庁から都道府県への
意思・情報の伝達役，②都道府県から中央省庁への意思・情報の伝達役（働き
かけ役），としての役割については，前述の複数の先行研究においてすでに観
察されている。問題はその情報の内容がどのようなものであるか，すなわち，
近年の地方分権改革や三位一体の改革などの影響を受けて大きく減少した情報

なのか，あるいはそうではないのかということである。

　たとえば，三位一体の改革以降大きく減ったとされる補助金に関する情報の入手や補助金の獲得に関する働きかけが東京事務所の役割の多くを占めていたのであれば，アメリカにおける各州ワシントン DC 事務所のように，補助金の削減とともに事務所を閉鎖する都道府県が出てきてもおかしくはない。逆に，どこも撤退していないということは，補助金関係以外の情報に関する役割が大きいものと考えられる。

　また，真渕・高が主張する③都道府県同士の意思・情報の伝達役，さらには，「都道府県が集合的に国に働きかけるための拠点」としての役割については，すべての都道府県の利害が一致する場合はアメリカにおいて全米知事会が担っているように日本でも全国知事会が担うのではないか。また，利害が一致しない場合は，一致する都道府県で構成する「協議会」や「期成同盟会」のような本庁に事務局を置く任意組織が担うのではないかとも考えられる。

　この推測が正しければ，東京事務所の設置目的は，③都道府県同士の情報の伝達役ではなく，①中央省庁から都道府県への意思・情報の伝達役，あるいは，②都道府県から中央省庁への意思・情報の伝達役（働きかけ役），換言すれば「中央省庁・都道府県間の垂直的な意思・情報伝達機能」が中心となる。さらに，その意思・情報の内容も補助金関係以外の意思・情報が中心となるはずである。なお，補助金に関するもの以外の役割としては，アメリカの例を踏まえると，国の政策情報の入手，政策実現に向けた国への働きかけなどが想定される。

　このようにして，東京事務所の役割やその必要性が一定程度の合理性を持って説明できたとしても，環境の異なる 47 都道府県すべてが東京事務所を置いていること，とくに都庁／県庁から霞が関まで 1 時間以内の距離にある東京都やその近郊の各県がわざわざ東京に事務所を置くことの合理性までは説明できない。

　合理性以外の視点で説明するには，社会学的新制度論における「同型化理論」が有用である。東京事務所が中央省庁に接触するのは，自らの置かれた不確実な状況を払拭するため，何らかの情報を得ようとする場合が多い。同型化理論によれば，不確実性の高い状況下では，自らの正統性を確保するため，同

種のグループ内の共通理解や規範等に従って適切な行動を選択するという「同型化」が起こる。この場合，その選択は必ずしも合理的ではない。環境の異なる47都道府県すべてが東京事務所を設置し，同じような活動を展開していることについては，同型化理論で説明できるのではないか。

　これらのことを問いに対する仮説（RQ1に対する仮説1，RQ2に対する仮説2）としてあらためて整理すると，次のとおりとなる。

仮説1：東京事務所の主な役割は中央省庁・都道府県間の垂直的な意思・情報伝達であり，現在では，補助金以外の事項に関する意思・情報伝達を中心に行っている。それには直接的な接触を頻繁に繰り返すことが必要であるため，霞が関に近い場所に東京事務所を置いて職員を常駐させている。＜都道府県が東京事務所を置く一般的な理由＞

仮説2：不確実な状況下において都道府県が正統性を得るため，国の意向を確認・調整したり，国に先進県の情報を聞いたり，立法当事者である国の見解を確認したりするといった行動が行われ，その一端を担うのが東京事務所である。同型化によってどの都道府県も同じような行動を取れば，必然的に東京事務所のあり方も同じとなる。その結果，環境の差異にかかわらず，すべての都道府県が東京事務所を存続させるという結果が生じている。＜すべての都道府県が東京事務所を置く理由＞

（4）分析手法

　仮説1を立証するには仮説を分解して生成した次のA～Dを，仮説2を立証するにはさらにEを，順次実証・解明していく必要がある。

A．東京事務所の主な役割は中央省庁・都道府県間の垂直的な意思・情報伝達であること
B．意思・情報とは補助金以外の事項に関するものであること
C．補助金以外の事項とはいったい何か
D．意思・情報伝達活動には，直接的な接触を頻繁に繰り返すことが必要であ

ること

E.　意思・情報伝達活動には，都道府県が不確実な状況下において正統性を得
　　るため，国の意向を確認・調整したり，国に先進県の情報を聞いたり，立法
　　当事者である国の見解を確認したりするためのものが含まれること

　本書では，文献調査，アンケート調査，インタビュー調査の結果を組み合わ
せて東京事務所の実態を詳述しながら，これらA〜Eを実証・解明していく。
なお，この実証・解明に際しては，量的データと質的データを組み合わせるこ
とで実証の精度を高めるよう努めた。とくに質的分析に関しては，文献調査と
それを補完するインタビュー調査を重層的に行うことで，東京事務所に関する
実態やその文脈，当事者の意識など，深層により深く迫る洞察を行い，皮相的
な研究とならないよう留意した。

4-1　文献調査

　東京事務所の実態を明らかにするため，まずは文献調査を実施した。東京事
務所を取り上げた研究はきわめて少なく，また，東京事務所の活動が水面下で
行われる性質のものであることもあって，公刊資料よりも非公刊資料が中心と
なった。今回用いた主な資料は次のとおりである。

　1つ目は，元職または現職の東京事務所職員によって執筆・編集された文献
である。このうち，東京事務所の変遷や事務所勤務時の体験談などが記された
冊子の多くには，『東京事務所のあゆみ』といった題名が付されている。関係
者のみに配付されるケースが多く，国立国会図書館や地元の都道府県立図書館
にも所蔵されていないのが一般的である。本書の執筆に際しては，地元の都道
府県立図書館に収蔵されていた，いくつかの道県の『東京事務所のあゆみ』等
を用いるとともに，古書マーケットに出ていたものも蒐集し活用した。

　また，担当省庁別に組織された東京事務所職員による連携組織が毎年発行す
る資料集や一定期間ごとに発行する周年冊子なども存在する。代表的なものは，
「全国都道府県・政令指定都市国土交通省担当者連絡協議会」が5年ごとに発
行する周年誌である。これらは関係者のみに配付され，図書館にはまったく収
蔵されていない。そのため，各県の東京事務所や東京事務所勤務経験者の協力
を得て閲覧した。これらにも多くの貴重な体験談が記されている。

　2つ目は，職員名簿である。東京事務所の組織規模の変遷を追うのに最も有用なのは，全国知事会が編集・発行する『都道府県東京事務所職員名簿』である。これも関係者のみに配布されるものであるため，図書館にはほとんど収蔵されていない。そのため，各県の東京事務所や東京事務所勤務経験者の協力を得て閲覧したが，1972年より前のものは見当たらなかった。1972年より前の組織規模の確認に際しては，各都道府県が発行する都道府県庁の職員録を用いた。これらは当該都道府県立の図書館に収蔵されている。

　3つ目は，中央省庁職員や都道府県職員の回顧録，あるいは彼らのコメントを含むルポルタージュである。これらの多くは公刊されているが，自費出版で関係者のみに頒布された回顧録の一部については関係者の協力を得て閲覧した。これらの文献には，東京事務所の陳情・要望活動の実態が詳しく記されている。

　4つ目は，新聞・雑誌の記事である。とくに，東京事務所の組織改正等の情報については，主に地元紙やiJAMP（主に官庁速報）の記事を用いた。また，省庁県人会に関する情報や官官接待問題に関する情報についても，当時の新聞・雑誌記事を多く用いた。

4-2　アンケート調査

　文献調査では把握しきれなかった事項について，2つのアンケート調査を実施した。

　1つは，東京事務所の開設時期に関するアンケート調査である。2008年12月に茨城県を除く46都道府県の本庁組織担当課に電子メールにて照会した。茨城県を除いたのは，すでに文献調査で詳細な開設時期を把握していたためである。その結果，29団体から回答が寄せられた（回収率63％）。なお，アンケートの照会先を東京事務所ではなく本庁組織担当課としたのは，組織・定員の査定を行う組織担当課では，査定上の必要性から，各部署の開設から現在に至るまでの変遷を把握していることが一般的なためである。

　もう1つは，省庁県人会に関するアンケート調査である。2011年6月から7月にかけて，東京都を除く46道府県の東京事務所に電子メールにて調査票を送付し，省庁県人会の設立・運営状況等を尋ねた。その結果，32団体から回答が寄せられた（回収率70％）。

4-3　インタビュー調査

　文献調査，アンケート調査を補完するため，必要に応じて関係者へのインタビュー調査を実施した。一定の時間内に一定のテーマのもと，複数の質問項目を尋ねる形で行われたものと，疑問が生じたときにその都度照会する形で行われたものがある。本書においては，前者を「インタビュー調査」，後者を「聞き取り」として表記している。

　「インタビュー調査」については，2011年から2012年の間に省庁県人会について中央省庁の元職員に尋ねたもの，担当省庁別に組織された東京事務所職員による連携組織の実態について2017年にある県の東京事務所職員に尋ねたものなどがある。

　いずれについてもインタビュー対象者の希望により，本書では匿名としている。

4　本書の構成

　本章においては，まず第1節で「国の補助金も減少し，ICTや交通手段も発展した現在においても，なぜ都道府県が東京に事務所を置き，中央省庁との接触活動を継続しているのか」「国への依存度や霞が関への距離と関係なく，すべての都道府県が東京事務所を置いているのはなぜか」といった問題意識を示すとともに，「中央地方関係」「同型化」といった分析の視点を提示した。続く第2節では，東京事務所に関する先行研究を概観し，第3節で問いと仮説を導出した。そして，本節では分析の手法と本書の構成に言及する。

　第1章においては，東京事務所の現況と設置の経緯を示す。第1節では，まず文献調査により都道府県東京事務所の設置状況，組織・人員体制，権限等について概観する。さらに市町村東京事務所の設置状況を整理した上で都道府県東京事務所と比較し，その設置目的とターゲットの違いを明らかにする。つまり，政令指定都市を除く市町村東京事務所ではシティセールスを主たる業務としており，その効果によっては撤退も珍しくないのに対し，都道府県東京事務所はいずれも中央省庁との連絡調整を主たる業務とし，これまで撤退した例は

ないことを示す。第2節では，大半の都道府県東京事務所の設置時期が1947年以降であることを，文献調査及びアンケート調査によって明らかにする。さらに，当時の地方行政をめぐる状況を整理し，都道府県が東京事務所を設置するに至った経緯を示す。その際には，戦前・戦中にも東京に事務所（出張所）を置く府県があったが，その主たる目的は中央省庁との連絡調整ではなく物産品の販路拡大であったこと，現在の東京事務所の直接の源流となる，中央省庁との連絡調整を主目的とする東京事務所は，戦後になってから設置されるようになったことについて，時代を追って説明していく。なお，その設置の経緯については，東京事務所の設置過程を記した文献を入手できた都道府県（北海道，青森県，岩手県，福島県，茨城県，大分県等）を取り上げ，具体的に詳述する。なお，ここでは序章第3節（4）で示したA～EのうちA，について確認する。

　第2章においては，時間の経過に沿ってその時々の東京事務所の主たる業務の実態を提示する。とくに，官官接待問題と地方分権改革によって東京事務所を取り巻く環境が大きく変化した2000年前後の変化に注目する。第1節では東京事務所の主な活動とその変化を概観する。第2節では東京事務所草創期における「宿泊施設管理運営業務」「中央省庁から都道府県への意思・情報の伝達役」「都道府県から中央省庁への意思・情報の伝達役」としての活動を，第3節では補助金全盛期における「都道府県から中央省庁への意思・情報の伝達役」としての活動を，陳情・要望活動とその手段としての官官接待を中心に示す。第4節では地方分権改革以降における「中央省庁から都道府県への意思・情報の伝達役」「都道府県から中央省庁への意思・情報の伝達役」としての活動を，情報収集活動と情報伝達活動の視点から示す。とくに，東京事務所の職員が中央省庁職員との「人的ネットワーク」の維持・構築に注力しており，そのためには頻繁で直接的な接触が求められていることから，東京に常駐する必要があることを示す。なお，ここでは先に掲げたA～EのうちA，～Dについて確認する。

　第3章においては，東京事務所が中央省庁に対する活動を行う際に活用することの多い「省庁県人会」を取り上げ，文献調査及びアンケート調査によりその実態を明らかにする。第1節ではこれまで知られてこなかった省庁県人会の設立状況を，第2節では省庁県人会の運営に東京事務所が深く関与しているこ

とをそれぞれ明らかにし，省庁県人会という場において涵養された人的ネットワークが東京事務所の活動にどのように寄与しているのかを示す。さらに第3節ではその人的ネットワークを中央省庁の職員も活用していることを示す。なお，ここでは先に掲げた A〜E のうち，D について確認する。

　第4章においては，東京事務所間の連携組織を取り上げる。業務の特性上，東京事務所同士は基本的に競合関係にある。そのため，各事務所はそれぞれ単独で活動することが多いが，相互協力のための連携組織も全国規模あるいは地域ブロック規模で存在する。本章においては，文献調査及びインタビュー調査によりその存在状況と活動実態を明らかにする。第1節では連携組織の設立状況の概況を，第2節では各連携組織の活動の概要を明らかにする。第3節では，具体例として国土交通省を担当する東京事務所職員による連携組織や総務省を担当する東京事務所職員による連携組織を取り上げ，情報収集活動にどのように活用されているのか，その実態を示す。第4節では，事務所間の水平的な連携が効果を発揮する場合とそうでない場合について考察する。最後に第5節において，東京事務所間の連携組織を国もうまく活用し，情報の伝達・入手を行っていることを示す。なお，ここでは先に掲げた A〜E のうち，A について確認する。

　ここまでは序章に掲げた2つの問いのうちの1つ，「なぜ都道府県は今も東京事務所を存続させているのか」に対する答えを導き出そうとしてきたが，続く第5章においては，もう1つの問い「なぜすべての都道府県が東京事務所を置いているのか」について検討する。まず第1節において，合理性の観点から説明を試みる。続く第2節及び第3節では，合理性以外の観点から検討する。具体的には，社会学的新制度論における同型化の理論を用いて説明を試みる。

　終章では，前章までの議論を整理しながら，「なぜ都道府県は今も東京事務所を存続させているのか」「なぜすべての都道府県が東京事務所を置いているのか」という2つの問いに順序立てて答えていく。さらに，中央地方関係において東京事務所がどのように位置づけられるのか，また，時代の変遷に伴いどのように変化してきたのかを示す。

第 1 章

東京事務所の現況と設置の経緯

　本章では，本格的な分析に入る前に，そもそも東京事務所とはいったいどのような組織で，どのような役割を担い，どのような経緯で設置されるようになったのかを概観する。

　まず第1節において都道府県の東京事務所の現況と概要を把握するとともに，市町村の東京事務所と比較することでその特徴を示す。続く第2節においては，東京事務所が設置された経緯とその背景を踏まえ，そもそもどのような役割を果たすために設置されたのかを確認する。

　なお，これは序章において掲げたA〜Eのうち，Aの実証に相当するものである。

A. 東京事務所の主な役割は中央省庁・都道府県間の垂直的な意思・情報伝達であること

1　東京事務所の設置状況

　現時点における都道府県東京事務所の設置状況はどうなっているのか。組織・人員体制はどうなっているのか。所掌事務はどこも同じなのか。また，市町村で東京事務所を設置しているところはあるのか。もしあるとすれば，都道府県東京事務所との違いは何か。本節においては，以上のような点を中心に，都道府県東京事務所の現況と概要を明らかにする。

（1）東京事務所の設置状況

　序章でも述べたとおり，東京都を含む47都道府県すべてが東京事務所を設置している[1]。図表1-1のとおり，省庁等との連絡調整業務のほか，企業誘致や観光PRもあわせて所掌している事務所が多いことがうかがえる。

　このうち広島県，高知県，大分県を除く44都道府県[2]は，東京都千代田区平河町にある「都道府県会館」内に東京事務所を設置している。都道府県会館は，公益財団法人都道府県センター（旧公益財団法人都道府県会館）が管理運営する15階建てのビルであり，全国知事会などの地方自治関係団体と各都道府県の東京事務所が入居している（図表1-2）。

　なお，図表1-1及び図表1-2はやや古いデータであるが，これは分析に用い
た他の資料の時点との整合性を考慮し，2015年10月時点のデータを用いたも
のである。

　各階には5つ程度の事務所が入居している。図表1-3は10階の例であるが，
おおむねどのフロアも同じようなレイアウトとなっている。

(2) 東京事務所の所掌事務

　東京事務所は設立当初，中央省庁を相手とする連絡調整・情報収集を主な所
掌事務としていたが[3]，その後，企業誘致，観光物産のPR，農産物流通促進な
どの業務が加わり，東京における総合的な拠点としての役割を担うようになっ
たとされる。

　土岐寛の調査によれば，1980年代当時の平均的な県の東京事務所の分掌事
務は次のとおりとされる[4]。

1.　県と中央各官庁その他関係機関との連絡調整に関すること
2.　県行政の運営に必要な事項の調査及び資料の整備に関すること
3.　企業の開発に関すること

1　東京都の場合は「東京都事務室」であり，厳密にいうと他の東京事務所のような出先機
　関ではなく，本庁組織の一部（分室）が都道府県会館に置かれる形を取っている。また，
　2015年10月時点では，「東京事務所」の代わりに，「東京本部」（鳥取県，徳島県），「東京
　営業本部」（山口県），「首都圏営業本部」（佐賀県），「ふじのくに大使館」（静岡県，正式
　名称ではなく対外的呼称）といった名称を使用しているところもある。本書ではそれらも
　すべて含めて「東京事務所」と総称する（2019年4月時点では，山口県は「東京事務所」
　に戻り，佐賀県は「首都圏営業事務所」に変更されている）。
　　なお，「東京都事務室」については，そもそも都庁自体が都内にあるため，他の道府県
　の東京事務所のように日頃から中央省庁と頻繁に接触を図って連絡調整や情報収集を行う
　ような活動は少なく，どちらかというと同じ都道府県会館内に入居する全国知事会や他道
　府県の東京事務所との連絡業務を主としている。
2　44都道府県のうち北海道，岩手県，山口県，福岡県の4道県は分室のみを都道府県会館
　内に置いており，本室は別の場所に置いている。なお，この4道県のうち北海道以外の3
　県は分室に職員を常駐させていない。
3　東京事務所の設立に係る経緯については，本章第2節において詳述する。
4　土岐（1986），43頁。

図表 1-1　都道府県東京事務所一覧（2015 年 10 月現在）

都道府県名	事務所の名称	所在地	担当業務		
			省庁等連絡調整	企業誘致	観光物産PR
北海道	東京事務所	千代田区永田町2-17-17　北海道スクエア1階（行政課）都道府県会館15階（分室（観光・企業誘致課））	○	○	○
青森県	東京事務所	都道府県会館7階	○	○	○
岩手県	東京事務所	中央区銀座5-15-1　南海東京ビル2階 都道府県会館15階（分室）	○	○	○
宮城県	東京事務所	都道府県会館12階	○	○	○
秋田県	東京事務所	都道府県会館7階	○	○	○
山形県	東京事務所	都道府県会館13階	○	○	○
福島県	東京事務所	都道府県会館12階	○	○	○
茨城県	東京事務所	都道府県会館9階	○	○	○
栃木県	東京事務所	都道府県会館11階	○	○	○
群馬県	東京事務所	都道府県会館8階	○	○	○
埼玉県	東京事務所	都道府県会館8階	○	○	○
千葉県	東京事務所	都道府県会館14階	○	○	○
東京都	事務室	都道府県会館15階	○		
神奈川県	東京事務所	都道府県会館9階	○		
新潟県	東京事務所	都道府県会館15階	○		○
富山県	首都圏本部	都道府県会館13階	○	○	○
石川県	東京事務所	都道府県会館14階	○	○	○
福井県	東京事務所	都道府県会館10階	○	○	○
山梨県	東京事務所	都道府県会館13階	○	○	○
長野県	東京事務所	都道府県会館14階	○	○	○
岐阜県	東京事務所	都道府県会館14階	○	○	○
静岡県	東京事務所（ふじのくに大使館）	都道府県会館13階	○	○	
愛知県	東京事務所	都道府県会館9階	○	○	○
三重県	東京事務所	都道府県会館11階	○	○	○
滋賀県	東京本部	都道府県会館8階	○	○	○
京都府	東京事務所	都道府県会館8階	○	○	○
大阪府	東京事務所	都道府県会館7階	○	○	○
兵庫県	東京事務所	都道府県会館13階	○	○	○
奈良県	東京事務所	都道府県会館9階	○	○	○
和歌山県	東京事務所	都道府県会館12階	○	○	○
鳥取県	東京本部	都道府県会館10階	○	○	○
島根県	東京事務所	都道府県会館11階	○	○	○
岡山県	東京事務所	都道府県会館9階	○	○	○
広島県	東京事務所	港区虎ノ門1-2-8　虎ノ門琴平タワー22階	○	○	○
山口県	東京営業本部	千代田区霞が関3-3-1　尚友会館4階 都道府県会館7階（分室）	○	○	○
徳島県	東京本部	都道府県会館14階	○	○	○
香川県	東京事務所	都道府県会館9階	○	○	○
愛媛県	東京事務所	都道府県会館11階	○	○	○
高知県	東京事務所	千代田区内幸町1-3-3　内幸町ダイビル7階	○	○	○
福岡県	東京事務所	千代田区麹町1-12　ふくおか会館2階 都道府県会館5階（分室）	○	○	○
佐賀県	首都圏営業本部	都道府県会館11階	○	○	○
長崎県	東京事務所	都道府県会館14階	○	○	○
熊本県	東京事務所	都道府県会館10階 中央区銀座5-3-16　銀座熊本館3階（くまもとセールス課）	○	○	○
大分県	東京事務所	中央区銀座2-2-2　ヒューリック西銀座ビル6階・8階	○	○	○
宮崎県	東京事務所	都道府県会館15階	○	○	○
鹿児島県	東京事務所	都道府県会館12階	○	○	○
沖縄県	東京事務所	都道府県会館10階	○	○	○

出所：公益財団法人都道府県会館ホームページ（https://www.tkai.jp/information/tabid/85/Default.aspx）を一部改変の上，各都道府県ホームページの情報を付加。

図表 1-2　都道府県会館の入居機関（2015 年 10 月現在）

都道府県会館

15 階	北海道東京事務所（分室），岩手県東京事務所（分室），東京都事務室，新潟県東京事務所，宮崎県東京事務所，（一財）自治体衛星通信機構（東京局），（公社）地域医療振興協会，喫茶カルム
14 階	千葉県東京事務所，石川県東京事務所，長崎県東京事務所，岐阜県東京事務所，徳島県東京本部
13 階	山形県東京事務所，富山県首都圏本部，山梨県東京事務所，静岡県東京事務所，兵庫県東京事務所
12 階	宮城県東京事務所，福島県東京事務所，長野県東京事務所，和歌山県東京事務所，鹿児島県東京事務所
11 階	栃木県東京事務所，三重県東京事務所，島根県東京事務所，愛媛県東京事務所，佐賀県首都圏営業本部
10 階	福井県東京事務所，鳥取県東京本部，岡山県東京事務所，熊本県東京事務所，沖縄県東京事務所
9 階	茨城県東京事務所，神奈川県東京事務所，愛知県東京事務所，奈良県東京事務所，香川県東京事務所
8 階	群馬県東京事務所，埼玉県東京事務所，滋賀県東京本部，京都府東京事務所，（公財）都道府県会館被災者生活再建支援基金部
7 階	青森県東京事務所，秋田県東京事務所，大阪府東京事務所，山口県東京営業本部（分室），自治資料センター
6 階	全国知事会，地方自治確立対策協議会地方分権改革推進本部，都道府県記者クラブ，（公財）都道府県会館管理部/災害共済部
5 階	福岡県東京事務所（分室），（学）自治医科大学，（公社）地域医療振興協会，（公財）地域社会振興財団，全国高速道路建設協議会，全国都道府県議会議長会，都道府県議会議員共済会
4 階	401〜410 会議室
3 階	知事会会議室，特別会議室
2 階	郵便局
1 階	101 大会議室，みずほ銀行 ATM，（公財）都道府県会館管理部（会館案内，会議室受付）
地下 1 階	赤坂歯科診療所，アヅマ理髪館，改造社書店，こいけ（蕎麦），上海大飯店，創造社・創造書房（印刷・出版），ファミリーマート，防災センター

出所：公益財団法人都道府県会館ホームページ（https://www.tkai.jp/information/tabid/84/Default.aspx）

図表 1-3　都道府県会館フロア図（10 階の例）（2015 年 10 月現在）

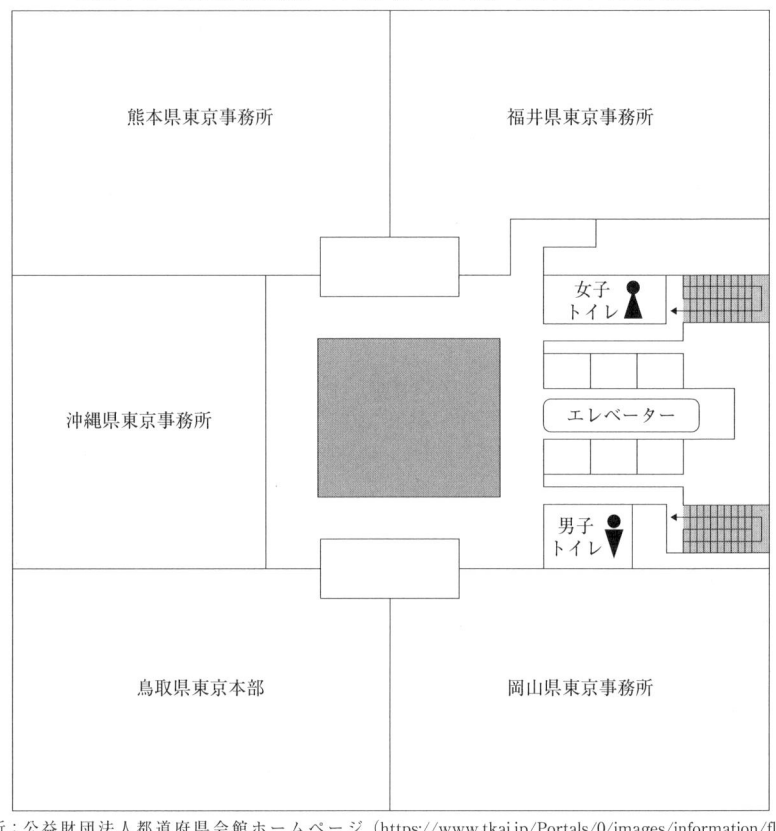

出所：公益財団法人都道府県会館ホームページ（https://www.tkai.jp/Portals/0/images/information/floor/map/10f.jpg）

4.　県物産及び県観光の紹介に関すること
5.　出稼ぎに関する相談及び連絡に関すること
6.　県人会及び県政に関係のある民間団体との連絡に関すること
7.　東京宿泊所に関すること

　さて，現在の東京事務所の所掌事務はどうなっているだろうか。所掌事務をホームページに明示しているいくつかの県の例を以下に列挙してみよう[5]。

青森県

1. 政府各機関，全国的諸団体等との連絡及び折衝に関すること
2. ITER 支援東京連絡事務所（ITER（国際熱核融合実験炉）計画に関する県の在京事務所）に係る物品の管理及び予算の執行に関すること
3. 企業の誘致に関すること
4. りんごその他の物産の宣伝及び流通に関すること
5. 観光地の宣伝及び観光客の誘致に関すること
6. 雇用に関する情報の収集及び県出身者の学卒就職者に係る相談に関すること
7. その他県政振興上必要な連絡に関すること

岩手県

1. 中央省庁，関係諸団体との連絡調整
2. 県政推進に必要な情報収集
3. 経済動向調査
4. 県税に係る徴収，滞納処分
5. 寄付金，義援金の受付
6. 企業誘致，産業開発に関する調査，情報の収集並びにその促進
7. 京浜地区における就労者の補導援護
8. 岩手県内企業への就職等の促進
9. 観光の照会，宣伝
10. 県産品の紹介，あっせん

5　表記・表現は，原則として各県の東京事務所のホームページ（いずれも 2018 年 3 月 15 日閲覧）に記載されていたとおりとしている。

　なお，このうち茨城県については，その後 2018 年 4 月に，企業誘致や観光物産分野の在京事務所などと一緒に大括り化する大規模な組織改正が行われ，東京事務所は「営業戦略部東京渉外局行政課」と改称されたが，所掌事務に大きな変更はなく，また，他の東京事務所の情報と時点を合わせるためもあって，当時の情報をそのまま記載している。

福島県

1. 国会，中央官庁等との連絡調整に関すること
2. 施策立案に必要な情報収集及び研究に関すること
3. 県内の物産及び観光の振興に関すること
4. 定住，二地域居住に関すること
5. その他，県内産業の振興上，必要な事項に関すること

茨城県

1. 中央各官庁等との連絡折衝に関すること
2. 在京県人との連絡に関すること
3. 立地推進東京本部（企業誘致に関する県の在京事務所）との連絡調整に関すること
4. 農産物販売推進センター（県の在京事務所）との連絡調整に関すること
5. 県政情報の発信に関すること

山梨県

1. 首都圏における県行政に関する総合窓口
2. やまなしブランドの情報発信
3. 産業立地の推進
4. 観光宣伝の展開
5. 県・市町村と各省庁等との連絡調整
6. 在京浜県人会への活動支援

長野県

1. 中央官庁その他関係機関との連絡及び折衝
2. 企業等の誘致，企業間取引支援
3. ふるさと信州寄付金
4. 観光情報の提供

愛知県

1.　政府，国会及びその関係機関並びに各種団体等との連絡調整に関すること
2.　県政に関連のある情報，資料の収集，調査等に関すること
3.　県選出国会議員との連絡に関すること
4.　首都圏における産業誘致，企業等の動向の情報収集，観光の振興並びに大規模な催事及びコンベンションの誘致に関すること
5.　農産物，その他加工品等に関する情報の収集及び提供，販路の開拓，宣伝並びに紹介に関すること

香川県
1.　官公庁その他機関との連絡等に関すること
2.　観光及び県産品の宣伝に関すること
3.　東京観光物産センター（アンテナショップ）に関すること
4.　企業誘致及び産業集積の促進に関すること
5.　農産物の流通調査に関すること
6.　Uターン及び移住促進に関すること
7.　県人会に関すること
8.　東京讃岐会館（宿泊施設）及び東京学生寮の管理に関すること

大分県
1.　大分県と中央官庁，その他機関との連絡及び折衝
2.　企業等の誘致
3.　U・I・Jターンの相談
4.　大分県の観光宣伝
5.　農林水産物その他の県産品の販売促進

沖縄県
1.　県行政の運営についての中央官公庁その他関係行政機関，関係団体等との連絡及び調整に関すること
2.　県行政の推進に必要な情報及び資料の収集に関すること
3.　企業誘致及び産業開発に関する調査及び情報の収集並びにその促進に関す

　ること

4.　県出身海外移住者等の相談等に関すること

5.　県外就職に関する情報の収集，職場定着指導等に関すること

6.　物産の紹介及びあっせん並びに販路拡張に関すること

7.　観光の宣伝及び紹介に関すること

　このように，各県の事情や力を入れている施策等によって東京事務所の分掌事務にもそれぞれ特色が見られるが，おおむね共通するのは，「中央省庁との連絡調整・情報収集」「企業誘致」，「首都圏向けの観光物産 PR・農産物流通促進」[6] である[7]。また，近年の政策動向を反映した「寄付金（ふるさと納税）の受入れ」（岩手，長野），「U ターン・定住促進及びそのための職業紹介」（岩手，福島，香川，大分）などについては，分掌事務に明示してはいなくても，多くの事務所で対応している。さらには，ほとんどの事務所で「在京県人会の支援」や「県内市町村の東京での活動支援」も担っている。

　県によっては，このほかにもさまざまな業務が見られる。「雇用に関する情報の収集及び県出身者の学卒就職者に係る相談」（青森），「京浜地区における就労者の補導援護」（岩手），「県外就職に関する情報の収集，職場定着指導等」（沖縄）などは，かつての「出稼ぎに関する相談及び連絡」の流れを汲むものである。さらには，「医師確保対策」（北海道）[8]，「県税に係る徴収，滞納処分」（岩手），「大規模な催事及びコンベンションの誘致」（愛知），「宿泊施設や学生寮の管理」（香川），「県出身海外移住者等の相談」（沖縄）など，東京事務所はきわめて多岐にわたる業務を担っており，「東京における総合的な窓口」としての役割を果たしているものと推察される。

6　物産（県産品）から農産物だけとくに別に扱われているのは，本庁の所管部局が異なるためである。多くの県において，物産は観光と同じく商工部門の所管なのに対し，農産物は農林部門の所管である。

7　全国知事会総務部編（2014）における各東京事務所内の係・グループの編成を見ても，おおむねこの 3 種類の業務に大別されている。

8　北海道東京事務所ホームページ「北海道東京事務所に医師確保担当参事が在駐しています」http://www.pref.hokkaido.lg.jp/sm/tkj/ishikakuhosanji.htm（2018 年 3 月 15 日閲覧）。

図表1-4　東京事務所の組織の典型例

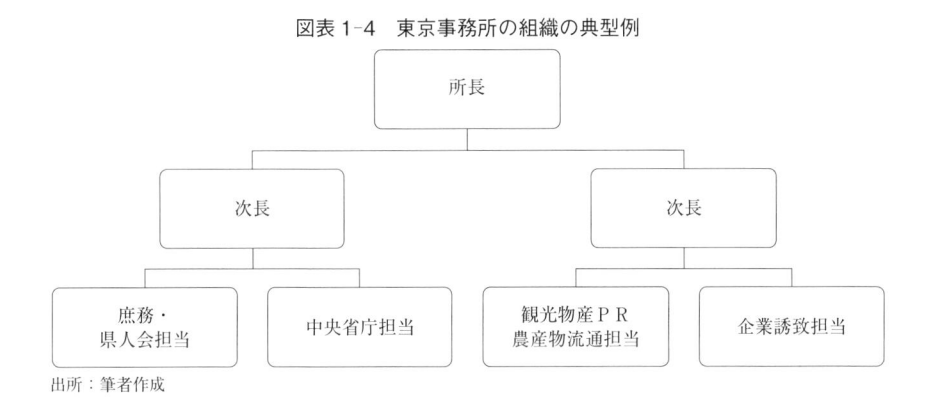

出所：筆者作成

（3）東京事務所の組織・人員体制

たとえば，北海道東京事務所では，内部組織として，中央省庁との連絡調整を主な業務とする「行政課」と，企業誘致と観光を主な業務とする「観光・企業誘致課」が設置されている[9]。同様に，香川県東京事務所には「総務行政部」と「産業振興部」が置かれ，前者は官公庁その他関係機関との連絡等に関することを所掌し，後者は企業誘致，観光誘客，県産品の販路拡大，Uターン・定住促進などを所掌している[10]。

このように，おおむね業務別に内部組織が分かれており，典型例を挙げると図表1-4のようになる。

なかには，鹿児島県のように東京事務所内に10課[11]も置いているところもある（図表1-5）。職員数が二十数名程度であるのにもかかわらず，こんなにも多くの課が置かれているのは，肩書きのためである。つまり，東京で県を代表して行動する際に，「課長」であれば軽く見られず，それなりの対応をして

9　北海道東京事務所ホームページ http://www.pref.hokkaido.lg.jp/sm/tkj/ tokyojimusyotoha.htm（2017年7月29日閲覧）。

10　香川県ホームページ http://www.pref.kagawa.lg.jp/content/etc/sec/sec12611.shtml （2017年7月29日閲覧）。

11　所長1名，次長1名の下に10課が置かれている。

図表 1-5　鹿児島県東京事務所の組織体制と担当業務（2016 年 3 月現在）

課名	担当業務
総務課	庶務に関すること。 議会との連絡調整に関すること。 その他他課の所管に属しないこと。
行政第一課	内閣府，総務省及び財務省所管に係る業務の処理に関すること。 全国知事会に関すること。
行政第二課	厚生労働省，経済産業省及び国土交通省（国土政策局，鉄道局，自動車局，海事局及び航空局に限る。）所管に係る業務の処理に関すること。 県開発促進協議会に関すること。
行政第三課	農林水産省及び環境省所管に係る業務の処理に関すること。
行政第四課	国土交通省（国土政策局，鉄道局，自動車局，海事局及び航空局並びに観光庁を除く。）及び防衛省所管に係る業務の処理に関すること。
行政第五課	法務省，外務省及び文部科学省所管に係る業務の処理に関すること。
ふるさと交流課	かごしま応援寄附金及び県人会等との連携に関すること。
観光物産課	観光庁所管に係る業務の処理に関すること。 観光客の誘致及び宣伝に関すること。 県産品の販路拡大に関すること。 かごしま遊楽館の運営に関すること。
企業誘致課	企業誘致に関すること。 企業間の技術連携，協同研究開発等の情報提供及びあっせんに関すること。 企業に関する情報の収集及び提供に関すること。 雇用対策に関すること。
流通情報課	農産物，畜産物等の販路拡大に関すること。
	農産物，畜産物等の市況及び生産流通に関する情報の収集及び提供に関すること。
	就農相談に関すること。

出所：FOODS CHANNEL「ニュース：鹿児島県東京事務所のホームページを開設」（https://www.foods-ch.com/news/press_176705/）

もらえる，という意味がある。

　前述のとおり，現在の各東京事務所の主な所掌事務は，①中央省庁との連絡調整・情報収集，②企業誘致，③首都圏向けの観光物産 PR・農産物流通促進，に大別される。

　図表 1-1 を見てもわかるように，大半の東京事務所ではこれら 3 つの業務をあわせ持ち，東京における総合的な拠点としての組織体制を整えている[12]。中央省庁を相手とする連絡調整・情報収集業務にほぼ特化している[13]のは千葉，

東京，神奈川，三重の4都県だけであるが，図表1-6のように担当業務別の人員を比較すると，大半の事務所がより多くの人員を中央官庁対象の連絡調整・情報収集業務に充てていることから，その主たる業務は中央省庁との連絡調整であると解することができる[14]。

　たとえば，茨城県では所長以下11名の職員のうち，中央省庁との連絡調整・情報収集業務に9名を充てている（2014年度時点）。ホームページにおいても，同事務所は主として「茨城県の施策立案に必要な情報の収集や研究，国会，中央省庁をはじめとした関係機関との連絡調整や人的なネットワークづくり等」を担うものと記されている[15]。北海道東京事務所では，主に「国会や中央省庁をはじめとする関係機関との連絡調整や人的ネットワークづくり」[16]等を担っている。2014年時点の職員数31名のうち，中央省庁との連絡調整・情報収集業務に従事しているのは23名である。

　なお，真渕・高は，東京事務所の職員数と東京までの距離について分析している。それによれば，東京までの距離が遠くなればなるほど職員数が多い傾向が見られるという。ただし，その理由については，出張費を抑えるために東京に多く配置しているのか，東京から離れると情報が届きにくくなるのかなどいくつかの解釈が考えられるが，不明であるとしている[17]。

12　これらの業務の一部のみを東京事務所が所掌し，その他の業務は別の事務所を置いて処理する場合もある。たとえば茨城県の場合，東京事務所は中央省庁対象の連絡調整・情報収集業務と観光物産PRに関する業務を所掌している。なお，企業誘致については「立地推進東京本部」を都心部（大手町）に，農産物流通促進については「農産物販売推進センター」を東京都中央卸売市場大田市場内に，それぞれ東京事務所とは別に設置している（2018年3月現在）。

13　中央省庁を相手とする連絡調整・情報収集業務のみ所掌している場合のほか，それ以外の業務も所掌しているものの，その割合はごく小さく，専任職員を置かずに片手間で対応している場合を含む。

14　前出の各県の分掌事務を見ると，どこも「中央省庁との連絡調整・情報収集」が最初に掲げられていることももちろん有力な根拠である。

15　茨城県東京事務所ホームページ http://www.pref.ibaraki.jp/bugai/tokyo/tokyo/index.html（2015年10月28日閲覧）。

16　北海道東京事務所ホームページ http://www.pref.hokkaido.lg.jp/sm/tkj/tokyojimusyotoha.htm（2015年10月28日閲覧）。

図表1-6　東京事務所の職員数（2014年度，単位：人）

	職員総数	うち中央省庁との連絡調整担当	うち企業誘致，観光物産，園芸流通等の担当
北海道	31	23	8
青森県	18	11	7
岩手県	14	7	7
宮城県	16	12	4
秋田県	17	7	10
山形県	16	8	8
福島県	12	6	6
茨城県	11	9	2
栃木県	16	7	9
群馬県	12	9	3
埼玉県	8	8	0
千葉県	7	7	0
東京都	5	5	0
神奈川県	6	6	0
新潟県	21	9	12
富山県	11	10	1
石川県	21	9	12
福井県	13	9	4
山梨県	19	9	10
長野県	25	10	15
岐阜県	18	8	10
静岡県	25	8	17
愛知県	30	11	19
三重県	8	8	0
滋賀県	9	8	1
京都府	12	9	3
大阪府	9	9	0
兵庫県	25	10	15
奈良県	19	9	10
和歌山県	11	9	2
鳥取県	15	13	2
島根県	18	10	8
岡山県	9	8	1
広島県	15	10	5
山口県	14	9	5
徳島県	14	8	6
香川県	16	6	10
愛媛県	14	7	7
高知県	18	15	3
福岡県	29	12	17
佐賀県	12	7	5
長崎県	12	8	4
熊本県	27	10	17
大分県	23	7	16
宮崎県	28	11	17
鹿児島県	23	10	13
沖縄県	32	16	16
合計	784	437	347

注）市町村からの実務研修生を含み，臨時・非常勤職員，物理的に離れた箇所（観光プラザ等）に席を置く者を除く。
　　所長，次長（副所長），庶務担当は，原則として「中央省庁との〜」に含む。
　　複数業務を担当する職員は主たる業務で判断。
出所：『都道府県東京事務所職員名簿』（平成26年度版）を参考に筆者作成

図表 1-7　長野県東京事務所の事務分担表（2017 年度）

職名	担当業務（省庁）
所長	総括
次長	総括補助
課長	企業誘致等総括・経済産業省・中小企業庁
課長	総務省，消防庁
課長	環境省，宮内庁
課長補佐	内閣官房，内閣府，財務省
課長補佐	農林水産省，林野庁，会計検査院
課長補佐	国土交通省，観光庁，復興庁
主査	厚生労働省，外務省，法務省
主査	庶務，文部科学省，スポーツ庁，文化庁
主査（市町村からの派遣）	企業誘致・経済産業省（副担当），国土交通省（副担当）
主査（市町村からの派遣）	企業誘致・経済産業省（副担当），総務省（副担当）
主任産業立地推進役	企業誘致
主任産業立地推進役	企業誘致
非常勤職員	事務補助

出所：長野県東京事務所ホームページ（https://www.pref.nagano.lg.jp/tokyojimu/gaiyo/gyomu.html）を一部改変

　各所員の担当事務は，図表 1-7 のように定められる。中央省庁との連絡調整・情報収集業務については，省庁別に担当が置かれる。課長や課長補佐などの役職が多いのは，前出の鹿児島県と同様，職位が高いほうがそれなりに対応してもらえるため，耳あたりの良い役職を便宜的に与えているためである。

　近年，東京事務所の中央省庁に対する連絡調整・情報収集体制は縮小傾向にある。地方分権の進展に伴い，以前のように国の一挙手一投足を注視する必要性が薄れたこと，ICT や交通手段が発展したことなど，また，行政改革により定員削減を進める必要があったことなどがその主な原因である。各東京事務所において当該業務に従事する職員数の推移を見ても，徐々に減ってきている

17　真渕・高（2017），267-268 頁。

図表 1-8　東京事務所で中央省庁との連絡調整業務に従事する職員数の推移（単位：人）

年度	1972 （S47）	1989 （H 元）	1998 （H10）	2007 （H19）	2014 （H26）
北海道	（判別困難）	31	36	24	23
青森県	23	19	18	9	11
岩手県	22	19	16	11	7
宮城県	16	14	15	15	12
秋田県	12	15	13	12	7
山形県	16	17	11	9	8
福島県	17	11	9	9	6
茨城県	9	9	9	9	9
栃木県	10	8	8	6	7
群馬県	9	9	11	9	9
埼玉県	10	10	10	9	8
千葉県	8	8	7	7	7
東京都	4	8	6	5	5
神奈川県	10	10	7	6	6
新潟県	14	9	11	10	9
富山県	14	14	12	10	10
石川県	12	14	13	10	9
福井県	11	10	10	10	9
山梨県	11	11	11	9	9
長野県	17	16	15	12	10
岐阜県	13	15	15	11	8
静岡県	12	10	10	12	8
愛知県	15	16	19	13	11
三重県	8	10	12	9	8
滋賀県	11	11	12	10	8
京都府	7	11	9	10	9
大阪府	22	18	16	12	9
兵庫県	14	15	15	13	10
奈良県	11	10	10	7	9
和歌山県	13	16	12	10	9
鳥取県	12	12	13	9	13
島根県	17	14	12	11	10
岡山県	15	15	14	10	8
広島県	（判別困難）	18	14	11	10
山口県	19	17	16	11	9
徳島県	12	11	11	8	8
香川県	10	10	9	7	6
愛媛県	14	17	16	9	7
高知県	15	13	11	8	15
福岡県	15	15	14	15	12
佐賀県	9	11	11	6	7
長崎県	18	16	16	9	8
熊本県	15	12	11	10	10
大分県	20	19	14	7	7
宮崎県	14	17	17	13	11
鹿児島県	16	17	14	11	10
沖縄県	20	19	17	16	16
合計	612	647	608	479	437
平均	13.60	13.77	12.94	10.19	9.30

注）所長，次長（副所長），庶務担当，運転手を含む。
　　企業誘致，観光など他の業務も担当する職員は主たる業務で判断。
　　市町村からの実務研修生を含み，臨時・非常勤職員を除く。
　　1972 年の平均は北海道，広島県を除く 45 事務所の平均。
出所：『都道府県東京事務所職員名簿』（各年度版）を参考に筆者作成

ことがわかる（図表 1-8）。

　北海道東京事務所では，かつて「霞が関急行」と呼ばれる 15 人乗りのマイクロバスが時間を決めて主要官庁を巡回しており，毎日これに乗って関係官庁に赴くほど職員数が多かったという[18]。それに比べると今はだいぶ縮小しており，他県も同じような状況にある。その分，観光物産 PR や企業誘致に人員を割くようになっていったが，依然としてメインの業務は，中央省庁との連絡調整・情報収集なのである。

(4) 東京事務所の設置根拠，権限等

　東京事務所の設置根拠は，多くの場合，当該都道府県の知事が定める規則である。たとえば，茨城県の場合，「中央官庁等との連絡折衝等を行うための機関として，都道府県会館内に東京事務所を設置する」旨を茨城県行政組織規則において規定している[19]。

　これは，行政機関，つまり一般関係住民の権利義務に密接な関係のある機能を担当する機関については，地方自治法第 156 条第 1 項の規定により法律又は条例により設置する必要があるのに対し，東京事務所はそれに該当せず，知事の権限で規則その他適宜の方式により設置し得るものと解されるためである[20]。

　東京事務所には，公式な権限はほとんどない。分掌事務を見てもわかるように，公権力を行使する業務にほとんど携わっていないためである[21]。たとえば，茨城県では知事の権限に属する事務を出先機関の長に委任する場合，茨城県事務委任規則において「どの出先機関にどの事務を委任するか」を明確に規定するが，東京事務所長への個別委任事項は規定されていない[22]。

　東京事務所が属する部局は，真渕・高によれば知事直轄が 4%，総務部門が

18　読売新聞政治部（1971），42-43 頁。
19　茨城県行政組織規則（昭和 42 年 8 月 3 日茨城県規則第 46 号）第 22 条の 2。
20　松本（2015），542-543 頁。
21　例外として，岩手県のように「県税に係る徴収，滞納処分」を行っている場合は，公式の権限が付与されている。
22　個別でない，共通委任事項は規定されている。それらは，所属職員に対する時間外勤務の命令，旅行命令など，いわゆる庶務的なものである。

44%，企画部門が 52%とされる[23]。各都道府県のホームページから得られる情報を総覧すると，一般に秘書，財政，企画・政策などのセクションに関連付けられることが多いようである。

　なお，東京事務所は知事部局の出先機関である。したがって，任命権者が異なる議会の指揮命令系統にはなく，議会関係の業務に携わることはない。しかし，上京した議員，とくに公式行事で上京する議長等が時間調整のために事務所に立ち寄り，その相手をする程度の関与はある[24]。

(5) 東京事務所の所長と所員

5-1　所長

　どの程度の職位の職員を所長に配置するかによって，その事務所の重要性をうかがい知ることができる。重要度が高ければ部長級を配置するであろうし，さほど重要でなければ課長補佐級を配置するかもしれない。また，もう先のない職員を配置するか，さらに出世しそうな人を配置するかによっても，事務所の重要性をうかがい知ることができる。

　真渕・高の調査によれば，所長就任直前の職位は部次長級以上が4分の3を占める[25]。また，所長退任後については，そのまま退職が 21%，職位変わらず異動が7%で，残りの4分の3程度は昇任して異動している[26]。このことから，東京事務所長というポストは，職員にとって重要なキャリアパスの1つとなっているものと解することができる（図表1-9）。

　また，真渕・高は，所長の活動についても調査している。それによれば，「情報収集とネットワークづくり」に6割近くの時間を費やしており（図表1-10），会うことが多いのは「省庁関係者」，「国会議員（秘書）」，「企業関係者」の順となっている[27]。中央省庁関係者と最もよく会って情報収集やネットワー

23　真渕・高（2017），260-262頁。
24　某県東京事務所職員及び勤務経験者への聞き取り調査による。
25　「次長級」と「部・次長級」の違いが明らかではないが，実務上，同一のものと解釈した。
26　真渕・高（2017），254-255頁。
27　真渕・高（2017），264-266頁。

図表1-9　東京事務所長の就任直前の役職（左）と退任直後の役職（右）

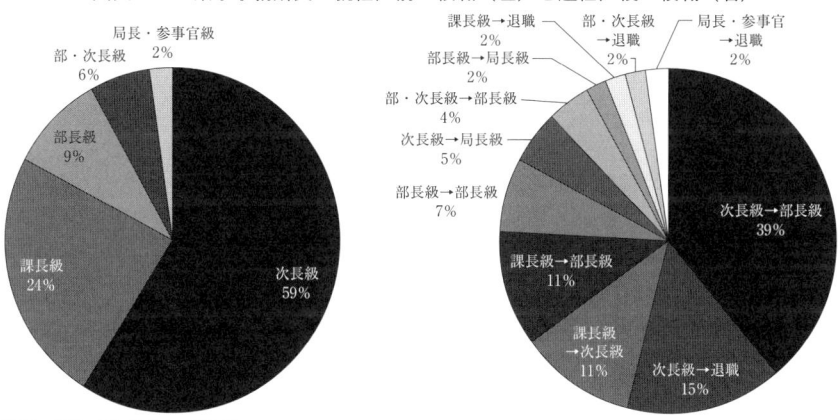

出所：真渕・高（2017），255頁

クづくりに勤しむ姿は，前出の「東京事務所の主たる業務は中央省庁との連絡調整・情報収集」との解釈に適合的であるといえよう。

5-2　所員

詳細は第2章に記すが，東京事務所の国土交通省担当職員が組織する任意団体が会員向けに5年に1度発行している周年記念誌がある。そこに記載された会員向けアンケート調査結果によると，都道府県職員としての経験年数は平均で16.7年であった。大卒と仮定して年齢に換算すると平均年齢は40歳前後となり，実務をある程度経験した中堅職員が配置されていることがうかがえる[28]。

一般に，国土交通省や総務省など都道府県との関係が深い省庁を担当する職員は，職員としてそれなりの経験を積んだ中堅以上の職員で，かつ，本庁で当該分野の実務に携わったことのある者である傾向が強い。当該分野の知識・経験がなければ，省庁職員と円滑な連絡調整をすることができず，必要な情報を入手することも難しくなるためである。

彼らの多くは3年前後で東京事務所を離れ，異動先は本庁の関連部門（たとえば，国土交通省担当は土木建設部局，総務省は財政担当課や人事担当課な

28　全国都道府県・政令指定都市国土交通省担当者連絡協議会編（2010），45頁。

図表1-10　東京事務所長が最も時間を使っている業務

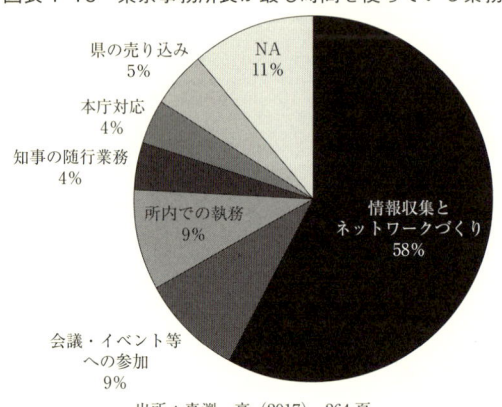

出所：真渕・高（2017），264頁

　ど）に戻ることが多い。また，業務の特殊性と遠隔地での勤務の非許容性（地元を離れることを嫌がる職員が少なくない）から，かつて担当レベルで勤務した者が，次長として2度目，さらには所長として3度目の東京事務所勤務を経験することも少なくない。

　なお，後述のようにかつては夜の宴会業務があったせいか男性職員が圧倒的に多かったが，近年は女性職員も徐々に増えてきている[29]。

(6) 都道府県東京事務所の特色：市町村東京事務所との比較から

　地方自治体のうち，東京に事務所を置いているのは都道府県だけではない。市町村にも東京事務所を設置しているところが存在する。やや古いデータであるが，2008年4月1日現在，政令指定都市は17市（当時）すべて，その他の市町村でも41市町が東京事務所を設置している[30]（図表1-11）。

　政令指定都市の東京事務所は，都道府県の東京事務所と同様に，中央省庁との連絡調整や行政情報の収集を所掌業務の中心としている。札幌市，北九州市など一部の東京事務所は企業誘致，観光物産，園芸流通などシティセールス業

29　ここまでの記述は，某県東京事務所職員及び勤務経験者への聞き取り調査による。

図表 1-11 東京事務所を設置している自治体数（2008 年 4 月 1 日現在）

	都道府県	政令市	市町村	左の政令市及び市町村名
北海道	1	1	8	札幌市，小樽市，室蘭市，釧路市，帯広市，岩見沢市，苫小牧市，根室市，池田町
青森県	1		2	青森市，八戸市
岩手県	1		3	盛岡市，花巻市，北上市
宮城県	1	1		仙台市
秋田県	1		1	秋田市
山形県	1		1	鶴岡市
福島県	1		2	いわき市，川俣町
茨城県	1		1	つくば市
栃木県	1			
群馬県	1			
埼玉県	1	1		さいたま市
千葉県	1	1		千葉市
東京都	1			
神奈川県	1	2	1	横浜市，川崎市，相模原市
新潟県	1	1	1	新潟市，佐渡市
富山県	1			
石川県	1		1	金沢市
福井県	1			
山梨県	1			
長野県	1		1	長野市
岐阜県	1			
静岡県	1	2		静岡市，浜松市
愛知県	1	1	1	名古屋市，豊田市
三重県	1		2	津市，四日市市
滋賀県	1			
京都府	1	1		京都市
大阪府	1	2		大阪市，堺市
兵庫県	1	1	1	神戸市，姫路市
奈良県	1			
和歌山県	1			
鳥取県	1			
島根県	1			
岡山県	1		2	岡山市，倉敷市
広島県	1	1	1	広島市，福山市
山口県	1		1	下関市
徳島県	1			
香川県	1			
愛媛県	1		1	松山市
高知県	1			
福岡県	1	2	1	北九州市，福岡市，久留米市
佐賀県	1			
長崎県	1		4	長崎市，佐世保市，諫早市，大村市
熊本県	1		1	熊本市
大分県	1		1	大分市
宮崎県	1		1	宮崎市
鹿児島県	1		2	鹿児島市，奄美市
沖縄県	1			
計	47	17	41	

出所：『都道府県東京事務所職員名簿』（平成 19 年 7 月），『都市東京事務所職員録』（平成 19 年 6 月），地域活性化センターホームページ及び自治体ドットコムホームページを参考に筆者作成

図表 1-12　政令指定都市東京事務所の職員数（2007 年 6 月現在，単位：人）

市名	職員数
札幌市	10
仙台市	6
さいたま市	5
千葉市	5
川崎市	5
横浜市	5
新潟市	4
静岡市	5
浜松市	5
名古屋市	10
京都市	6
大阪市	10
堺市	7
神戸市	6
広島市	5
北九州市	12
福岡市	8
合計	114
平均	6.71

注）非常勤職員・嘱託など，職名から判断して正職員でないと思われる者を除く。
出所：『都市東京事務所職員録』（平成 19 年 6 月）に基づき筆者作成

務の積極的な展開を図っているが，中央省庁との連絡調整や行政情報の収集業務に実質的にほぼ特化している事務所のほうが多数派である[31]。

　政令指定都市には都道府県の事務権限の一部が移譲されており，国と直接やりとりする機会が多い。このため，都道府県と同じく，事務所全体における中央省庁との連絡調整や情報収集業務の占めるウエイトが高い。人員数で見た事務所の規模は，各市とも都道府県に比べて小規模であり（図表 1-12），中央省庁との連絡調整や情報収集業務を優先する必要が生じるのであろう。

　これに対し，その他の市町の東京事務所は，企業誘致，観光物産などいわゆるシティセールス的な業務を主な任務としているところが多い[32]。これは，都道府県や政令指定都市が国と日常的にやりとりしているのに対し，その他の市町が国とやりとりする場合は都道府県を介するのが通例であるため国と直接やりとりする機会が比較的少ないことに由来するものと思われる。つまり，その他の市町にとっては中央省庁との連絡調整等の目的で東京事務所を設ける必要性は薄く，企業誘致や観光物産などの目的がなければ，わざわざ東京事務所を設置する必要がないのであろう[33]。

　その他の市町の東京事務所は，いずれもかなり小規模であり（図表 1-13），所長以外は全員嘱託または非常勤職員というような事務所が多数存在する。なかには北海道池田町のように東京採用の嘱託職員のみで運営されている事務所や，福島県川俣町や新潟県佐渡市のように在京の関係者に運営を委託している事務所も見受けられる。そのため，企業誘致，観光物産や特定プロジェクトの推進など，何か目的を絞って設置されていることが多い。したがって，所期の目的が達成されたり，事務所維持費用に見合う成果が出ていないと判断されたりした場合には，事務所の撤退に至る例が近年少なからず見受けられる（図表 1-14）。たとえば，

図表 1-13　市町（政令指定
都市を除く）の東京事務所
の職員数（2007 年 6 月現在,
単位：人）

		職員数
北海道	小樽市	1
	室蘭市	1
	釧路市	2
	帯広市	5
	岩見沢市	2
	苫小牧市	2
	根室市	1
	池田町	2
青森県	青森市	2
	八戸市	3
岩手県	盛岡市	5
	花巻市	3
	北上市	3
秋田県	秋田市	3
山形県	鶴岡市	4
福島県	いわき市	6
	川俣町	1
茨城県	つくば市	8
神奈川県	相模原市	6
新潟県	佐渡市	1
石川県	金沢市	4
長野県	長野市	3
愛知県	豊田市	3
三重県	津市	4
	四日市市	4
兵庫県	姫路市	2
岡山県	岡山市	3
	倉敷市	3
広島県	福山市	3
山口県	下関市	4
愛媛県	松山市	4
福岡県	久留米市	1
長崎県	長崎市	4
	佐世保市	4
	諫早市	2
	大村市	1
熊本県	熊本市	4
大分県	大分市	2
宮崎県	宮崎市	4
鹿児島県	鹿児島市	5
	奄美市	2
	合計	130
	平均	3.17

注）非常勤職員・嘱託など，職名
　から判断して正職員でないと思
　われる者も含む（非正規職員が
　多数を占める事務所が多いた
　め）。非常勤職員が曜日ごとに
　交替して勤務している場合には，
　事務所に通常何人いるかで判断。
出所：『都市東京事務所職員録』
　（平成 19 年 6 月）及び各事
　務所への聞き取り調査結果
　に基づき筆者作成

図表 1-14　東京事務所を近年廃止した主な
市町村

自治体名		廃止年月
秋田県	能代市	2004 年 3 月
高知県	高知市	2004 年 3 月
佐賀県	佐賀市	2004 年 3 月
大分県	別府市	2005 年 3 月
沖縄県	那覇市	2005 年 3 月
北海道	旭川市	2006 年 3 月
新潟県	柏崎市	2006 年 3 月
岡山県	津山市	2007 年 3 月
鹿児島県	薩摩川内市	2007 年 3 月
鹿児島県	鹿屋市	2007 年 6 月
北海道	函館市	2008 年 3 月
神奈川県	厚木市	2008 年 3 月
広島県	呉市	2008 年 3 月
茨城県	つくば市	2017 年 11 月

注）呉市は 2014 年 6 月，別府市は 2016 年 4 月に再開
　設された。
出所：iJAMP 記事，新聞記事等を参考に筆者作成

沖縄県那覇市や広島県呉市などは財政状況の悪化による組織見直し，北海道函館市は財政悪化と懸案事項達成（北海道新幹線着工），北海道旭川市や鹿児島県鹿屋市などは ICT の発展等による必要性の低下を理由にそれぞれ廃止を決定した。東京事務所廃止による年間予算削減効果は，那覇市と旭川市では約1700万円，鹿屋市では約3700万円にも上るとのことであり[34]，それほど財政規模の大きくない市町にとって東京事務所は重要な見直し対象となっている。

2　東京事務所設置の経緯と背景

　前節で見たような都道府県の東京事務所はいつ，どのような経緯で開設されたのか。本節では，戦前・戦中期と戦後期に分けて，その設置過程を追う。

30　都市東京事務所長会編（2007），地域活性化センターホームページ，自治体ドットコムホームページによる。なお，都市東京事務所長会の名簿は公刊されておらず，最新版の入手が困難な状況にある。また，地域活性化センターのホームページは，その後改編され，東京事務所に関するページはなくなった。自治体ドットコムのホームページも自治体関係者のみの会員制となり一般の閲覧は不可となった。そのため，図表1-11〜1-13については正確な更新が困難な状況になっている。
　　なお，共同通信社が2019年3〜5月に実施したアンケート調査（対象：46道府県及び全市区）によると，政令指定都市を含む83市が東京事務所を設置しており，その3割以上は過去10年以内に開設されたものであるという（2019年6月11日付け SankeiBiz）。それ以上の詳細は不明であるが，この結果を踏まえれば，現在では図表1-11よりも多くの市が東京事務所を置いているようである。

31　各市のホームページによる。

32　各市町のホームページによる。

33　中核市の場合は，都道府県や政令指定都市ほどではないが，国と直接やりとりする機会があるため，その東京事務所の中には，国との連絡調整を主たる任務にしているところも見られる。

34　琉球新報2005年1月15日付け，iJAMP 2006年2月10日付，iJAMP 2007年3月12日付，北海道新聞2008年3月30日付，週刊観光経済新聞 Web 版 2008年1月19日付ほか。

（1）現行東京事務所の設置時期

　現在の東京事務所の多くは，終戦直後に出張斡旋所ないし宿泊施設として生まれ，その後次第にその機能を拡張し，東京における国との調整役を担うに至ったものであるとされる[35]。このような「中央省庁との連絡調整や行政情報の収集を所掌する在京の事務所」の設置時期について，筆者が実施した文献調査及び各都道府県へのアンケート調査の結果を整理したのが図表 1-15 である。

　これによれば，設置年が判明したものだけでも，1947 年を皮切りに 1953 年までの 7 年間で 38 道府県が東京事務所（名称は異なる場合あり）を新たに設置している。アンケート未回答などの理由により設置年が不明の府県もあるが，1957 年発表の論文[36] に「神奈川県を除くすべての府県に東京事務所が設置されている」との記述があることを踏まえると，図表 1-15 において「不明」となっている栃木県と長崎県についても，遅くとも 1957 年までには東京事務所を開設していたものと思われる。つまり，1947 年から 1950 年代半ば頃までの間に，各道府県が東京に事務所を設けざるを得ない何らかの事情が生じていたのではないかと推測される。

　なお，秋田県，山口県，大分県からは，戦前・戦中期から東京事務所を設置していたと回答があった。また，それ以外の県に関しても，アンケート調査に「戦前にも東京に事務所があったようだが，その業務内容は不明」という旨の付記が見られたところもあったが，いずれもそれ以上の詳細は不明であった。

（2）戦前・戦中期における東京事務所の誕生と廃止・統合

2 1　東京事務所の誕生

　図表 1-15 のとおり，ほとんどの都道府県において現在の東京事務所につながる組織は戦後になって設置されている。では，それまで現在のような東京事務所，つまり，中央省庁との連絡調整・情報収集を担う事務所はなかったのか。

　歴史をさかのぼると，明治維新から間もない 1869 年 1 月から 1875 年 2 月ま

35　久世（1957），120 頁。
36　同前。

図表 1-15　都道府県東京事務所の設置時期

	東京事務所開設年[1]	備考[4]	出所
北海道	1948		D
青森県	1947		D
岩手県	1948		A, D
宮城県	1947	東京出張所として開設。1948 年から東京事務所。	B
秋田県	1942	物産幹旋所を東京事務所に改組。ただし，当時の機能は不明。	A
山形県	1948		A
福島県	1948		A, D
茨城県	1948		D
栃木県	(不明)		—
群馬県	1947		A
埼玉県	1953		A
千葉県	1960	1949 年開設の物産事務所を東京事務所に改組。	A
東京都	1969	都道府県会館東京都事務室として開設。	C
神奈川県	1960		D
新潟県	1947		A
富山県	1947		C
石川県	1947	東京出張所として開設。	A
福井県	1949	東京出張所として開設。1951 年から東京事務所。	A
山梨県	1949		B
長野県	1950		A
岐阜県	1950[2]		A
静岡県	1951		A
愛知県	1953		A
三重県	1948	東京出張所として開設。	A
滋賀県	1953[2]		A
京都府	1948[2]	東京出張所として開設。1960 年から東京事務所。	A
大阪府	1953		C
兵庫県	1950	東京連絡室として開設。	A
奈良県	1947		C
和歌山県	1948		C
鳥取県	1947		C
島根県	1948		A
岡山県	1952	1949 年開設の物産東京幹旋所を東京事務所に改組。	A
広島県	1950[2]		A
山口県	1942	東京出張所として開設。1948 年から東京事務所。	A
徳島県	1947		A
香川県	1952		A
愛媛県	1953		A
高知県	1947		B
福岡県	1951		A
佐賀県	1949		A
長崎県	(不明)		—
熊本県	1948		C
大分県	1938	東京出張所として開設。	A, D
宮崎県	1951		A
鹿児島県	1950[3]		D
沖縄県	1972	1962 年から琉球政府東京事務所を設置。	D

1　中央省庁との連絡調整や行政情報の収集を所掌する在京の事務所が対象。
2　正確な年は不明だが，書類上確認できた最も古い年（当該府県庁の組織担当課による回答）。
3　正確な年は不明だが，書類上確認できた最も古い年（筆者による文献渉猟の結果）。
4　備考欄の詳細は，判明した範囲で記載。
出所：各道府県組織担当課へのアンケート調査(A)，各県のホームページ(B)，真渕・高(2017)(C)，
　　　職員録などその他の文献（D）をもとに筆者作成

での間，各府県の東京出張所の存在が確認できる。これは各府県が任意で置いたのではなく，中央政府が各府県に置かせた出張所である。各府県の東京出張所は当初は東京に散在していたが，1869 年 12 月以降，1 か所に集約され[37]，各府県の東京出張所が同居することになっていった。

　東京出張所は，中央政府の通達文書等を各府県の本庁に送らせ，逆に各府県の本庁も中央政府への進達書類等を東京出張所経由で提出するという，中央政府と各府県とを結ぶ重要な意思伝達機関であった[38]。これは，当時まだ郵便制度が整っていなかったことによるものである。このように，当時の東京出張所は中央政府と府県の間の意思・情報伝達機関として存在していたのである。

　昭和期になると，府県が自発的に東京に事務所を設置するようになる。しかし，そのほとんどは現在のような中央省庁との連絡調整・情報収集を目的とするものではなく，地元産品の販路拡大を目的とするものであった。恐慌に襲われた昭和初期の日本は不況に喘いでいた。とくに地方の不況が著しいのに対し，東京はそこまで酷く落ち込んではいなかった。そのため，東京をターゲットとして県産品の流通拡大が進められるようになっていった。

　たとえば，青森県は 1929 年 9 月 19 日，現在の千代田区西神田に「青森県物産東京販売斡旋事務所」を開設した[39]。その目的は特産品のりんご産業の振興であり，りんごの市況通報と出荷調整，市場の斡旋と仲介，問屋の信用調査，代金回収の世話等を主な業務としていた[40]。その所管は商工水産課とされ，同課から派遣された 2 名の職員が駐在していた。彼らは毎朝 9 時頃には各市場に出かけて，その日のりんご相場，先行きの見通し，各運送会社に入ったりんご入荷量などのデータを収集し，正午頃までには市況を暗号で本庁に打電することを主な仕事としていたという。

　その後，1938 年 4 月には，りんごのみならずその他の物産も広く取り扱うこととなり，その名称も「青森県物産紹介所東京出張所」に改称され，職員体

37　当初は馬喰町。その後，丸の内に移転。
38　阿部（1994），29-32 頁。宮武（1941），155-156 頁。
39　以下，この部分における青森県に関する記述は，青森県東京事務所編（1980）による。
40　このほか，在京青森県人会「修交会」の事務所にもなっていたという。

制も所長以下6名に増員，場所も丸ノ内ビルヂング（丸ビル）に移転した[41]。当時の分掌事務は，県産品の宣伝紹介・販売斡旋とされていたが，上京する県職員や県人の足場にもなっていた。また，日中戦争中という時節柄，統制品の確保や軍需品下請工場の受注斡旋も行っていたという。

岩手県も1932年頃には神田須田町に「岩手県農産物売捌所」を設置していた。当時全盛を誇った特産物のキャベツ（甘藍）の円滑な流通を目的としていたという[42]。福島県でも1935年に日本橋室町に「福島県物産斡旋販売所」を開設，1937年には丸ビルに移転した[43]。

鹿児島県も1936年までには芝区愛宕町に「鹿児島県物産販売斡旋所東京支所」を設置している[44]。この時の体制は支所長（商工主事補）と雇1名の2名だけであった。1943年までには「産業奨励館東京事務所」に改称され，神田区の神田市場内に移転している[45]。

茨城県も同様に，1933年4月1日，現在の中央区新川に「茨城県物産紹介所」を設置した[46]。同所設置規程（昭和8年茨城県告示第151号）によれば，県産品の改良進歩と販路拡張を図るため，商取引の仲介，商況の調査及び通報等の業務を行うものとされていた。その後，1935年11月1日には丸ビルに移転した[47]。

41　なお，三宅拓也によれば，この頃，丸ビルには，「丸ビル地方物産陳列所」と呼ばれる各府県共同の物産陳列所も置かれていたという。1933年に開設されたこの施設は，丸ビルを経営する三菱の地所部（当時）に各府県が共同で掛けあって実現したものである。区分けされた陳列棚が府県や市に貸し出され，東京に独自の事務所を持たない府県の重要な拠点として機能していたとされる（三宅（2015），428-430頁）。

42　岩手県東京事務所編（1982），46頁及び55頁。

43　福島県東京事務所編（1984），51頁及び資料編3頁。

44　鹿児島県（1936），160頁。前年1935年の鹿児島県職員録には掲載されていないことから，その発行日1935年6月1日以降に設置されたものと思われる。なお，物産販売斡旋所の本所は鹿児島市内にあり，支所は東京のほか大阪，門司，大連に置かれている。

45　鹿児島県編（1943），226頁。前年1942年の鹿児島県職員録が確認できていないが，1941年の職員録では名称，所在地とも従前のままであったことから，1941年版の発行日1941年9月10日以降に改称，移転したものと思われる。

46　茨城県報1933年3月29日付号外。

47　茨城県報1935年10月29日付第896号。

このように，府県の東京事務所といえば戦前はそのほとんどが物産関係の事務所であった。これに対し，戦前から中央省庁との連絡調整のために事務所を設置していた珍しい例として大分県の例[48] が挙げられる。大分県は1938年6月1日，赤坂の在京大分県人会事務所内に「大分県東京出張所」を開設した。所長は県人会の常務理事が嘱託として務め[49]，所掌事務は，各省その他東京における用務の連絡斡旋，事務所内への宿泊の応諾等であった[50]。つまり，中央官庁との連絡事務所と宿泊所を兼ねたものであったと考えられる。同県は中央に多くの政治家，実業家を輩出しており，彼らを中心とする在京の「県人会幹部と県との中間に於て相互の連絡保持の必要を漸く痛感するに至ったので，昭和13年4月始めて全国に魁けて大分県出張所を開設」したというのが設立の背景とされる。この記述に従えば，現在のような中央官庁との連絡業務を主たる業務とする東京事務所の嚆矢は大分県東京出張所ということになる。

なお，府県とは公共団体としての性格がやや異なるが，北海道（当時は北海道庁）も戦前から東京に事務所を設けていた[51]。1916年11月，拓殖計画に係る中央官庁との予算その他の折衝のため職員が頻繁に上京するようになったことを受け，赤坂に宿泊所として「出張員事務所」が開設された。1922年4月，内幸町に移転するとともに組織を拡充し，「東京北海道事務所」と改称された。この頃には，中央官庁との連絡折衝業務のほか，自作農移民募集の事務もあわせ持ち，「北海道移民世話所」の看板も一緒に掲げられていたという。その後，

---

48 以下，この部分における大分県に関する記述は，大分県東京事務所編（1974頃）による。なお，この冊子はガリ版刷りの資料等を簡易製本したもので，奥付がなく，著者・編者，発行元，発行年月も明記されていない。ただし，その記述表現から大分県東京事務所の手によるものと思われ，また，年表に記載されている最後の出来事が1973年12月29日の出来事であることから1974年頃の発行と思われる。大分県東京事務所蔵。

49 大分県東京事務所は在京大分県人会事務所内に開設されたが，その県人会事務所はこの常務理事の自宅内に置かれていた。

50 当時の起案書には，「県官吏吏員並県下市町村長及市町村吏員等ニシテ本省ニ事務打合セ等ノ為メ東京市ニ出張等ノ場合本省トノ連絡並在京大分県人ノ連絡等ニ関シ事務所設置ノ必要有」と説明されている。

51 以下，この部分における北海道（北海道庁）に関する記述は，北海道東京事務所編（1988）による。

1933 年内務省庁舎の完成と同時に同庁舎内に移転し，1944 年 7 月 11 日には「北海道庁東京事務所」と改称された。なお，同事務所はその後も存続し[52]，1947 年 2 月 14 日には市ヶ谷の厚生省復員局庁舎内に移転したとされる。

2-2　東京事務所の廃止・統合

戦前期に東京に置かれた事務所は，ごく一部の例を除き，地元産品の販路拡大を目的としていた。しかし，戦時色が強まるにつれて物資不足が顕著になっていき，物資の統制が広く行われるようになると，地元産品を東京に紹介・斡旋するどころではなくなっていく。

たとえば前出の青森県の場合，戦時色が強くなり配給制が敷かれるようになると，物産紹介所東京出張所の仕事も物資の入手確保，生活物資の斡旋紹介へとシフトしていった。そのような状況を踏まえ，1941 年 4 月に物産紹介所東京出張所は廃止され，かわって「青森県東京事務所」が設置された。しかし，これも時局の悪化に伴い 1944 年 2 月に閉鎖された[53]。

岩手県でも，戦争激化による食糧事情の悪化に伴い，戦時中に農産物売捌所を廃止している[54]。また，福島県でも，やはり戦争末期に物産斡旋販売所を閉鎖している[55]。

茨城県でも，1943 年 3 月に茨城県物産紹介所が廃止され，かわって 4 月から「茨城県東京事務所」が設置された[56]。同事務所設置規程（昭和 18 年茨城県告示第 167 号）によれば，県産業の振興を図るため商取引の斡旋関係官公署との連絡等を行うものとされていたが，これも同年 11 月 30 日をもって廃止された[57]。

1943 年以降に各県の事務所が次々と閉鎖されたのは，戦局の悪化に伴う内務省の命令があったためである。1943 年 11 月，官庁の地方分散に関する閣議

52　後述のとおり，内務省内に設置されていたため廃止されなかったのではないかと思われる。
53　青森県東京事務所編（1980），20-21 頁及び資料編 1 頁。
54　岩手県東京事務所編（1982），46-47 頁。
55　福島県東京事務所編（1984），51 頁。
56　茨城県報 1943 年 3 月 31 日付第 1881 号。
57　茨城県報 1943 年 11 月 24 日付第 1983 号。

図表 1-16　昭和 18 年 11 月 2 日付け内務省発地第 188 号（内務省地方局長から各府県知事あて通牒）

府県出張所等ノ整理統合ニ関スル件
今般官庁ノ地方分散ニ関スル閣議決定ニ即応シ東京都内ニ設置セル府県出張所等ハ左記ニ依リ之ヲ整理統合スルコトト相成候ニ就テハ御了知ノ上可然御措置相成度此段依命及通牒候
記
一　内務省庁舎内ニ設置セルモノヲ除クノ外東京都内ニ設置セル府県出張所等ハ本月末日限之ヲ廃止スルコト
二　右ニ伴ヒ府県ハ特ニ必要アル場合ニ於テハ地方行政協議会ノ地方区分毎ニ協議ノ上共同ノ事務所ヲ内務省庁舎内ニ設置シ得ルコト
右ノ場合一地方当職員ハ雇傭人ヲ含メテ三名ヲ超エザルモノトスルコト
三　地方行政協議会ヲ附置セラレタル都府県ノ長官ハ右ニ基ク実施計画（地方別職員数及氏名，執務方法，経費関係等ヲ記オスルコト）ヲ本月十五日迄ニ提出スルコト

出所：大分県東京事務所編（1974 頃）

決定を受け，内務省地方局長が各府県知事に都内の府県出張所等の廃止・整理統合を命じている（図表 1-16）。これによれば，1943 年 11 月末日をもって都内に設置する府県出張所等（内務省庁舎内に設置するものを除く）を廃止するとともに，必要があれば地方行政協議会の地方区分ごとに共同事務所を内務省庁舎内に設置することを認めている。

　大分県も，1943 年 11 月末日をもって大分県東京出張所を廃止した。それに代わって，翌 1944 年 3 月 20 日，福岡，長崎，佐賀，熊本，宮崎，鹿児島，大分の 7 県が共同で「九州地区東京出張所」を，他のいくつかの地区の東京出張所とともに内務省庁舎内に開設したが，空襲が激しくなるなど戦況が悪化するにつれて各県が職員を引き揚げ始め，1945 年 8 月頃には廃止に至ったという[58]。

58　大分県東京事務所編（1974 頃）。

（3）戦後期における東京事務所の設置の経緯とその背景

　戦前に府県が東京に置いた事務所は，そのほとんどが物産関係の業務を担うためのものであり，それも終戦までにはごく一部を除いて廃止された。その廃止の理由は，戦局の悪化に伴って東京から撤退したためであった。したがって，戦争が終結して日常が戻れば，東京に事務所を置くことが再び検討される。事実，各道府県は，図表1-15に見られるように，1947年頃から東京事務所を次々と開設するようになっていった。以下，戦後における東京事務所設置の経緯について，当時の状況を記した文献が現存している道県を例に取り上げて記す。

3-1　青森県[59]

　青森県は1947年9月，千代田区神田小川町に東京事務所を再び設置した。その理由は，商工振興策として物産の斡旋紹介の推進を求める県商工界の要望があったことと，焼け野原となった東京での業務拠点・宿泊場所を確保する必要があったこと，の2点であると言われている。

　この時に定められた所掌事務は，次のとおりである。

　①中央官庁，統制機関，産業団体，育英機関との連絡に関すること

　②県産品の紹介，斡旋に関すること

　③青少年相談に関すること

　④青森会館（会議宿泊施設）の維持運営に関すること

　⑤その他産業振興上必要なこと

　これを見ると，戦前の主たる業務であった物産関係業務も掲げられてはいるものの，戦前にはなかった「中央官庁との連絡」が1番目に掲げられている点が大きく異なる。とはいえ，4名でスタートした職員のこの頃の仕事は，上野駅に着いた上京者を駅まで迎えに行き，各省庁等に案内することはもちろん，各人が持参した配給米を受け取ったり，宿泊料の計算をしたり，帰りの乗車券を手配したりと[60]，「まるで宿屋の番頭さん」のような仕事であり，各省庁へ

59　この部分における青森県に関する記述は，青森県東京事務所編（1980）による。

の連絡業務は「使い走り」程度であったと元職員が述懐している。

　他方，この頃の地方行政は，地方制度の改正や終戦処理などで多岐多端を極め，中央官庁との連絡調整も頻繁に行う必要があった。1948年11月には千代田区富士見町に事務所を移転し，1949年4月には職員数も20名以上に増員された。さらに，この年の10月には「行政連絡員制度」[61]を設け，県庁の部ごとに担当職員を1人ずつ置き，中央官庁の情報収集，中央官庁から県への連絡事項の伝達，県から中央官庁への連絡事項の伝達に従事させることとなった。彼らは関係官庁に日参し，その結果を毎日報告書にまとめて送った。この取組みは全国的にも注目され，他道府県の東京事務所もこれを追随するようになったという。

3-2　岩手県[62]

　岩手県は，1948年1月1日に東京事務所を設置した。この頃の同県の自主財源は1割程度で，人員整理も進行中であるなど，財政がかなり逼迫していたため，国の予算を引っ張ってくることが重要な課題であった。そのため，1951年には事務所の設備も人員も拡充された。なお，国に要望を伝えるばかりでなく，各省から呼び出されて意見を聞かれることも頻繁にあったという。

　岩手県東京事務所の草創期は，3つの段階に分けられる。最初は開設前夜の時期である。岩手県では1946年から上野駅近くのお寺（大行寺）を県の特約施設として上京者の宿泊用に供していた。提供された宿泊場所は10畳2間で，住職夫人や書生たちが食糧を買い集め，宿泊者のために炊事をしてくれたという。

　次は東京事務所開設の時期である。この頃，県内各界において「中央折衝をしていくための拠点的な役割と上京者の宿泊の利便を兼ねた施設」を都内に設けてはどうかとの声が高まった。それを受けて，1948年1月1日，文京区内

60　当時は食糧難の時代であり，出張時には地元で配給された配給米を持参し，宿泊所で炊いてもらっていた。また，列車の乗車券を購入するのも容易ではなく，行列のすえ，苦労して入手していた。当時，青森県から東京までは，鈍行列車で二十余時間かかったという。

61　当初は本庁各部職員が3か月程度駐在する形であったが，1951年度からは東京事務所職員として異動してくる形に変わっていった。

62　この部分における岩手県に関する記述は，岩手県東京事務所編（1982）による。

にあった民間人の邸宅を買収し，宿泊機能を備えた「岩手県東京事務所」を開設した。この時期の岩手県は，地方制度の改正などに加え，戦後の経済復興事業や 1947 年のカスリーン台風被害からの復興事業など，中央官庁との連絡調整を要する事務を多く抱えていた。そのため，同事務所設置規程の第 1 条に「中央諸機関との事務連絡に当るため，岩手県東京事務所を設ける」と定められたように，中央官庁との連絡調整がその主たる業務であった[63]。とはいえ，事務所の規模は小さく，中央官庁との事務連絡に当たる職員 1 名と宿泊関係を担当する嘱託 1 名の総勢 2 名でのスタートであった。

最後が拡充期である。東京事務所が開設されたものの，宿泊者が多く手狭になったこと，中央官庁に行くには文京区は遠くて不便であったことなどから，千代田区内の土地を鳥取県から買い取り，事務室を含む宿泊棟として鉄筋コンクリート 4 階建てのビルを建設して，1951 年から新たな東京事務所としてスタートさせた。この時，職員も大幅増員され，部長級の所長以下総勢 6 名となった。ここに，現在につながる東京事務所の基本的な体制が確立された。

3-3　福島県[64]

福島県は，1948 年 5 月に宿泊機能を持つ「福島県東京事務所」を設置した。その主たる目的は，国会中央官庁その他関係方面との連絡調整である。同県の場合，その後の数年間に，県産品の販路拡大を担う事務所として「福島県貿易斡旋所」，林産物の販路拡大を担う事務所として「福島県林産物斡旋所」も設置している。

1952 年 11 月には，それら 2 つの斡旋所と東京事務所を統合するとともに，新たに電源開発・企業誘致業務を加えて，新たな「福島県東京事務所」を開設した。なお，1960 年頃までは中央官庁の情報収集に注力するなど東京における情報拠点のような役割を担うには至らず，県と中央官庁との連絡役にとどまっていたとの元職員の述懐も見られる。

---

[63]　戦前に担っていたような物産関係の業務については，1949 年 4 月に設置された別の事務所（「岩手県物産斡旋事務所」）が担った。

[64]　この部分における福島県に関する記述は，福島県東京事務所編（1984）による。

3-4 茨城県

茨城県は，1948年2月，公務連絡の利便を図るため，東京事務所を設置した[65]。当時の資料には，その経緯について「国との連絡調整を要する業務が増大し，県財政も国庫に大きく依存していることから，県職員の上京の機会が増加した。このため，事務効率化と経費節減を図るため，上京した職員の宿泊所を兼ねて東京事務所を設置することとした」旨の記述が見られる[66]。なお，この時点では配置された職員も所長1，主事1，傭人2の計4名にとどまっており，中央官庁との連絡調整事務より，むしろ上京職員の宿泊所としての役割に重きを置いての設置であったと言える[67]。

その後，同県においては，中央官庁との連絡事項はますます複雑多岐にわたるようになり，従来の職員数では対応が困難となった。そのため，1952年6月，「公務連絡の利便と県勢の紹介をはかり，県行政の円滑な運営に資する」ため，宿泊施設を分離するとともに，中央官庁との連絡折衝要員として各部からの代表を配置して東京事務所を拡充した[68]。ここに，現在につながる東京事務所の姿が成立した。

3-5 大分県[69]

大分県は，1946年12月に東京出張所宿泊部を設置した。これは，戦災で都

---

65 茨城県報1948年2月4日付第2622号。
66 茨城県を原告とする民事訴訟訴状（東京地裁民事第一部受理番号1952年9月15日付第6600号）。これには次のように記されている。「終戦後，新憲法の施行に伴い，地方自治確立のため地方制度の画期的大変革をもたらす地方自治法が制定施行されたが，反面中央諸官庁の中央集権的方策と連合軍占領下における特殊事情から府県の事務は政府の出先機関たる様相を示し，かつ，府県の財政は制度上大部分国庫に依存する情況にあった。したがって，県から中央部への諸般の要請または中央部から県に対する通達指示等の急速なる連絡はその都度県から関係職員を上京させたのでは時機を失するきらいがあり，かつ，出張費用も相当多額に上るので，東京に県職員を常駐させ事務処理の効率化と経費節約を図る必要切実なるものがあった。よって他県の例にならい，上京した職員の宿泊所を兼ねて東京事務所を設置することとした。」（注：筆者において現代の漢字・仮名遣いに改めるとともに，読みやすいよう読点を付加した。）
67 茨城県報1948年2月4日付第2622号。
68 茨城県報1952年6月23日付第3305号。
69 この部分における大分県に関する記述は，大分県東京事務所編（1974頃）による。

内の宿泊施設が減少し，上京職員が宿泊難に陥って事務の遂行上支障を来していたため，宿泊先を確保することが目的であった。当時，所長は戦前と同じ県人会の役員が嘱託として務めていたが，「各省庁との折衝調整の業務は漸次増加の一途をたどりその重要性を増しつつあった」ため，1950年2月に専任所長を置き，職員数名を新たに配置した。

　この頃，地方自治法の施行等により地方分権化が進みつつあったが，「起債を始め国庫補助の獲得は寧ろ従前に倍して制約を受けるに至ったので，之に伴い東京出張所の使命は益々重要性を加え，唯単に連絡のみにて止まらず積極的に中央諸官庁との折衝を必要とするに至った」という。そのため「所長自ら関係各省を始め国会，各党本部に出頭して之が説明と運動に当る」など，事務所の重要性が高まっていき，「他府県においても之等の情勢に即応し競って東京事務所を拡充強化することとなった」ことが，事務所拡充の背景にあったという。翌1951年8月にはその名称も「大分県東京事務所」と改められた。

3-6　山梨県[70]

　山梨県では，1949年6月，公用のため上京した県職員等に対し宿泊の便宜を図ることと，本庁と各省庁との連絡事務に任じることを目的に，総務部人事課の出先機関として，「山梨県東京事務所」を港区麻布本町に設置した。この当時の東京事務所は宿舎を併設したものであった。

　同県では，その設置に至る背景を「昭和22年に日本国憲法と地方自治法が同時に施行され，地方自治制度の確立に伴い，地方公共団体が処理すべき事務は広域化し，複雑化が進むとともに，地方財政は急激に増大の方向に進み始め，国と地方自治体は行政，財政上密接化をせまられ，省庁との行政連絡や情報収集事務のウエイトが大きくなってき」たためであると記している。その後，「地方交付税，地方債，各種国庫補助金の配分などをはじめ，行財政面での都道府県間の競争が激しくなり，各省庁との行政連絡や情報収集が主要業務」となっていったという。

　その後，東京事務所は1960年に新たに建設された都道府県会館に移転した。

70　この部分における山梨県に関する記述は，山梨県東京事務所ホームページ（http://www.pref.yamanashi.jp/tokyo/hensen.html，2017年9月1日閲覧）による。

その際，宿舎については，「山梨寮」として宿泊専用施設となった。

3-7 鹿児島県

鹿児島県では，遅くとも 1950 年までには東京事務所が設置されている。同年 1 月 15 日現在の『鹿児島県職員録』には，総務部庶務課の出先機関として「鹿児島県東京事務所」が記されている。その所在地は港区龍土町で，所長 1，事務吏員 1，嘱託 5，雇 1 の総勢 8 名体制であった[71]。この頃の分掌事務は不明であるが，戦前は商工関係の出先機関であったものが，財政を担当する庶務課の出先機関になっていることからすると，中央省庁との連絡調整を担っていたものと推測される。

その後，1952 年 7 月までには中央区銀座 2 丁目に移転し，所長 1，次長 1，各部ごとの置かれた担当者 5，嘱託 3，雇 1 の体制に拡充されている。

3-8 北海道[72]

北海道については，1946 年に府県制が適用されるなどの変化を経たものの，戦前から続く「北海道庁東京事務所」は戦後もそのまま存続していた。1948年 2 月，「北海道庁東京事務所規程」の公布によって，事務所の機能が拡充強化され，現在につながる事務所体制が成立した。同規程第 1 条には「北海道庁と閣省その他との事務連絡に関する事務を掌る」と記され，第 4 条には総務課と業務課の 2 課体制とすることが記されている。当時の職員数は 25〜30 名程度であり，所在地は中央区銀座であった。なお，宿泊所は 1947 年から渋谷区代々木上原町に別途置かれている。

その後，1950 年 10 月には従来の 2 課に加え，企画調査室を設置するという組織拡充が行われた。これは北海道開発庁の設置に伴う北海道開発の総合計画実施に対応するためのものである。1952 年 5 月には北海道庁東京事務所規程が「北海道東京事務所処務規程」に改正され，事務所名も「北海道東京事務所」に改称された。この時，東京都及び神奈川県における道税の賦課徴収に関する事務が所掌事務に加わり，税務課が新たに設置された。その 3 か月後の同

71　鹿児島県編（1950），106 頁。なお，1944〜1949 年の職員録は確認できていない。

72　この部分における北海道に関する記述は，北海道東京事務所編（1974），同（1988）による。

年8月には開発事務を推進するため開発予算課が設置されるなど拡充が続き，この頃までには職員数も60名近くにまで増加した。

　以上，いくつかの道府県における戦後の東京事務所の設置過程を示した。このように，現在の東京事務所につながる組織が設置された時期を辿っていくと，地方自治法が施行された1947年頃にまでさかのぼることができる。この頃，地方自治制度が確立される一方で，自治体の業務は急激に増大した[73]。しかし，これに見合う財源の手当が十分でなかった上に，戦後のインフレーションや度重なる台風被害などの影響が重なり，地方財政は危機的な状況にあった。そのため，都道府県は財政的な面で国への依存を強めざるを得ない状況となり，中央省庁との連絡調整や情報収集業務[74]の必要性が高まった。

　中央省庁との連絡調整や情報収集活動を円滑に行うためには，その基盤となるべき中央省庁職員との人的ネットワークを構築する必要がある。その前線基地として現在のような東京事務所が設置されるに至った。このようにして，遅くとも1950年代半ば頃までには大半の都道府県が中央省庁との連絡調整を主目的とする事務所を東京に設置するようになったのである。

　では，それ以前はどのようにして国との連絡調整を図っていたのか。戦後間もない頃までは，府県も都道も内務省の地方出先機関の性格を強く有していた。都道府県のトップである府県知事・東京都長官・北海道庁長官は官選の内務官僚であり，内務大臣に直属してその指揮監督を受けていた。また，幹部もほとんど内務省の人間であった。そのため，都道府県と国との間には頻繁な人事異動（人事交流）が行われており，情報・交渉経路としての人的ネットワークが自然と構築されていたのである。

　それが，1946年の地方制度改正，1947年の地方自治法制定により，知事公

---

[73]　荻田（1984），奥野（2002）によれば，自治体警察と義務教育6・3制の開始がその代表格とされている。

[74]　たとえば，国庫補助金，起債，税制などの財源確保策や災害復旧支援などに係る連絡調整，情報収集，陳情など（1948年1月31日衆議院本会議における石田博英議員発言，1951年10月23日衆議院行政監察特別委員会における佐賀県副知事発言ほか）。

選制の導入や都道府県の完全自治体化が行われ，都道府県は国の地方出先機関ではなくなった。そのため，中央官僚が都道府県に出向することも従前ほどではなくなり，国と都道府県との人的なつながりが弱まった。ところが，完全自治体となった都道府県が国からの補助金を獲得するためには，国の出先機関であった頃にはなかった他の都道府県との激しい水平的競争に勝利する必要があり，そのための交渉には人的ネットワークが不可欠であった。そのため，都道府県は東京に事務所を置いて，国との人的ネットワークを再構築しようとしたものと考えられる。

　このような背景のもと，戦前は地元産品の販路拡大であった東京事務所の役割は，戦後，中央省庁との連絡調整・情報収集に大きく転換することになったのである。

小　　括

　本章では，本格的な分析に入る前に，東京事務所の現況と設置の経緯について概観した。

　現在，東京都を含む 47 都道府県が東京事務所を設置している。東京事務所は戦前にも存在していたが，現在の東京事務所の直接的なルーツと言えるものの大半は，戦後の地方制度改革によって都道府県が完全自治体になった 1947 年以降に開設された。

　当時，地方財政は危機的な状況にあり，都道府県の多くは財政面で国に大きく依存していた。そのため，財源獲得に係る中央省庁との連絡調整や情報収集業務が頻繁に発生し，宿泊所を兼ねた前線基地として東京事務所が開設された。つまり，設置当初の最も重要な業務は，「補助金等の財源獲得に関する中央省庁との連絡調整・情報収集」であり，それに必要な「情報・交渉経路としての人的ネットワークの構築」であった。

　近年，地方分権改革や三位一体の改革により国への依存度は以前よりもやや低くなった。また，ICT や交通インフラの発達により東京に常駐する必要性もやや弱くなった。このため，東京事務所の役割も少しずつ変化しつつある。

多くの東京事務所では，東京に所在するという利点を活かし，企業誘致や観光物産に関する業務を所掌するようになった。しかし，そもそもの目的である「中央省庁との連絡調整・情報収集」には今でも最も多くの人員を割いており，依然として東京事務所の最も重要な業務であることに変わりはない。

　政令指定都市やその他の市町も東京事務所を設置することがあるが，政令指定都市以外の市や町においては，コストに見合わないと判断されればすぐに廃止されている。序章で見たように，アメリカ各州のワシントンDC事務所も同様であった。しかし，都道府県の東京事務所は，前述のような状況の変化があったにもかかわらず，全47都道府県において，どこも廃止されることなく現在に至るまで存続している。ということは，合理的に考えればコストを上回るベネフィットがあるはずである。都道府県は東京事務所を通じてどのようなベネフィットを得ているのか。次章において，その具体的な活動を確認していく。

第 2 章

東京事務所の活動実態とその変化

　前章では，戦後，財政面で国への依存を強めざるを得なくなった都道府県が，中央省庁との連絡調整や情報収集活動を行うために東京事務所を設置したことを示した。少なくとも東京事務所設置当初は「補助金等の財源獲得に関する中央省庁との連絡調整・情報収集」が東京事務所の最も重要なミッションであった。その後，時代の変化とともに東京事務所の対中央省庁活動はどのように変わったのか。

　本章では，東京事務所の活動実態をつまびらかにすることにより，対中央省庁活動における東京事務所の役割とその変化を示すとともに，それを通じて次の4点を明らかにしていく。

A.　東京事務所の主な役割は中央省庁・都道府県間の垂直的な意思・情報伝達であること

B.　意思・情報とは補助金以外の事項に関するものであること

C.　補助金以外の事項とはいったい何か

D.　意思・情報伝達活動には，直接的な接触を頻繁に繰り返すことが必要であること

1　東京事務所の主な行動とその変化

　前章のとおり，都道府県が東京事務所を設置したのは，財政面で国に深く依存していたことから，中央省庁とのやりとりが頻繁になっていったためであった。そのため，東京事務所の業務はおのずと国庫補助金の確保が中心となり，中央省庁を相手とする連絡調整業務・情報収集業務や陳情・要望活動などが展開された。

　こういった昼間の活動とは別に，夜は各省庁の役人を接待し宴会等を行うことによりその連絡の緊密化を図ることも行われた[1]。これがエスカレートしたのが1990年代半ば頃に社会問題化した，いわゆる官官接待問題である。

1　久世（1957），120-121 頁。

　それまでの東京事務所の活動は昼夜を問わず中央省庁に食い込み，貴重な情報を仕入れ，また，自らに有利な取り計らいを要請・実現することであった。その舞台として夜の宴席が用いられ，多くの公費が費やされた。この官官接待が問題になった1990年代半ば以降，東京事務所の活動は大きく変化した。公費による夜の活動は自粛を余儀なくされ，昼間の活動と私費による会費制での夜の宴席が中心となっていく。

　また，2000年の地方分権一括法の施行により機関委任事務制度が廃止され，国と地方の関係も「上下・主従」から「対等・協力」の関係に変化した。さらに，2006年までに行われた三位一体の改革によって，国庫補助金の見直しが進められ，財政的にも地方の自律性がやや高まった。

　同じ頃からICTが著しく発達し，地方に居ながらインターネットを通じて多くの情報を得られるようになった。また，従前からFAXなどで情報を送受信することも可能であったが，電子メールの普及により，より簡単に，より大量のデータを送受信することができるようにもなった。

　本章では，このような1990年代半ば以前と以降の変化にとくに注目しつつ，東京事務所の活動実態を時間的な経過に沿って，次に掲げる主な役割の観点から明らかにしていく。

　東京事務所の主な役割には，序章で示したとおり，①中央省庁から都道府県への意思・情報の伝達役，②都道府県から中央省庁への意思・情報の伝達役（働きかけ役），③都道府県同士の意思・情報の伝達役，の3つがある。

　さらに，①と②は次のとおり細分される。①中央省庁から都道府県への意思・情報の伝達役としての活動には，「中央省庁からの指示・伝達事項を都道府県本庁に伝達すること（指示等伝達活動）」と「中央省庁の情報を入手して都道府県本庁に伝達すること（情報収集活動）」の2つが含まれる。また，②都道府県から中央省庁への意思・情報の伝達役（働きかけ役）としての活動には，「都道府県の現場の情報を中央省庁に伝えること（現場情報伝達活動）」と「都道府県の要求・要望を中央省庁に伝えること（陳情・要望活動）」の2つが含まれる（図表2-1）。

　次節以降は，時間の経過に沿ってその時々の東京事務所の主たる業務の実態を記す。まず第2節では，東京事務所草創期の「指示等伝達活動」と「現場情

図表2-1　東京事務所の主な役割

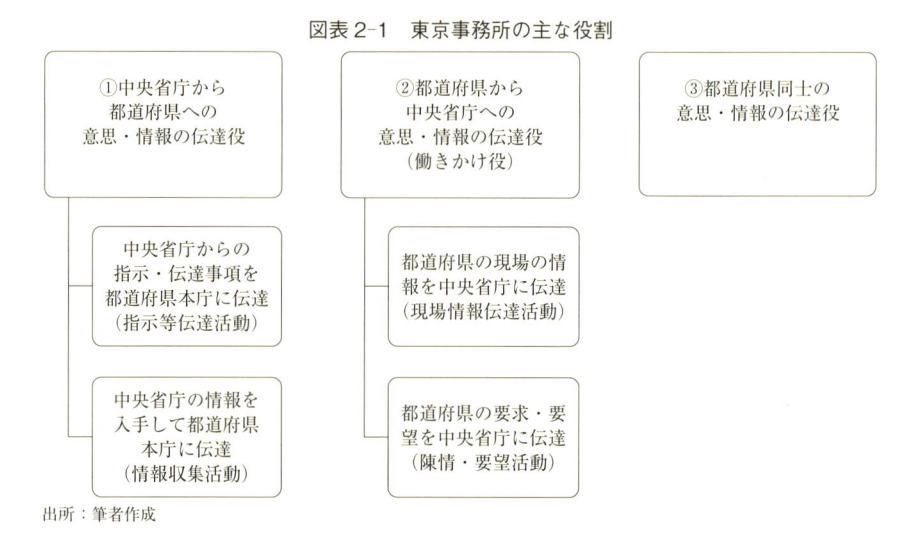

①中央省庁から
都道府県への
意思・情報の伝達役

②都道府県から
中央省庁への
意思・情報の伝達役
（働きかけ役）

③都道府県同士の
意思・情報の伝達役

中央省庁からの
指示・伝達事項を
都道府県本庁に伝達
（指示等伝達活動）

都道府県の現場の情
報を中央省庁に伝達
（現場情報伝達活動）

中央省庁の情報を
入手して都道府県
本庁に伝達
（情報収集活動）

都道府県の要求・要
望を中央省庁に伝達
（陳情・要望活動）

出所：筆者作成

報伝達活動」に触れ，第3節では補助金全盛期の「陳情・要望活動」について
その実態を記し，第4節では地方分権改革以降の「指示等伝達活動」，「情報収
集活動」，「現場情報伝達活動」についてその実態を示す。これらはいずれも行
政を対象とする活動であるが，第5節では政治に対する活動にも触れる。なお，
③都道府県同士の意思・情報の伝達役については，第4章において詳述する。

2　東京事務所草創期：宿泊施設と連絡調整の時代（1947年頃〜1950年代）

（1）宿泊施設の管理運営業務

　前章に記したとおり，焼け野原で出張時の宿泊先を確保するのも困難であっ
た終戦直後の東京事務所草創期には，宿泊施設の管理運営業務，つまり国との
調整等のために上京する職員の後方支援が東京事務所の仕事の大きな柱の1つ
であった。

　宿泊施設の管理運営業務については，青森県の例にあるように，出張者を上
野駅まで迎えに行き，宿泊・食事の世話はもちろん，帰りの切符の手配まで，

宿屋の番頭のような業務を担っていたとされる。そもそも青森県，岩手県，茨城県，大分県などの例にもあるように，上京時の宿泊場所の確保が当時最大の懸案であった。まずはそのニーズを満たすため，宿泊先を提供するのが草創期の東京事務所の最大の仕事だったのである。

その後，民間の宿泊施設が整備され，宿泊先の確保には困らなくなっていったが，県が運営する宿泊施設はかなり安価であったため，それなりに利用されてはいた。時が経つにつれて，東京事務所と切り離して運営を外部に委託したり，老朽化に伴って廃止したりするところも徐々に出てきたが，草創期から 20 年以上経過した 1972 年時点においても，まだまだ多くの県で調理師をはじめ宿泊施設運営のための専任職員を配置していたことが確認できる[2]。その後，たとえば 2002 年度に鹿児島県，2005 年度に岩手県，2008 年度に山形県と福島県，2013 年度に石川県が，2014 年度に福岡県が，それぞれ宿泊施設を廃止しており[3]，2017 年度現在では富山県などごくわずかな県が運営するだけになっている。

(2) 中央省庁との連絡調整業務

草創期の東京事務所において，もう 1 つの大きな柱となった業務は「中央省庁との連絡業務」である。

前章にも記したとおり，最初は職員数も限られていたことから，青森県のように「使い走り」程度の連絡業務から始まっている。つまり，最初は国から地方へ，あるいは，地方から国への単なるメッセンジャーに過ぎなかった。その後，地方自治が確立していくにつれ，都道府県事務の拡大・複雑化が進む一方で，それに見合う財源を確保できず，地方財政の困窮が深刻になっていった。そのため，国庫への依存が高まり，国と密接な関係を保つ必要が生じたことから，1950 年前後から体制を拡充する東京事務所が出始め，「中央省庁との連絡業務」は単なるメッセンジャー的「連絡業務」から折衝まで行う「連絡調整業務」へと変わっていった。

---

2 全国知事会総務部編（1972）。

3 iJAMP 2002 年 7 月 2 日付，iJAMP 2005 年 12 月 14 日付ほか。

この頃は，交通事情が悪く，都道府県庁（本庁）の職員が必要に応じてすぐ上京することは難しかった。そのため，東京事務所の職員が本庁の代理人的役割を果たしていたと考えられる。たとえば，1955 年頃，青森県では職員給与について前例のない内容の条例の制定を検討していたが，それが違法かどうかが県内部で問題となった。そこで東京事務所の担当者が関係省庁を回って議論を行い，違法とは断定できないという回答を引き出した結果，条例の制定に至ったという[4]。

その後，日本は高度経済成長期に突入していく。朝鮮戦争による特需景気で復活の足がかりをつかんだ日本経済は，1955 年から 1973 年まで高い経済成長を記録する。1960 年代に入ると政府予算規模は右肩上がりに増大し続け，1960 年度に 1 兆円程度であった一般会計予算は 1973 年度には 14 兆円を超える規模にまで急拡大した。第一次オイルショックの影響で税収が一時期減少し，国債残高も積み重なっていったものの，その後も予算規模は拡大を続けていった。

ケント・カルダー（Kent E. Calder）によると，自民党の長期政権は利益配分の積み重ねの上にできあがったものであり，その利益配分に主に用いられたのが補助金であるという。なかでも公共事業関連支出がとくに重視され，自民党が危機に陥るたびに地方の選挙対策として増加を繰り返した[5]。また，高度経済成長期には，1964 年指定の「新産業都市」に代表される拠点整備開発方式による地域開発も進められ，限られた枠をめぐって地方がしのぎを削ることになった。

このように，補助金や事業枠を獲得しようと，都道府県は国に潤沢な予算措置を求めるとともに，限られた枠を都道府県同士で奪い合うようになった。その具体的な行動として見られるようになったのが，次節に記す「陳情・要望活動」である。

4　青森県東京事務所編（1980），95-96 頁。
5　カルダー（1989），14 頁及び 238-243 頁。

3　補助金全盛期：陳情・要望活動と官官接待の時代(1960年代〜1990年代)

(1)　陳情・要望活動

1-1　陳情・要望活動の概要

　陳情・要望活動とは，国に何らかの行為を行うよう要求・要望する活動である。後述のとおり，1960 年前後からとくに活発になったと思われる。道路や河川整備に代表されるような国の直轄事業の箇所付け，地方自治に関する諸制度や地方税制度などの制度改正[6]，地方分権の推進のような権限移譲もあるが，その多くは補助金をはじめとする国からの財政移転を求めるものである。そもそも東京事務所は，財政的に苦境に陥った都道府県が，補助金等の財源獲得に関する連絡調整・情報収集を行うために設置したものである。そこでここでは，陳情・要望活動のうち，補助金をはじめとする国からの財政移転を求めるものを中心にその実態を記す。

　中野実によれば，県が中央政府から予算を獲得する方法はおおむね次の 3 つのケースに分類されるという。①中央政府が定めた枠内で中央政府から県に話がある場合，②枠があっても限定的でそれを求める自治体間で少数激戦が繰り広げられる場合，③有力政治家がその力量に応じて個人的なロビイングにより補助金を獲得する場合，である[7]。このうち，都道府県当局による陳情・要望活動が展開されるのは，主に②の場合であると考えられる。

　予算に関する陳情・要望活動は，以下のタイミングで行われる（図表 2-2）。1980 年代の例で言えば，最初のタイミングは，各省庁が大蔵省に概算要求を行う 8 月以前の段階である。各省庁の概算要求に計上されていなければ，そもそも予算は確保できない。したがって，まず都道府県は概算要求に計上しても

6　このほか，たとえば，カジノ実現に係る新法制定など地方行政に影響を与える個別法の制定改廃，国の補助事業の補助率アップなども制度改正に含まれよう。

7　中野（1992），209-210 頁。

図表 2-2　予算編成の流れと都道府県の陳情・要望活動 （1980 年代の例）

予算編成の流れ	都道府県の陳情・要望活動
各省庁における概算要求作成	←　所管省庁への陳情・要望活動
↓	
8 月末　　各省庁が大蔵省に概算要求提出	
↓	
↓	←　大蔵省への陳情・要望活動その 1
（大蔵省での査定）	
↓	
↓	←　大蔵省への陳情・要望活動その 2
12 月下旬　大蔵省原案内示	
↓	
復活折衝	←　所管省庁及び大蔵省
↓	への陳情・要望活動
政府予算案閣議決定	

出所：中野（1992）を参考に筆者作成

　らえるよう所管の各省庁に陳情・要望活動を行うことになる。概算要求の前には，多くの都道府県が地元選出の国会議員を集めて要望事項についての説明を行い[8]，各議員の意見を聴取するとともに，予算化への協力を要請する。

　次のタイミングは，大蔵省における予算編成期である。各都道府県の東京事務所に知事を本部長とする予算要求対策本部を設置して予算獲得のための大会を開催し，地元選出国会議員のほか有力議員にも列席してもらうという[9]。大蔵省に関係予算を査定で認めさせるためのいわば示威行為である。さらに，大蔵省原案が内示される前に再度国会議員を集め，内示に向けてさらに活動を活発化させる。

　さらに，12 月に大蔵省原案が出ると，その内容を分析し，認められなかっ

8　中野（1992），210-211 頁。
9　同前。

た予算があれば，復活折衝の項目に入れてもらうよう所管省庁に働きかけるとともに，所管省庁と一緒になって大蔵省に復活を認めるよう陳情・要望活動を行う。この時期には，各都道府県とも東京事務所内に予算対策本部を設置し，幹部が上京して上記のような活動を展開する。このとき，東京事務所は各省庁との連絡調整役を担う。

このような活動は都道府県が毎年行うルーティン・ワークであり，より政治的な圧力を要する要求については，正規の手順とは別に政治家の介入が見られる。知事が陳情を行う場合は，すでに事務レベルでは大筋の合意ができており，知事自身の行動はその最終的なツメの段階にあることが多い[10]。

このような陳情・要望活動のうち，東京事務所は，アポイントメントの取得や当日の先導案内など，いわば表舞台の陳情・要望活動のロジ部分を担うとともに，水面下の事務レベル調整段階における連絡調整業務を行う。

1-2　陳情・要望活動の実態[11]

国の政策誘導のため補助メニューが提示され，それに呼応して手を上げるという競合パターンのもとでは，他の都道府県に先んじるためには他より強力な人脈を構築し，いち早く情報を入手することが重要とされていた[12]。そのため，後述のような省庁日参による情報収集活動が行われることになる。また，客観的な条件に差がない場合には，熱心な陳情を行うことで誠意を示し，差別化を図ろうとする意図が働く[13]こともあって，陳情合戦が繰り広げられた。

このような陳情活動——近年は要望活動と称することが多い——はどのように行われるのか。かつては，知事などの幹部職員，地元選出の国会議員など，関係者を総動員した陳情合戦を繰り広げ[14]，東京で決起大会を開催したり，大臣などの省庁幹部に要望書を渡したりするなどセレモニー的なアピールも頻繁に行われていた。

10　同前。

11　ここでは基本的に補助金全盛期（1960年代〜1990年代）の陳情・要望活動について記すが，一部に2000年代以降の例も含まれる。

12　山田（1986），36-37頁。

13　リード（1990），71-72頁。

14　中野（1986），112-117頁。

　たとえば，福島県では，1960年頃から12月の予算編成期になると知事の陣頭指揮のもと，東京事務所をベースキャンプとして国の予算獲得のための活動を展開するようになった。この方式を最初に考案し，定着させたのが福島県東京事務所であり，「福島方式」と呼ばれて他県が競って真似をしたという[15]。

　また，岩手県では1965年頃から，知事をはじめとする県幹部と県議会との合同による大規模な陳情が，夏の概算要求時と年末の予算内示時期の年2回行われるようになった[16]。これらの時期には，東京事務所の職員が各省庁に出向いて情報収集に努めるとともに，陳情のため各省庁幹部のアポイントメント取得に走り回ることとなる。とくに大蔵省原案が出る12月には，情報収集が深夜にわたることも多く，各省庁のロビーで待機する日が続く。この時期には，東京事務所に予算対策室[17]が設置され，東京事務所が収集した情報をもとに対策が練られ，陳情の方向性が決められていたという。

　次に陳情・要望活動の具体的な様子を見てみよう。「皇居のお堀ばたで，カラスの鳴かぬ日はあっても，陳情客のこぬ日はない」[18]と言われた旧建設省への陳情の様子を記した書籍がある。少々長くなるが，以下に引用する[19]。

　　　地方の名産を両脇に抱え込んだ自治体の職員や，地方議会の議員さんたちが殺到して，廊下はまさに祭りのにぎわい。

　　　例えばこんな調子だ。場所＝一階のロビー。登場人物＝陳情団の親分と十人ほどの子分

　　　親　分　「一班は道路，二班は河川，三班は都市。課長さんにあったら実
　　　　　　　　情をとっくり説明するように。三十分後にここに集合」
　　　（三十分後）
　　　班長A　「課長はよく聞いてくれた。多分○×事業の予算は大丈夫と思い

15　福島県東京事務所編（1984），120-123頁。
16　以下，岩手県の記述については，岩手県東京事務所編（1982），36-38頁による。
17　他の都道府県においては，「予算対策本部」などと称されることが多いようである。
18　官僚機構研究会（1978），99頁。
19　同前，99-101頁。なお，ほぼ同時期に某県東京事務所に勤務していたOBによれば，これは実態にかなり近い描写であるという。

ます」

班長B 「いないんですよ課長が。補佐の人には一応説明してきましたが」
　　　　（ややあせっている様子）

親　分 「（しかめっ面で）じゃあもう一度突撃してくれ。課長に会わなき
　　　　ゃしょうがない」

班長C 「（顔をほころばせて）うまいことに局長に会えました。地元出身
　　　　だからどうにかしてくれると思います」

親　分 「（ニンマリして）そうかそうか」

――周辺はこんな陳情団でいっぱい。回りには，「ヨシ，道路は済んだ，
次は河川」と叫び声を発して通り過ぎる一団もあれば，各課に電話を入れ
てアポイントメントを取りつけるものもいる。ガックリしている集団もあ
ればニンマリする集団もある。騒然とした雰囲気――。

　上記のような陳情・要望活動において，東京事務所はアポイントメントの取
り付けや当日の省庁内の先導案内などを担う。

　繁忙期には陳情・要望活動が1日に複数件入ることも多い[20]。陳情団にして
も関係者を効率良く回りたい。東京事務所担当者も効率良く済ませたい。その
ため，事前の準備が大切になる。東京事務所職員による事前準備の描写を以下
に引用する[21]。

　　　知事要望のアポとなると，やはり万全の体制を取らなければならない。
　　昨日までに要望先のリストを睨みながら，どのようなルートで廻るのが良
　　いかは既に検討済みだ。後はその時間帯にうまく先方が在室であるかどう
　　かだ。

20　東京事務所は，県内の市町村や関係団体の陳情・要望活動にも希望があればアポイント
　　メントの取り付けや当日の同行を行う（全国都道府県・政令指定都市国土交通省担当者連
　　絡協議会編（2005），38-39頁）。なお，建設省を訪れた関係団体の陳情団が同省幹部の顔
　　を知らずトラブルを起こしたことから，後日，陳情時には東京事務所が同行するよう建設
　　省から非公式の指示がなされたことがあるという（同書，42頁）。
21　全国都道府県・政令指定都市国土交通省担当者連絡協議会編（2005），39-40頁。

　僅か 30 分の時間内にうまく割り振れればよいが。実際この準備が一番悩ましい。しかしそこは 3 年以上も務めていれば，秘書の皆さんとも少しは顔見知りになっているし，腕の見せ所と各局長室を行ったり来たりすること数十分。

　今回はラッキーだった。見事に予定表に分刻みに埋まったアポを見ながら，にんまりするのだった。

　面会を断られないよう，日頃から人間関係を構築しておくのも東京事務所の大事な仕事である。とくに，中央省庁幹部の日程を管理する秘書たちと懇意になっておくことは必須であり，以前は，飲み会や麻雀大会を開催したりすることもあったという[22]。近年でも，地元のお菓子を「ちょっと地元に戻ってきたので」と差し入れたり，地元のゆるキャラのぬいぐるみを渡したりと，秘書たちのケアは欠かせないようである[23]。

　なかには，事務次官に直談判してアポイントメントを取得したり，秘書に頼み込んで先に入っていた他県知事のアポイントメントを強引にずらしてもらったりした強者もいたという[24]。知事をはじめとする幹部が上京できる機会は限られる。その限られた機会に，いかにして県幹部を担当省庁の幹部に会わせ，直接話をする機会を作るかが大事なのである。

　陳情・要望当日の東京事務所の具体的な行動についても，同じ東京事務所職員による描写がある。陳情団を引率して省庁内を回る様子に関する部分を，以下に引用する[25]。

　　……要望活動を開始。まずエレベータで上部階へ。そこから順次下の階へ降りながらの要望パターンだ。局長室への要望を終え，各課を廻る。そ

22　全国都道府県・政令指定都市建設省担当者連絡協議会編（1994），34 頁。
23　某県東京事務所 OB への聞き取りによる。なお，ゆるキャラやポスターなどが省内に掲示されていると，その県の東京事務所が活発に活躍している証拠とも言えるという。
24　全国都道府県・政令指定都市国土交通省担当者連絡協議会編（2005），39-40 頁。
25　全国都道府県・政令指定都市国土交通省担当者連絡協議会編（2010），24 頁。

の時，部屋へはいる足が凍り付いた。名前が違っている。ちゃんと名簿を渡しておいたはずなのに。

部屋への入り口は一瞬ラッシュ状態になった。急いで事務局の人を手招きして「これ，名前が違ってますよ」「ええーっ」

それからしばらくのパニック状態を経て，慌てて用意した筆ペンで予備の要望書に宛名書き。まだ墨が乾いていない要望書をやっとの事で課長の元へと手渡されるのを見ながら「墨が付かなければよいが……」と思ったのは，私だけだったようだ。

このように，陳情・要望活動の当日は，東京事務所職員は地元からの陳情団と陳情先省庁のロビーで合流し，宛名を記した要望書を訪問順（上の階から下の階といったような順路順）に並べ替えて携える。要望書の宛名（職名と氏名）は，人事異動や分掌事務に注意しながら事前に確認して陳情団の事務局職員に伝えておく。陳情の相手方の部屋まで来たら，その人あての要望書を陳情団のリーダー（前出建設省への陳情の例で言えば班長，たいていは部長以上の幹部職員）に渡し，相手方に手渡してもらう。相手が不在であれば陳情団の名刺とともに机の上に置き，部下の職員に声をかけておくことが多いが，相手が重要人物であれば在席時にあらためて出直すことになる。なお，どうしても直接渡したい人にはアポイントメントを入れておき，面会の時間を確保するのが一般的である[26]。

もう1つ，同じ東京事務所職員による描写のうち，知事を案内して霞が関・永田町界隈の各所を回る様子についても，以下に引用する[27]。

……今日の知事の用務のほとんどは私の関わりである。行動予定を見るとまず党本部に行った後で，議員会館を廻ることになっている。それから国土交通省へ。

今の私にとって案内に不安はない。……（中略）……先日も知事を案内

---

26 某県東京事務所OBへの聞き取りによる。

27 全国都道府県・政令指定都市国土交通省担当者連絡協議会編（2005），40-41頁。

している時に丁度，良く話をしていただく幹部の方が在室であったので，「知事，ちょっと挨拶していきましょう」と無理に会わせたのだが，唐突なのでよく分からないまま挨拶をし，直ぐに先を急ぐという行動の中で，知事はとにかく幹部に挨拶をしたということで妙に納得されたのだった。

　今問題なのはその移動である。知事は当然公用車。それに対してタクシーなどで移動していては到底追いつけないのだ。知事より先に行って迎えの準備をしなければならない。となると，こちらには二本の足があるのみ。今日は汗をたっぷりかきそうだ……。

　それから2時間後，必死に党本部から議員会館へと走る人影がひとつ。そしてなんとか議員会館へ到着。間髪を入れず知事車が到着。ここは何とか乗り切った。

　それからさらに1時間後。今度は人影は国土交通省へと走った……のだが，何と知事車より随分と早く着いてしまった。それが霞ヶ関界隈を良く知るものの強みか。

　……（中略）……二階の要望先へ。今日はこのあと十階の会議室での委員会に出席するだけで予定終了だ。

　要望を終えてエレベータホールへ。委員会開催まではほとんど時間がない。

　その時いやな予感がした。二階から十階まで向かうエレベータは数が少ない。先ほど一階ロビーは各地からの要望団で一杯だった。

　この描写から3つの事実が把握できる。1つ目は，政党や議員会館など政治家に関する部分も東京事務所の活動範囲に入っているということである。これに関しては本章第5節において記す。2つ目は，東京事務所では省庁別に担当職員が置かれるが，省庁以外に出向くときにはどの省庁の所管業務かによって誰が担当するかが決まるということである。たとえば，道路予算に関することであれば，国土交通省を担当する職員が同省以外にも基本的に同行することになる。3つ目は，東京事務所の職員は，担当省庁に関して相当詳しい知識を持っているということである。各課の位置やエレベータの基数などはもちろん，幹部職員の経歴にも精通しているという[28]。そればかりか，ベテランの東京事

務所職員になると，知事を担当省庁の幹部職員にアポ無しで引き合わせること
も可能のようである。

　このように，陳情・要望活動において，東京事務所はアポイントメントの取
り付けや当日の省庁内の先導案内などを担う。換言すれば，都道府県と中央省
庁との連絡回線を確保し，使用させることで，都道府県の要求・要望を円滑か
つ確実に中央省庁に伝えようとするのである。決して東京事務所が要求・要望
を直接伝えるのではない。つまり，陳情・要望活動における東京事務所の役割
は，「要求・要望回路の確保」と言うことができる。

1-3　陳情・要望活動の効果

　このような陳情・要望活動はどのくらいの頻度で行われていたのか。1988
年に加茂利男と水口憲人が 47 都道府県の幹部を対象に実施したアンケート調
査において，「国庫補助金の獲得のために国に陳情に行くことがどれくらいあ
るか」と尋ねたところ，知事の 64.7% が年 3 回以上，23.5% が年 1〜2 回と回
答しており，逆に「行かない」は 0% であった。同様に，土木部長も 72.7%，
農林部長も 60.0% が年 3 回以上行くと回答している[29]。

　建設省が 1980 年 1 月〜12 月の間に大臣宛の陳情件数を集計したところ，
1920 件にも達していたという。ただし，これはあらかじめアポイントメント
を取得して大臣に陳情書を持参したものだけであり，突然の訪問は含まない。
さらに，局長や課長だけで済ませるものまで加えれば相当の件数になることが
予想される。まともに陳情を受けつけていたら，仕事をするヒマがなくなると
いうことで，陳情の時間帯を制限することもあった。しかし，大臣によっては，
陳情団と会って話を聞けば出張せずに地方の実情をつかむことができると考え，
積極的に陳情を受ける場合もあったという[30]。

　陳情・要望活動はどれだけの効果をもたらすのか。都道府県の職員は，要望
書を渡して頭を下げただけで予算がつくとは思っていない。しかし，「顔を出
さない県より，顔を出す県の方が可愛く映る」ので，「何回も顔を出していれ

28　某県東京事務所 OB への聞き取りによる。

29　加茂・水口（1990），96-100 頁。

30　官僚機構研究会編（1978），101-102 頁。

ば，記憶に残る。金もおりる」と考えているという[31]。1960年頃には，事業実施の必要性や，技術的可能性，地元負担等の経済的可能性などはどこも一緒なので，地元の熱意がなければダメだ，その熱意が陳情者の名刺を積み上げた高さだ，と某省職員にほのめかされたという証言もある[32]。また，このような逸話もある。1990年頃，ある人が「東北に新幹線があるのになぜ山陰にはないのか」と竹下登元首相に聞いたところ，その答えは「陳情しないからだ」であったという[33]。陳情・要望活動の効果が定かではなくとも，このような雰囲気が都道府県を陳情・要望に足繁く通わせる1つの要因となっているのであろう。

　陳情・要望活動が功を奏したかどうか判明するのが，年末の大蔵省原案内示の時期である。この時期，各道府県は東京事務所内に知事をトップとする予算対策本部を設置し，各部長等の幹部が勢揃いする。東京事務所の職員を中心に，各省庁予算の内示状況を入手し，それを本部にいる幹部に報告する。実際に予算庁議が東京事務所で行われるなど，庁議メンバーがそのまま東京に来ているようなものである。内示の状況によっては，復活折衝に向けて最後の陳情・要望を行うこともある。

(2) 官官接待

2-1　官官接待の実態

　中央官僚は忙しく，昼間にゆっくり話すことは難しい。また，折り入っての相談であれば，職場では話しにくい。そういった場合には，勤務時間外に職場の外で接触する必要が生じる。そのため，夜の宴席をともにするようになっていく。その際の会計は誘ったほう，つまり都道府県が持ち，仕事上の要請から行うので公費で負担するということが行われるようになる。これがいわゆる官

31　同前（1978），101頁。なお，用がなくても月に一度は建設省に顔を出す某村長について，建設省内では「なかなかできないこと。十二月ごろだけ足を運ぶのとはワケがちがう」と高く評価されているとも記されている。

32　岩手県東京事務所編（1982），91頁。

33　朝日新聞2017年2月19日付。

官接待である。

　元自治省職員で愛知県知事を務めた鈴木礼治は，「あとでじっくり話したい時がどうしてもある」「（相手方は）昼間はスケジュールがいっぱいだ。一人で長い時間を取られたらかなわない」「たとえ 1 時間でも 1 時間半でも飯を食う方が濃密な話ができる」と述べている[34]。また，ある県の東京事務所の次長も，「そういった席で仕事の話は，まずしません。せいぜい『まあ今後ともよろしくご指導ください』程度の話」をするにすぎず，「接待は，いわば人間関係の構築」であり，「中央の課長から同僚の方や部下の方を紹介してもらう」のが目的であると述べている[35]。

　接待をして便宜を図ってもらえば汚職になってしまうのは接待をする側も受ける側も重々承知しているから，そこまであからさまに求めることはない。胸襟を開いた会話を行うことで距離を縮め，人脈を広げるとともに，場合によっては忌憚のない情報交換を行うことがその目的なのである。

　同じく元自治省職員で日南市長も務めた宮元義雄の著書には，「官官接待を準備手配する役割を果たしているのは東京事務所」との記述がある[36]。連絡調整や情報収集を行うと相手方との接触が多くなり，接待がつきものとなる。地元から幹部職員が上京して陳情等を行えば，その後の接待も日程に組み入れられている場合が多い。期日，時間，場所，メンバーなどの打合せや手配は東京事務所と相手方との間で行われるのが通例であるという[37]。

　ある県の東京事務所が中央官僚に官官接待を持ち掛けてからその翌日までの具体的な様子を以下に引用する[38]。

34　朝日新聞名古屋社会部（1998），268-271 頁。
35　村山（1997），62 頁。なお，この論考は信憑性にやや不安を感じるような書名の書籍（『お役所「犯罪」ランキング』）に所収されているが，ほぼ同時期に某県東京事務所に勤務していた OB に確認したところ，少なくともこの村山論考については，当時の実態をおおむね正確に記述しているという。
36　宮元（1997），23-24 頁。
37　同前。
38　村山（1997），61-62 頁。なお，某県東京事務所 OB によれば，多くの場合，接待の対象は自県関係者であり，このように県関係者以外にまで積極的に攻勢をかける事務所はどちらかというと少数派であったとのことである。

「本庁の部長が，課長とぜひ一度やりたいといっているんですが，いかがでしょうか」

県の東京事務所の行政担当者がそういうと，霞が関の課長は，

「そうね。○○県さんとはいくつか案件があることだし，会っておいた方がいいね。日程は委せるからよろしく」

行政担当者は喜び勇んで，事務所と本庁の部署に連絡。参加人数が決まると本庁の財政課に予算を申請し，料亭を予約。

当日は本庁から担当部署の部長を筆頭に，次長，課長，技官や補佐といった様々な肩書の職員が大挙しておしかけてきた。

段取りを組んだ，行政担当者は末席に座り，お銚子を追加したり，たばこを買いにいったり雑用をこなす。

　　　　……（中略）……

宴会は盛り上がり，予定していなかった三次会まで及んだ。

翌日，行政担当者はいの一番に昨夜の課長を“表敬訪問”。入口からペコリと頭を下げると，課長は手を挙げ，「昨日はどうも，みなさん無事に帰った？」と声をかけられる。それまで挨拶しても顔もあげずに「うん」といっていた人の対応がからりとかわった。

……（中略）……さらには「今後は何かあったら補佐のところに相談にきて」といってくれる。……（中略）……とりあえず“人間関係の構築”，つまり情報とりのパイプができたのだ。

自県の熱意をわかってもらうために官官接待を行うこともあった。たとえば，概算要求前の夏の時期に事業の担当省庁を接待し，大蔵省の査定の時期には，頑張って折衝してもらうために再び担当省庁を接待する。大蔵省との折衝が難航している場合には，担当省庁と一緒に大蔵省の査定官を連れ出して接待することもあるという。その後予算が付けば，そのお礼にさらに接待をすることもあった[39]。

39　村山（1997），65頁。

バブル期など地方財政に余裕がある時期は，このような官官接待もたいぶ派手に行われていたという。ある県では，大蔵官僚向けに料亭を一晩借り切り，あらかじめ「その日はいつ来ていつ帰っても良いから来てくれ」と触れ回っておいて，入れ替わり立ち替わりやってくる大蔵官僚に対し，知事をトップにして大いにもてなしたという[40]。もちろん現在ではこのような接待は行われていないが，かつては珍しいことではなかったようである。

2-2 官官接待の廃止

東京事務所が中央省庁と密接な関係を築き，補助金やモデル事業枠などの獲得競争に勝つためには，昼間，省内で密接な関係を築くのが難しい以上，夜の場での接触が欠かせなかった。当然，東京事務所からの誘いであるからには，費用は東京事務所持ちとせざるを得ない。これが官官接待である。ところが，1990年代半ばにこのような活動が問題視されるようになると，急激に行われなくなっていった。

1995年，全国市民オンブズマン連絡会議が，官官接待の原資となっている「食糧費」に的を絞って情報公開運動を展開した。この結果，1993年度分の食糧費の合計が40道府県の判明分だけで52億円を超えたことがマスコミを通じて大々的に公表された。他の予算の食糧費への転用，食糧費以外での飲み食い，請求書の改ざんなどが明るみに出たこともあって，官官接待は大きな問題となり，返還訴訟も提起されるようになった。これを受け，高知県，宮城県などが官官接待の廃止を表明し，多くの都道府県がそれに続いた[41]。これによって官官接待は廃止の一途を辿り，1997年にはどこの東京事務所長も「官官接待など全くない」と口を揃えるようにまでなった[42]。

現在では，やはりざっくばらんに語り合う機会は必要ということで，中央省庁職員と東京事務所職員の双方がポケットマネーを出し合って会費制の会合を開くこともある。場所は居酒屋，金額的にも数千円程度の常識的な範囲で開催されるが，自腹ということで回数はおのずと限られる[43]。

---

40 某県東京事務所OBへの聞き取りによる。
41 朝日新聞名古屋社会部（1998），13-17頁。
42 毎日新聞1997年7月21日付。

(3) 陳情・要望活動の変化

　官官接待の社会問題化や，景気後退による財政事情の悪化などの影響で，1990 年代半ば以降は派手な陳情・要望合戦はあまり見られなくなった。

　とくに大きく変わったのは，かつて 12 月の予算編成大詰めの時期に東京事務所に置かれていた予算対策本部がなくなったことである。たとえば，福岡県は 1998 年に予算対策本部を廃止するとともに，陳情団も約半数に縮減し，旅費，宿泊費など約 500 万円を節減した。予算要望の効果は一部の項目に限られると判断したことと，厳しい財政事情がその原因である[44]。時期は多少異なるものの，この頃から福井県，佐賀県をはじめ多くの県が同様の対応を取るようになり[45]，現在では予算対策本部を東京事務所に置くところはほとんど見られない。

　その後，財務省原案内示後の復活折衝が麻生内閣時の 2009 年度予算編成から廃止され[46]，財務省原案内示後の陳情・要望活動が不要になったこと，民主党政権時に政府への陳情窓口を党幹事長室に一本化したことなどもあって，中央省庁への陳情・要望活動は以前に比べて大きく減っている。

　しかし，概算要求時と予算編成時に，東京事務所職員先導のもと，各都道府県幹部が要望書を持って中央省庁や議員会館を回る光景は，規模は縮小したものの，いまも健在である。ただし，三位一体の改革により補助金がだいぶ少なくなったため，補助金よりも国の道路予算や鉄道整備計画予算をはじめとする国の直轄事業に関する事項や，地方税制度，福祉・医療制度などをはじめとする制度改正に関する事項が陳情・要望の中心となっているという[47]。

　2007 年から 2011 年にかけて宮崎県知事を務めた東国原英夫は，その著書の中で「僕が知事になってからも陳情で何度も霞が関を訪ねている」「予算がな

43　某県東京事務所職員への聞き取りによる。

44　iJAMP 1998 年 12 月 16 日付。

45　iJAMP 1998 年 12 月 15 日付，iJAMP 2003 年 12 月 19 日付。

46　iJAMP 2008 年 12 月 12 日付。

47　某県東京事務所職員への聞き取りによる。

いのでできないと言われても，相手に状況や気持ちを伝えるのが陳情。意思を通じさせるためのもの。もう来ないでくれと言われても，伝える必要がある」と記している[48]。以前よりは縮小したとはいえ，基本的な考え方は以前とあまり変わっていないことがうかがわれる。

　いずれにせよ，以前ほどではないにしろ，現在でも東京事務所は「要求・要望回路の確保」に関する役割を担っているのは事実である。

4　地方分権改革以降：情報活動の時代（2000 年代〜）

（1）地方分権改革による中央地方関係の変化

　前節で述べたとおり，補助金全盛期に見られた陳情・要望活動は過去のものとなった。そもそも官官接待問題等の影響で減少しつつあったが，その後の地方分権改革によって国と都道府県の関係が変化し，また，二位　体の改革で補助金も削減されたため，かつてのような陳情・要望活動はさらに少なくなった。

　1999 年の地方分権一括法を大きな成果とする第 1 次地方分権改革では，機関委任事務制度の廃止，国の関与のルール化，必置規制の見直し等が行われた。続く三位一体の改革では，国庫補助負担金の改革，国から地方への税源移譲，地方交付税の改革により，国の関与の縮小と地方の権限・責任の拡大が図られた。さらに，第 2 次地方分権改革では，権限の移譲や義務付け・枠付けの見直し等が現在に至るまで数次にわたって行われている。

　これら一連の改革は，いわば緊密であった国と地方の関係を引き離し，適正な距離を取らせようとするものである。地方は権限的にも財政的にも一定の自立性を保つようになり，都道府県が中央省庁の意向をうかがったり，中央省庁から財源を引き出そうと懸命になったりする機会は減少した。これにより，中央省庁と都道府県の接点にある東京事務所の役割も大きく変化したはずである。

48　東国原（2008），112-114 頁。

かつて大きな比重を占めていた陳情・要望活動が激減した一方で，事務所設立当初から行われていた「情報のやりとり」はどのように変わっていったのだろうか。以下，情報のやりとりに関する諸活動の実態について，過去の状況も含めて見てみよう。

(2) 中央省庁からの指示・伝達事項の伝達（指示等伝達活動）

中央省庁が東京事務所を経由して都道府県本庁に情報を伝達しようとすることは古くから行われてきた。最も一般的なところでは，通知文等を東京事務所に配付して，それを都道府県本庁に送ってもらうものがある[49]。

これには大きく分けて3つの手法がある。1つ目は必要に応じて東京事務所の職員に省庁に来てもらい，文書を渡すやり方である。至急の場合は電話やFAX等で文書を取りに来るよう連絡がある。そこまで急ぎではない文書については，東京事務所の職員が省庁回りをしている時にピックアップしてもらう。この場合，各都道府県用の文書区分箱を広報課等に設置してある省庁はそこに入れておき，文書区分箱を設置していない省庁は各課の執務室の扉に告知の貼り紙をしておき，それを見た東京事務所職員が立ち寄って文書を受領することになる。

2つ目は，中央省庁が都道府県会館まで文書を持ち込むものである。会館1階に配付用の受付場所をセットした後，館内放送で「文書を配付するので，印鑑を持って受領に来るように」という旨のアナウンスを流す。このやり方を取る省庁には偏りがあり，たとえば文部科学省は多用するが，この手法をまったく使わない省庁も少なくない。

3つ目は，省庁内，あるいは，都道府県会館内で会議を開催し，そこで文書を配付するとともに，省庁担当者から説明がなされるものである。これは新たな政策など，詳細な補足説明が必要な場合に用いられる。

これらの各手法については，少なくとも2000年代半ばまではいずれも頻繁に用いられた。しかし，近年は電子メールの活用が進んだことで，かなりの文

49　以降，この部分における情報中継活動の実態については，某県東京事務所の職員及びOBへの聞き取りによる。

書が中央省庁から都道府県本庁へ直接 PDF 文書等で送られるようになり，紙
ベースでの配付は大幅に減少した。現在も使われているとすれば，それは調査
結果や計画などを冊子にしたものを配付する時ぐらいになっている。

　これらのことから，中央省庁からの指示・伝達事項を都道府県本庁に伝達す
る「指示等伝達活動」については，通信手段の発達に伴って大きく縮小してい
ることがわかる。ただし，特定の都道府県にだけ何かを伝達しようとする場合
などには，当該都道府県の東京事務所の職員が呼び出され，中継役となること
もいまだに少なくないという[50]。

（3）中央省庁の情報の入手（情報収集活動）

3-1　省庁日参による情報収集

　東京事務所の職員は，「廊下とんび」と称されることもあるほど，頻繁に関
係省庁に日参していると言われる。

　全国の都道府県及び政令指定都市の東京事務所の国土交通省担当者によって
組織される「全国都道府県・政令指定都市国土交通省担当者連絡協議会」（通
称とんび会）が5年に1回のペースで関係者向けに作成・配付している周年記
念誌に，その様子が克明に記されている。それによれば，平均年齢40歳前後
の東京事務所職員が，毎日1時間程度，国土交通省内の自都道府県（以下，
「自県」という）関係者を訪問し，情報収集に努めている姿が浮かび上がる[51]。
その活動に必要なのは，「知りたい情報までたどり着こうとするときに世間話
からうまく話をつなげていくための話術とボキャブラリー」であり，担当者の
多くが着任時に前任者から「とにかく人に会え」と言われ「多くの県人に引き

50　代表的な例としては，会計検査の実地検査情報などに係る情報など。このように，東京
　　事務所が中央省庁に呼び出されて都道府県本庁への中継役を務めることになるのは，基本
　　的に内々の情報を伝達する場合が多いという。
51　2009年，同会が会員を対象に「1週間に国土交通省に行く平均回数」を調査。有効回答
　　者数100名（回収率98%）。最も回答数が多かったのは週5回。なお，単純平均は週3.4回，
　　最も頻度が高かったのは週8回。同じく「国土交通省に足を運んだ際には，どの程度の時
　　間滞在しているのか」に対する最多回答は60分。なお，単純平均は58.2分。最長は180
　　分（全国都道府県・政令指定都市国土交通省担当者連絡協議会編（2010），45-53頁）。

合わされた」という[52]。

農林水産省のキャリア官僚であった林雄介は，2000年前後の頃の東京事務所からの接触について著書に書き記している。その一部を以下に引用する[53]。

> 東京には，都道府県の出先機関である東京事務所がある。そこの駐在員さんが，事務次官以下の地元出身の官僚に月に1回間隔で，県の機関紙を配りがてら，情報収集と挨拶に来るのだ。
>
> 僕の所にも，中央とのパイプ作りのために毎月担当の主査が挨拶回りにやって来る。
>
> 地方にとっては，霞ヶ関は公共事業や交付税，各種予算の陳情先であり情報の宝庫であるから，地元出身者のコネを最大限活用しようとするのである。
>
> 県の職員と初めてあったとき，「県に有利な情報がありましたら……」と頭を下げて頼まれてしまった。彼らの一番の仕事はマスコミに発表される前に，省の予算や法律案の情報を入手することにある。……（中略）……各都道府県も国の予算を元にして県の予算案を作成しているため，各省の県への補助金が変化すればそれに応じて，県の予算案も変える必要があるからだ。そこで一刻も早く予算案を入手しようとするのである。
>
> また，県の幹部が自分の県に関係する法律の内容をマスコミに公表するために，事前に知りたがって東京事務所に何とか法律案を入手するように命令することもある。実際，出身県の事務所の職員に，関係する法律案をくれと泣きつかれて困ったこともある。

この記述には多少の誤解が含まれているようにも思えるが，おおむね実態には合致しているようである[54]。このような活動が各省庁で日々展開されているのである。

52　全国都道府県・政令指定都市国土交通省担当者連絡協議会編（2005），19-32頁。同（2010），45-53頁。
53　林（2003），83-85頁。

　このような活動は東京事務所の草創期からずっと行われている。たとえば，1950 年代に岩手県東京事務所に勤務していた元職員の述懐によれば，中央省庁に依頼や相談に行っても相手にしてもらえぬ日々が続いて困り，岩手県出身者に仲介を頼んだところ円滑に進むようになったという[55]。また，1970 年代前半に青森県東京事務所に勤務していた元職員によれば，担当省庁を少なくとも 1 日に 2 回は巡回するのが日課であり，接触を密にしていた結果，しばしば検討中の資料を入手できることもあったという[56]。同時期に同じ青森県東京事務所に勤務していた元職員によれば，夕方遅くの省庁回りの途中，ある省において顔なじみの同省職員がいる課に入り込んで職員たちと酒盛りをしたこともあるという[57]。

　国庫補助金が豊富な高度成長期には，多くの職員が大々的に霞が関に繰り出す事務所もあった。前出のとおり，1971 年当時，75 名もの職員を擁していた北海道東京事務所では，「霞が関急行」と呼ばれる 15 人乗りのマイクロバスが時間を決めて主要官庁を巡回し，職員がこれに乗って関係官庁に繰り込むのが日常であったという[58]。しかし現在では，そのようなやり方は見られなくなり，担当者個人がそれぞれ地下鉄等で省庁に日参するのが一般的である。

　2000 年半ば頃の東京事務所職員の省庁日参の様子を描写した記述がある。その一部を以下に引用する[59]。

　　　今日は早速，国土交通省へ新任の挨拶回り。大量の名刺を片手にこれからお世話になるであろう方々や県出身者等と次々に名刺を交換していく。「……（中略）……最も大切なのは人脈形成だ。とにかく沢山の人を覚

51　誤解と思われる点として，たとえば，国が検討中の法律案を県が先走って公表することは完全な越権行為なので考えにくい。おそらく，その法律案の内容を踏まえた上で，マスコミへの発言内容を検討したかったのではないかと思われる。

55　岩手県東京事務所編（1982），85-86 頁。

56　青森県東京事務所編（1980），124 頁。

57　同前，130 頁。

58　読売新聞政治部（1971），42-43 頁。

59　全国都道府県・政令指定都市国土交通省担当者連絡協議会編（2005），33-36 頁。

えて，沢山の人に覚えてもらえるように頑張りなさい」とアドバイスを受けていたこともあり，一日も早く相手の顔と名前を覚えようと私なりに精一杯神経を集中し続けていた。

　私たちの毎日の仕事に県出身者や県へ派遣されていた省庁の人へ新聞記事を配布するというものがあり，2 人とも早く名前を覚えてもらおうと，毎日毎日相手が嫌がるのではないかと思われるくらいに足しげく通うことにした。

　その甲斐あって，しばらくすると殆どの方に顔を覚えてもらい，話もしていただけるようになった。そんな時，ある幹部の方から，「要望活動などでは局長等の秘書にお世話になることも多いから，ちゃんと挨拶してしっかりと覚えておいてもらったほうが良いよ」とありがたいアドバイスをいただいた。

　早速，私たちは県の PR も兼ねてアンテナショップで買ったお菓子をお土産に，挨拶に行ったわけだが，その時は大変良い印象を与えられたものと自分では思っていたのである。

　もう 1 つ，1990 年代後半の東京事務所職員の省庁日参の様子を描写した記述がある。これも以下に引用する[60]。

　　彼らは毎日午前十時に東京事務所を出ると，担当する省庁へ向かう。
　　省内では，県への出向経験者や県人会のメンバー，そして接待経験者をこまかくまわり，挨拶をかわす。席をすすめられると当り障りのない世間話を繰り返す。ただ席をすすめられなければ，次へと向かう。いかに省内で席をすすめられ，世間話が出来るかが，彼らの力を計るバロメーターでもある。

これらの描写からもわかるように，省庁日参の目的は「いざという時に頼み

ごとができる関係」を中央省庁職員との間に構築することであって，それは今も昔もまったく変わっていない。

　そのような関係を構築するには，まず相手にしてもらえるようになることが第一である。保険等の営業と同じように，飛び込みで入っていってもなかなか相手にしてはもらえない。そのため，まず自県の出身者や自県への出向経験者を回ることからスタートし，彼らの紹介等により徐々に人脈を広げていくのが一般的である[61]。会話のきっかけをつかむため，地元新聞記事のスクラップを持参することも多い[62]。一見無駄話のようでも，会話をしていれば思わぬ情報に結びついたり，新たな人脈につながったりすることも多いため，会話が非常に重要視される。このような活動を経て獲得した出身者・出向経験者人脈は省庁別にリスト化され，事務所内で共有されるとともに，担当者が変わっても代々引き継がれていく[63]。

　このように日頃から頻繁に顔を合わせることで省庁関係者に親近感を持ってもらうことができる。接触頻度が高い者ほど親近感を持たれる傾向があることは科学的にも定説とされており[64]，良好な人間関係を築くためには，東京に常駐して足繁く通うことが効果的であると言えよう。実際，岩手県東京事務所の元職員の手記には，「随分本省に通いつめました。その中に本省の人達にも顔見知りの人が出来，友人も出来たりして，本庁から要求されるいろいろな資料も電話一本で手に入る様にな」ったとの述懐も見られる[65]。

61　以下，この部分についての記述は，中國新聞1999年5月28日付，同2008年3月23日付，及び複数の県の東京事務所職員への聞き取りによる。

62　前出とんび会会員調査によると，新聞記事スクラップのほか，県のPRチラシ，県民手帳（雑談に耐えられる程度の県の情報が掲載されている）などを常時携行している。また，相手方の情報を得るためか，省庁幹部名簿，省庁座席表，県関係者名簿，国会議員要覧なども常時携行している（全国都道府県・政令指定都市国土交通省担当者連絡協議会編（2010），45-53頁）。

63　茨城県東京事務所編（2007）は，県庁内部用に作成・配付された小冊子であるが，そこには茨城県出身者・出向経験者リストが掲載されている。各県ともこのようなリストを整理しており，東京事務所職員はそれを携えて日々の省庁回りを行っている。

64　山岸（2001），140-141頁。

65　岩手県東京事務所編（1982），89-90頁。

　電話一本で話が通じるのは，電話機という機械の便利さによるものではなく，その人の信用があるからである[66]。単に電話で問い合わせるだけならどこからでも可能だが，知り合いがかけるのと他人がかけるのでは，その対応に差が生じることは容易に推測できる。それは信用の差であり，その信用は頻繁で直接的な接触を重ね，お互いを知ることで初めて生まれる。ここに東京に駐在し，省庁を日参する意味がある。

　水谷三公によれば，「官僚制の部外者にとっては，インサイダーに占有された情報にどれだけ接近できるかが，同業他者との関係で重要」であり，それには「『準インサイダー』の地位を得るのが好都合」であるという[67]。この岩手県職員の例は，まさにそれに当てはまる。無論，親しくなればどんな情報ももらえるということはないが，心理的な距離が縮まれば，追加的な会話が生じたり，表情・態度等に表れる情報が増加したりするため，相手の反応を探る際には大きく役立つ。さらに距離が近づけば，現場の意見や実情を聞かれることもあり，双方向の関係にまで至ることもできよう。

　また，日頃から接していれば，あらたまった関係でないため非公式の事前相談・打診も行いやすい。公式に動き出してからの変更・中止は大きな影響を生じさせるが，非公式であれば取捨選択の自由が原則的には全面的に留保されており[68]，着手前の段階で非公式の相談・打診が可能なのは大きなベネフィットといえる。

　たとえば，県から事前に非公式な相談を行った例として，次の2つが挙げられる。1つは本章第2節ですでに述べたが，青森県の職員給与条例の制定に関する例である。もう1つは福島県の例である。1970年頃，同県では県債の起債対象として認めてほしい案件があり，東京事務所の担当者が良い方法はないか関係省庁間を駆け回った結果，建設省から良いアイディアを出してもらい，起債が認められた[69]。

66　米山（1976），95-100頁。
67　水谷（1999），370-373頁。
68　山田（1985），121-123頁。
69　福島県東京事務所編（1984），113-114頁。

　国の情報を事前に入手し，正式決定前に巻き返した例としては，次の岩手県の例がある。1960 年代後半，同県が東北新幹線の建設を求めていた頃，経済企画庁から建設計画区間が東京〜仙台間になりそうだという情報を内々に入手し，東京〜盛岡間にするよう懇請活動を行い，最終的には盛岡までの計画が確定したという[70]。

3-2　東京事務所が求める情報の変化

　これまで見てきたような省庁日参は，多少形を変えつつも，現在に至るまで続いている。ところで，省庁日参には「電話も FAX も電子メールも使える時代なのに，わざわざ直接足を運ぶ必要があるのか」という疑問がつねに呈される。

　省庁日参には，日頃から頻繁に顔を合わせることで省庁関係者に親近感を持ってもらう効果があることはすでに述べたとおりであるが，省庁日参にはもう1 つ別の効果もある。それは，相手方と直接顔を合わせるため，電話や電子メールではうかがい知れない微妙なニュアンスを表情や態度などから読み取ることが可能なことである。

　東京事務所の情報収集のターゲットとなる情報は，国が財政的な決定権限を有しているもの，国が制度設計を担っているもの，などが中心である。たとえば，前者には，国庫補助金の採択状況[71]，地方交付税の算定状況，国直轄公共事業の進捗状況や箇所付け情報などが該当し，後者には，地方税制度，地方公務員制度，介護保険制度，指定管理者制度をはじめ，地方が実施を担うものの多くが該当する。

　これらの情報は，その公表レベルから，①公表済の情報，②近日公表予定の情報，③非公表の情報，に大別できる。①は各省庁がプレスリリース等によりすでに公表した情報であり，当該省庁に赴けば容易に入手可能である。②は国会への上程が予定されている法律案や予算案，近日中に取りまとめが予定されている審議会の報告書等に係る情報である。都道府県としては，それを受けて条例・規則の改正や予算の見直しなどが見込まれる場合，作業スケジュールの

70　岩手県東京事務所編（1982），110 頁。
71　なお，三位一体の改革以降，補助金に関する情報のニーズは少なくなっている。

関係で一刻も早く情報を必要とする。また，その内容が自らにとって不利なものであれば，最終決定前に関係者に働きかけを行うなどの対応を行う必要もある。③は主に公表された情報の背後に存在する深層情報である。背景や意図，検討段階での議論の内容，さらには細かい解釈論などが含まれ，いずれも都道府県が公表情報を総合的に判断するには必要不可欠な補足情報である。

これら3つの情報のうち，②と③は（少なくともその時点では）公表されていないため，その入手には相当の困難を伴う。したがって，さまざまな関係者と接触し，少しずつ得た断片的な情報を繋ぎ合わせて総合的に判断していくことになる。それに際しては，省庁関係者と近しい関係を保っておくことと同時に，直接会って，相手の表情や仕草，声の微妙なトーンなどから，微妙なニュアンスを感じ取っていくことが重要となるのである。

そもそも ICT が発達する前は公表資料であっても東京事務所が紙ベースで入手したものを地元に郵便等で送付していた。しかし，近年はどの省庁も公表とほぼ同時に当該資料をホームページに掲載しており，また，時事通信社の iJAMP にも掲載される。審議会等の資料もほとんどが遅くとも翌日までにはホームページに掲載される。したがって，①公表済みの情報を入手するという仕事はほとんどなくなっている。すなわち，現在の東京事務所の情報収集のターゲットは，②近日公表予定の情報と③非公表の情報なのである。

たとえば，②に該当するものとして，人事院勧告やそれを反映した給与法改正案が挙げられる。人事院勧告が近くなるとどこの東京事務所もこれらの情報を入手しようと躍起になる。もちろん数日後には公表されるのであるが，各都道府県の人事委員会が自らの勧告の参考にするため，少しでも早く入手する必要がある。給与法改正案についても同様である。各都道府県は国の給与水準を踏まえて職員給与条例を改正するが，都道府県議会への議案上程スケジュールを考えると一刻も早く作業に着手したい。そのために一刻も早く給与法の改正案を入手したいと考えるのである。

また，③に該当するものとしては，国会の想定問答集（以下，「国会 Q&A」）が挙げられる。新しい法律や制度ができた場合，どのようなケースでどのような対応を取るべきなのか，最初はその判断に迷うことがある。そこで，さまざまな質問を想定して作成された国会 Q&A という「中央省庁で作った模範解

答」[72] が必要となる。しかし，これはあくまで非公表の内部資料であり，本来，外部に出てくることはあり得ない[73]。

つまり，ICT が発達した結果，東京事務所には，普段からの緊密な関係を活用して内々に入手するしかない未公表または非公表の情報，換言すれば「国の意思形成過程情報」を入手するという，面倒な仕事だけが残されたのである。

そもそもなぜこのような意思形成過程情報が必要とされるようになったのか。地方分権改革により，権限移譲が進んで地方の権限が増加し，国の関与の見直しも進んで地方の裁量も拡大された。以前は国の言うとおりやっていればよかったのだが，分権改革以降は独自にさまざまなことを決定せねばならなくなった。情報が少ないと判断時の不確実性が高まるため，国の制度構築時の考え方をはじめ，判断の根拠となるべきさまざまな情報の入手が求められるようになったと考えられる。

ところで，このような入手困難な情報を入手しようとする時はいったいどうするのだろうか。各省庁には都道府県から人事交流で1年から数年間派遣されている職員が存在する。2016年7月1日現在で689人が都道府県から各省庁に派遣されており[74]，東京事務所が入手困難な情報を入手しようとする際には，まず彼らを頼ることになる[75]。しかし，彼らの多くは末席の事務官であり，また，派遣先省庁にもまだ慣れておらず情報に疎い場合が多い。そこで，彼らでは入手できない情報については，省庁職員を頼ることになる。

このような場合，いわゆるキャリア組よりノンキャリア組のほうが頼りになる。キャリア組，とくに課長クラス以上になると，情報を出したことが露見した場合のさまざまな影響を考えて出せないと判断されてしまう。それに対し，

72　村山（1997），68-69頁。
73　地方自治体にとって役に立つ資料であるから，参考に配付するほうが円滑かつ的確な行政に資するのではないかとも思われるが，なぜ出せないのか。これについて，某省職員に尋ねてみたところ，国会 Q&A の内容については，法令の解釈などが随時変更されることもあるため，外部に出すと誤った解釈・見解が広まる可能性があるため，外には出せないのだという。
74　「都道府県・政令市の人事交流調査」『日経グローカル』298号，10-49頁。
75　某県東京事務所職員への聞き取りによる。

ノンキャリアの係長くらいまでであれば，付き合いが深ければ複雑なしがらみを考えずに情報を提供してくれることが多いという[76]。

そのため，省庁日参時の主なターゲットである自県の出身者や自県への出向経験者の中でも，とくにノンキャリア組と親しく付き合うようになることが多くなりがちである[77]。

なお，同じ行政情報でも，上層部の判断を要するものや高度に政治的なものの場合は，東京事務所の頭越しに，都道府県と中央省庁の幹部同士で空中戦が行われることも珍しくないという[78]。

(4) 現場情報の伝達 (現場情報伝達活動)

都道府県から中央省庁への意思・情報の伝達役（働きかけ役）としての活動の1つが，都道府県の要求・要望を伝える「陳情・要望活動」であるのに対し，もう1つは都道府県の現場の情報を伝える「現場情報伝達活動」である。

1950年代の岩手県東京事務所では，「各省からしょっ中呼び出され色々な意見も聞かれ」たという[79]。すでに東京事務所の草創期から都道府県の現場の情報を伝える「現場情報伝達活動」が，中央省庁の要望に応じる形で行われていたことがうかがえる。

1982年当時，自治省行政局長であった砂子田隆は，「東京事務所に期待されている役割は，国政と県政の連結役」であり，国の動きを的確にキャッチして対応策を検討することとともに，「県が現在置かれている社会的経済的環境を十分に説明し，県勢発展のための施策を国から引き出していくこと」が重要であると記している[80]。

それから30年近くが経過した2009年に，全国都道府県・政令指定都市国土交通省担当者連絡協議会が国土交通省職員を対象に実施したアンケート調査に

76　村山 (1997)，66-68頁。
77　某県東京事務所職員への聞き取りによる。
78　村山 (1997)，68頁。
79　岩手県東京事務所編 (1982)，55頁。
80　岩手県東京事務所編 (1982)，73-74頁。

よれば，東京事務所職員に対する見解として，「担当者とは違った視点で都道
府県の本音を聞かせてもらえる」「市町村の動静も含めた情報入手の貴重なチ
ャンネルとなっている」「自分たちよりも情報量が多かったりする」などの評
価や，「地元の行政課題の経過を聞きたい」「地元の人事情報をタイムリーに運
んでほしい」「地方の視点から国への提案がほしい」「現場を知らない若手に，
地方の思いや現場の生の声を教えてほしい」「報道ではわかりにくい地域の情
報を提供してほしい」「県（本庁）の担当者に聞きにくいことに対する相談相
手になってほしい」「地方が新たにやりたいと考えていることを教えてほしい」
などの要望が見られる[81]。

　もちろん東京事務所も，中央省庁からの情報を的確に収集するとともに，地
方の意見や地域が抱える課題を中央省庁に伝えることが重要な使命の1つであ
ると認識している[82]。しかし，東京事務所はあくまで連絡調整役であり，自ら
政策実施の現場を持っているわけではなく，本庁の担当者から得た情報を持っ
ているだけである。したがって，東京事務所の具体的な行動としては次の2つ
が挙げられる程度である。1つは前述の省庁日参活動において地元の一般的な
情報を新聞記事切り抜きの形で配布するものである。地方新聞の記事や全国紙
の地方版記事は東京では入手しにくいこともあり，これはこれで貴重な資料と
して中央省庁の職員には歓迎される[83]。もう1つは特定の課題について本庁担
当課から細かい情報を仕入れ，中央省庁職員の求めに応じて，あるいは，必要
と思われる人に必要と思われるタイミングで提供するというものである。これ
は，その課題に関心を持ってもらい，何らかのアクションを起こしてくれるこ
とを期待しての行動であることが多い。情報の性質によっては，昼間の職場で
はなく，夜の宴席の場で口頭で伝えられることもある[84]。

　地方政府は情報資源において中央政府より優位であるという前出 R. A. W. ロ

81　全国都道府県・政令指定都市国土交通省担当者連絡協議会編（2010），61-62 頁。
82　全国都道府県・政令指定都市国土交通省担当者連絡協議会編（2010），1-11 頁及び 54-
　　73 頁。
83　近年は著作権の関係で新聞切り抜きの配布を自粛するところもあるという。
84　某県東京事務所職員への聞き取りによる。この場合，費用はもちろん私費会費制である。

ウズの主張を踏まえれば，中央省庁の職員は政策実施の現場に直接携わっていないため，現場の実態には疎く，現場の情報が不足しがちであると考えられる。そのため，中央省庁の職員が地方の現場の意見や情報を都道府県に求めることがある。逆に，都道府県としても，地元の実情を知ってもらい，政策立案につなげてもらう目的で，政策実施現場の状況や課題等を中央省庁に届けたいと考えている。そして，これらの情報は東京事務所によってやりとりされる。

　このように，決して派手な活動ではないが，都道府県の現場の情報を中央省庁に伝える現場情報伝達活動は，中央省庁と都道府県の両方のニーズに合わせた形で東京事務所によって行われているのである。

(5) 東京事務所の活動の対象となる意思・情報

　現在の東京事務所の主な役割は，①中央省庁から都道府県への意思・情報の伝達役，②都道府県から中央省庁への意思・情報の伝達役（働きかけ役），③都道府県同士の意思・情報の伝達役，であった。本章では，そのうち中央省庁を相手方とする①及び②としての活動について，その実態を明らかにしてきた。

　①はさらに「中央省庁からの指示・伝達事項を都道府県本庁に伝えること（指示等伝達活動）」と「中央省庁の情報を入手して都道府県本庁に伝達すること（情報収集活動）」の2つに細分化される。また，②も「都道府県の現場の情報を中央省庁に伝えること（情報伝達活動）」と「都道府県の要求・要望を中央省庁に伝えること（陳情・要望活動）」の2つに細分化される。

　それぞれの活動の対象となる意思・情報をこれまでの議論を踏まえて整理すると，図表2-3のとおりとなる。

　①中央省庁から都道府県への意思・情報の伝達役としての活動のうち，「中央省庁からの指示・伝達事項を都道府県本庁に伝えること（指示等伝達活動）」においては，中央省庁が自ら都道府県に流そうとする情報であるので，その大半は組織として決定された公式の情報が主に扱われる。たとえば，法令の制定・改正に伴う運用通知，実施要領，マニュアルなど，国の政策を都道府県が遺漏なく実施するためのガイドライン的な役割を果たす情報である。地方分権が進んでもこれら全国に共通する基本的な枠組みを国が統一的に定めるのは，そのほうが効率的で，地域によって制度が異なる混乱を回避でき，また，どの

図表 2-3　東京事務所の活動の対象となる意思・情報

活動内容		対象となる意思・情報
①中央省庁から都道府県への意思・情報の伝達役		
	中央省庁からの指示・伝達事項を都道府県本庁に伝えること（指示等伝達活動）	国の政策・補助金等に関する公式情報 （例：法令の制定・改正に伴う運用通知，実施要領，マニュアル等）
	中央省庁の情報を入手して都道府県本庁に伝達すること（情報収集活動）	国の政策・補助金等に関する非公式情報 （例：政策形成過程の情報，法令の解釈論，公表前の情報等）
②都道府県から中央省庁への意思・情報の伝達役（働きかけ役）		
	都道府県の現場の情報を中央省庁に伝えること（現場情報伝達活動）	国の政策の実施過程に関する情報 （例：現場の課題，新たな政策のシーズ等）
	都道府県の要求・要望を中央省庁に伝えること（陳情・要望活動）	国の政策・財政支援に対する要望 （例：制度の創設，直轄事業の箇所付け，補助金の配分等）

出所：筆者作成

地域でも行政水準を一定に保つためである。ただし，ICT が発展した現在は，これらの情報はわざわざ東京事務所を経由することなく，都道府県の本庁担当課に直接送付されることが多い。

　同じく①の活動のうち，「中央省庁の情報を入手して都道府県本庁に伝達すること（情報収集活動）」においては，中央省庁が自ら積極的には外に出さない情報，つまり，非公式の情報が主に扱われる。とくに，都道府県の行財政運営に不可欠な，国の制度・政策や補助金等に関する非公式情報が主なターゲットとなる。たとえば，政策の背景，意図，検討段階での議論の内容をはじめとする政策形成過程の情報，国会 Q&A をはじめとする法令の解釈論，法令改正の見通しや作成中の案文，直轄事業の箇所付け案，補助金の配分案をはじめとする公表前の情報など，いずれも都道府県が自らの行動を決定する際の参考となる情報である。これらは非公式の情報であり，通常は表に出てこない代物である。そのため，東京事務所が日頃から培った人的ネットワークが効力を発揮することになる。

　②都道府県から中央省庁への意思・情報の伝達役（働きかけ役）としての活動のうち，「都道府県の現場の情報を中央省庁に伝えること（現場情報伝達活

動)」においては，都道府県が実施過程において把握した情報が主に扱われる。国の政策を実施したときに発生した課題や，現場に接しているうちに浮かび上がった新たな政策のアイディアなど，中央省庁が気づいていない第一線の課題をフィードバックしようとするものである。これも東京事務所が日頃から培った人的ネットワークの中で雑談のような形で伝わることが多い。

　同じく②の活動のうち，「都道府県の要求・要望を中央省庁に伝えること（陳情・要望活動)」については，主に国の政策・財政支援に対する要望が扱われる。たとえば，新たな制度の創設，直轄事業の箇所付け，補助金の配分等に関する要望であり，中央省庁に対する圧力行動である。かつては国からの財政支援獲得が東京事務所の最重要ミッションであったが，地方分権改革により都道府県が独自にさまざまな政策を展開できるようになったこと，三位一体の改革により国からの補助金が大幅に見直されたことなどから，このような陳情・要望活動は大きく減少している。

　このように，とくに「中央省庁の情報を入手して都道府県本庁に伝達すること（情報収集活動)」及び「都道府県の現場の情報を中央省庁に伝えること（現場情報伝達活動)」については，日頃から腹を割った付き合いをしている中で，入手したり伝えたりすることが可能となるものである。そのため，省庁日参など頻繁で直接的な接触が求められるのである。

5　政治との関係

　村松岐夫が主張する「水平的政治競争モデル」によれば，地方政府同士の激しい競争が，中央政府に地方のニーズを認識させ，新たな政策を作らせることとなるが，その政策の枠の中の取り分は，各地方政府の競争力によって決まる。その地方間の競争において地元選出国会議員が地域利益の代弁者としての役割を強力に演じ，それが地方政府の競争力に影響を与える[85]。村松は，地方政府

85　村松（1988b），178頁。

が地元選出の国会議員を巻き込みながら国に圧力をかける際の拠点が東京事務所であると主張するが，果たして東京事務所はそこまでの役割を本当に果たしているのだろうか。

前節までは主に中央省庁，つまり行政との関係を見てきたが，本節では地元選出国会議員を中心とする政治との関係を確認していく。

(1) 地元選出国会議員との関係

全国都道府県・政令指定都市東京事務所国土交通省担当者連絡協議会が2010年度に実施した調査によれば，議員会館には平均して1週間に1回程度足を運ぶという。ただし，多い事務所はほぼ毎日，少ない事務所はほとんど行かないとされており，かなりのバラツキがある。1回の滞在時間は単純平均で50分程度であり，地元からの陳情団の案内のほか，国会議員やその秘書との情報交換を行っている[86]。なかには打ち解けすぎたのか，議員会館の事務所の机に堂々と座っていたところ，訪問者に秘書と間違われる者もいたようである[87]。

各東京事務所には，国会通行証が3枚程度貸与されており，これを着用すれば国会議事堂も議員会館もフリーパスで入ることができる[88]。政治ルートの情報を得るため，あるいは，陳情・要望活動への協力を得るため，東京事務所の職員は，日頃から定期的に議員会館内の各部屋を回って，国会議員秘書と良好な関係を構築しようとしている。

具体的に何をしているかというと，通常は，当り障りのない世間話をして帰ってくるだけである。距離を縮めるのが目的のためそれだけで十分なのであるが，たわいもない会話をきっかけにして，思いもかけず有益な情報を得たり，議員サイドからの要望を把握したりすることも少なくない。ある県では，少なくとも2000年代までは地元選出国会議員の秘書たちとの懇談会を年1〜2回開催し，良好な関係の維持・構築に努めていたという。

86　全国都道府県・政令指定都市国土交通省担当者連絡協議会編（2010），47-48頁。
87　同前，55頁。
88　以下，この部分の記述については某県東京事務所職員への聞き取りによる。

　具体的に国会議員秘書との関係が効果を発揮するのは次のような場合である。1 つは政治ルートの情報が必要な場合である。東京事務所は基本的に中央省庁の政策動向を追っているが，中央省庁ルートからはなかなか情報がつかめない時がある。そのような場合，政権与党の関係部会[89] に所属する地元選出議員の秘書に，中央省庁の説明資料を融通してもらうことがある。

　もう 1 つは，陳情・要望活動への協力が必要な場合である。陳情・要望活動の際は，中央省庁だけでなく，地元選出国会議員にも陳情・要望書を提出する。陳情・要望内容を理解してもらい，中央省庁に圧力をかけてくれることを期待しての行動である。場合によっては，地元選出国会議員に同行してもらうこともある。また，大臣など政務三役は多忙のため，通常の省庁ルートではアポイントメント取得が難しい。しかし，議員会館の秘書ルートを通じると優先的にアポイントメントを押し込んでもらえることがある。

　東京事務所が国会議員本人に中央省庁への圧力を依頼する場面はほとんどない。そのような政治的な依頼は，東京事務所の頭越しに県幹部，とくに特別職から直接行われ，東京事務所は関知していない。ごくまれに，県幹部が多忙で直接行動できない場合に，その意向を受けた東京事務所長が知事の代理として依頼に行くこともある。

(2)　政権与党との関係

　中央省庁が新たに法律を作ろうとする場合には，あらかじめ政権与党の意向をうかがうことになる。たとえば，自民党の場合，政務調査会の各部会において事前審査を行う。そのため，担当省庁の職員は当該法案の所管部会に赴き，必要な資料を提示して説明することになる。

　この時点では，当該法案に関する詳しい情報は公表されていない。つまり，東京事務所が求める未公表・非公表情報がここに存在する。そこで，この部会提出資料や部会での発言内容を入手すべく，活動を展開することになる[90]。

　自民党の部会は非公開であり，一般傍聴も認められていない。県職員も当然

89　政党によって異なる。たとえば，自民党であれば「部会」，政権担当時の旧民主党であれば「部門会議」などと称する。

入れない[91]。入口では党職員が入場者を名刺により確認し，その名刺と引き換えに資料を手渡す。そこで，一部の東京事務所では，馴染みの国会議員秘書から名刺をもらい，その名刺を提示して部会に潜り込むこともあったという。

　もちろん数多く存在する部会すべてに潜り込むのではなく，重要そうな議題の時だけ潜り込む。あるいは，他県の東京事務所と協力して交代で潜り込むこともある[92]。そのため，いつどの部会でどんな議題が取り上げられるかを普段から把握しておく必要がある。

　出席していなかった部会の資料を急に都道府県本庁から求められることもある。そのような場合は，他県の事務所に照会し，どの事務所も持っていなければ地元選出の自民党国会議員秘書を頼ることになる。

(3) 東京事務所の政治的役割

　村松が「水平的政治競争モデル」を唱えた1980年代には，地方が財源を獲得しようとする時などに国会議員などの政治家に働きかけることがしばしば行われた。1988年に加茂・水口が実施した前出のアンケート調査では，各県の知事や部長に対し，「補助金を獲得するために国会議員など政治家に働きかけることはあるか」と尋ねている。その結果，「よく」「ときどき」を合わせた数字が知事は70.6％，土木部長は63.6％，農林部長は54.3％と，かなりの政治的入力が認められる[93]。

　これまで見てきたとおり，現在の東京事務所と政治との関わりは，①情報の入手先，②陳情・要望の送信先，といった程度であり，政治的な圧力をかけるような行動は認められなかった。中央政府への政治的な圧力は，陳情・要望のようなヒレモニ　の場で行われることはなく，実際には目立たないところで行

90　以下，この部分における東京事務所の活動に関する記述は，某県東京事務所職員への聞き取りによる。
91　例外として，小泉進次郎部会長時代の自民党農林部会では，東京事務所職員の傍聴を正式に認めていたという。
92　東京事務所の国土交通省担当者は，順番を作って交代で部会に潜り込み，メモを作成して資料とともに回覧していたことがあるという。
93　加茂・水口（1990），100-101頁。

われる。その場合，東京事務所の頭越しに知事，副知事，部長等の幹部職員が政治家に直接会って行うことが多い。

　政策は都道府県の本庁で立案，実施される。東京事務所は直接の担当部署ではなく，あくまでも取次の専門部署であり，重要な折衝は内容を熟知した部署が行うほうが理に適っている。知事，副知事，部長等が政治的な圧力をかける場合に，その事務的な準備をするのは直接の担当部署であり，政治家へのツテさえ確保できていれば東京事務所を頼る必要はない。

　したがって，東京事務所は中央地方間の政治的経路には直接関与してはいない。強いて政治的経路への関与を挙げるとすれば，政治的圧力をかける際に必要となる情報の入手や接触ルートの確保（面会アポイントメントの取得）という形で間接的に関与するに過ぎないのである。

小　　括

　本章では，東京事務所の活動実態をつまびらかにすることにより，対中央省庁活動における東京事務所の役割とその変化を示すとともに，それを通じて次の4点を明らかにしていくことを目指した。

A.　東京事務所の主な役割は中央省庁・都道府県間の垂直的な意思・情報伝達であること
B.　意思・情報とは補助金以外の事項に関するものであること
C.　補助金以外の事項とはいったい何か
D.　意思・情報伝達活動には，直接的な接触を頻繁に繰り返すことが必要であること

　東京事務所の主な役割は3つであった。ここでは，③都道府県同士の意思・情報の伝達役（第4章参照）を除く2つについて，その実態を見てきた。

　1つ目は，①中央省庁から都道府県への意思・情報の伝達役であり，「中央省庁からの指示・伝達事項を都道府県本庁に伝達すること（指示等伝達活動）」

と「中央省庁の情報を入手して都道府県本庁に伝達すること（情報収集活動）」
の２つに細分される。

　「指示等伝達活動」については，通知文など中央省庁が発した書類を受け取
って都道府県本庁へ送るような活動であり，電子メールの活用が進むとともに
中央省庁が都道府県本庁へ直接送信するようになったため，東京事務所の業務
としては大きく縮小していた。

　「情報収集活動」については，中央省庁の自県の関係者を頻繁に訪問して距
離を少しずつ縮め，「いざという時に頼みごとができる関係」を構築しようと
するものであった。接触頻度を高めて相手方に親近感を持たせることで「準イ
ンサイダー」の地位を得て，中央省庁のインサイダー情報に接近することが可
能となる。また，直接顔を合わせることで，電話や電子メールではうかがい知
れない微妙なニュアンスを表情や態度などから読み取ることも可能となる。こ
のようにしながら入手しようとする情報は，「近日公表予定の情報」や「非公
表の情報」であった。以前は「公表済の情報」も担当省庁から直接入手する必
要があったが，現在ではホームページに掲載されるようになった。その結果，
インサイダーしか知り得ない未公表または非公表の情報をあの手この手で入手
することが東京事務所の仕事として残った。このような未公表・非公表情報は，
補助金に関する情報だけではない。法律案，予算案，審議会の報告書案，国会
Q&A など，「国の意思形成過程に関する情報」が幅広く該当する。

　なお，関係を緊密化させるには，省庁内で世間話をするよりも宴席を囲んで
胸襟を開いた会話をするほうが手っ取り早い。このような活動は，以前，官官
接待という形で行われていたが，現在では完全に姿を消した。割り勘で懇親会
を行うことはあるが，頻度としては決して多くはない。

　また，情報収集活動は主に中央省庁をターゲットに行われるが，中央省庁の
ガードが堅い場合は，地元選出国会議員の事務所を通じて情報を入手しようと
したり，政党本部に潜入して情報を入手しようとしたりすることもある。東京
事務所の活動は，一般的な公務員による行政活動とは異なり，政治にまで一部
広がっている。

　２つ目は，②都道府県から中央省庁への意思・情報の伝達役（働きかけ役）
であり，「都道府県の現場の情報を中央省庁に伝えること（現場情報伝達活

動)」と「都道府県の要求・要望を中央省庁に伝えること（陳情・要望活動)」の2つに細分される。

「現場情報伝達活動」については，省庁日参活動において地元新聞の切り抜き配布という形や，中央省庁職員の求めに応じて，あるいは，必要と思われる人に対して本庁担当課から仕入れた細かい情報を提供するという形で行われる。

中央省庁は地方の現場の意見や情報を欲する。都道府県は地元の実情を中央省庁に知ってもらい，政策立案につなげてもらいたい。このような両者のニーズに合致したものとして，東京事務所は都道府県の政策実施現場の状況や課題を中央省庁に伝えている。

「陳情・要望活動」については，多くの場合，補助金をはじめとする国からの財政移転を求めて行われる。陳情・要望活動において，東京事務所はアポイントメントの取り付けや当日の省庁内の先導案内などを担う。東京事務所が要求・要望を直接伝えるのではなく，都道府県と中央省庁との連絡回線を確保し，都道府県本庁が要求・要望を円滑かつ確実に中央省庁に伝えようとするのを支援する。

国庫補助金の見直し等によって，かつてのような大がかりな陳情・要望活動は今ではかなり減少したが，国の直轄事業に関する事項や国の制度改正に関する事項については現在でも陳情・要望活動がある程度は行われている。したがって，以前ほどではないにしろ，今でも東京事務所は「要求・要望回路の確保」に関する役割を担っている。

これらの把握できた実態から，本章で明らかにすべき4点を照らし合わせてみよう。

Aについては，そのとおり確認できた。中央省庁から都道府県への指示等伝達活動や，都道府県から中央省庁への陳情・要望活動については，近年，大幅な縮小傾向にあるが，それ以外の活動，とくに中央省庁の情報を入手して都道府県本庁に伝達することについては，昔も今もその重要性は不変であると言えよう。

Bについては，かつての東京事務所は補助金をはじめとする国からの財政移転を目的としていたため，伝達すべき意思・情報もそれらに関するものであったが，地方の財政的な自律性がやや高まった現在においては，補助金以外の意

思・情報に遷移していった。

　Cについては，中央省庁から得るべき情報としては，さまざまな分野における未公表・非公表情報，たとえば，法律案，予算案，審議会の報告書案，国会Q&Aなど，「国の意思形成過程に関する情報」が幅広く求められるようになっている。これらは都道府県が具体的に動くにあたり発案者たる中央省庁の意思を確認したいということにほかならない。以前は都道府県の自立性が低く，自らの意思で判断することが少なかったため，それほどのニーズはなかったが，今はこのニーズが高まっている。

　また，中央省庁に都道府県の意思を伝える陳情・要望活動としては，国の直轄事業に関する事項や国の制度改正に関する事項が中心となっている。これらが補助金以外の事項に相当する。つまり，その大半は「都道府県が実施すべき（あるいは都道府県に影響を与える）制度・政策に関する意思形成過程情報」と言うことができる。

　Dについては，未公表・非公表のインサイダー情報がターゲットであるため，接触頻度を高めて相手方に親近感を持たせることで「準インサイダー」の地位を得て，インサイダー情報に接近する必要があった。また，直接顔を合わせることで，電話や電子メールではうかがい知れない微妙なニュアンスを表情や態度などから読み取ることも可能であり，未公表・非公表情報の核心に迫るためには，そのような地道な活動を重ねることが必要なのである。

　ただし，これについては若干の疑問が残る。自県出身者などに頻繁に接触すれば，本当に親近感を持ってもらえるのだろうか。地元が一緒だからといって，未公表・非公表情報をたやすく提供してくれるとは思えない。そもそも提供する側の中央省庁職員には何のベネフィットもないのに，善意だけで貴重な情報を提供してくれるのだろうか。そのために東京事務所は何か別の活動を行っているのではないだろうか。この点については，東京事務所の活動の本質を知るために，より深く掘り下げる必要がある。次章において，この問題を詳しく見てみることにしたい。

第 3 章

省庁県人会と東京事務所

　前章で見たような省庁日参によって，中央省庁内に自県ゆかりの人的ネット
ワークが構築される。しかし，その土地にゆかりがあるというだけで本当に親
しくなれるものなのだろうか。本章では，東京事務所によって頻繁に行われる
中央省庁との直接的な接触が，どのようなルートで行われるのか，そしてそれ
がなぜ効果を発揮するのか，言い換えれば，なぜ中央省庁の職員が東京事務所
に協力してくれるのかについて検討する。

　中央省庁内における自県の出身者・出向経験者を対象とする人的ネットワー
クの維持・拡充に有用とされるのが「省庁県人会」である。「省庁県人会」と
は，出身者や出向経験者など何らかの形で当該道府県[1]に関係のある省庁職員
有志によって省庁内に設立される任意組織である。その運営には当該道府県の
東京事務所が深く関与しており，道府県幹部と中央官僚との人的ネットワーク
涵養の場として活用されているが，任意組織であるがゆえに，その存在が表に
出ることはきわめて少なく，その実態もほとんど知られていない。

　本章では，アンケート調査をもとにその実態を明らかにし，それを通じて
「直接的な接触を頻繁に繰り返すと，なぜ中央省庁の職員が東京事務所に協力
してくれるのか」を明らかにする。

　これは，序章で掲げたA～Eのうちの1つ，Dの一部を構成する。

D．意思・情報伝達活動には，直接的な接触を頻繁に繰り返すことが必要であ
　ること

1　中央省庁における県人会の設立状況

（1）省庁県人会とは

県人会に関する先行研究を総合すると，「出身地から離れた地域において，
出身県を単位にその出身者が結びつく同郷者集団」を指すものと解される[2]。

1　中央省庁は東京都内に存在する。東京都内に東京都人会が存在するとは考えにくいため，
　省庁県人会を扱う本章においては，原則として都を除いて道府県と記すこととする。

これにならえば，「省庁県人会」とは，「中央省庁において，出身県を単位にその出身者が結びつく同郷者集団」と定義づけられる。

　ただし，省庁県人会においては，当該道府県の出身者（以下，「出身者」という）のみならず，当該道府県への出向経験者（以下，「出向経験者」という）もその構成員に加わっている例が多々見られる。出向経験者にとっての出向先は第二の故郷のようなものと考えれば，これも広い意味での同郷者集団であると考えられよう。

　また，省庁県人会はあくまで省庁職員によって自発的に結成された任意組織である。中央省庁の職員を構成員としていても，公式な組織ではない。

　これらを踏まえ，省庁県人会をより詳細に定義づけるとすれば，「中央省庁において，出身者，出向経験者など何らかの形で当該道府県に関係を有する職員がインフォーマルに組織する集団」と定義づけられる。

(2) 設立状況

　2011 年 6 月から 7 月にかけて，東京都を除く 46 道府県の東京事務所に電子メールにより調査票を送付し，省庁県人会の設立・運営状況等についてのアンケート調査を実施した。その結果，32 団体[3]から何らかの回答が寄せられた（回収率 70 ％）。

　本来，各省庁の県人会についてのアンケート調査は，それぞれの省庁または省庁県人会そのものに対して行うべきものである。しかし，省庁県人会はあくまで省庁職員により自発的に結成された任意組織であるため，各省庁に窓口があるわけでもなく，また，各省庁県人会の連絡先が公表されているわけでもない。そのため，次善の策として，省庁県人会とのつながりがあると見込まれる道府県東京事務所を対象にアンケート調査を実施した。

　なお，本アンケートの実施に際しては，回収率を高めることを優先し，あら

2　祖父江（1971），10-16 頁。園田（1992），1-5 頁。鯵坂（2009），31-44 頁。牧野（2002），20-51 頁。金野（2002），59-69 頁。

3　うち 3 団体は調査票による回答ではなく，口頭または E メール本文によるコメントの形での簡易な回答である。

ためて各省庁サイドに確認することを求めず，「道府県東京事務所が把握している範囲」の回答で差し支えないこととした。また，東京事務所が省庁との関係を考慮して回答を差し控える可能性があると考え，「少なくとも道府県名が特定できるような形での利用はしない」旨の条件を付した。したがって，以降に記すアンケート調査結果では，そのような制約を踏まえた上での集計となっていることをあらかじめ申し述べておく。

このアンケートでは，まず省庁県人会の設立状況を省庁別に尋ねた。アンケートに回答した 32 団体のうち，いずれかの省庁に県人会が存在すると回答したのは 18 団体であり，その省庁県人会の総数は 66（個別省庁型 64，省庁横断型 2）に上る。

ところで，回答 32 団体のうち，この 18 団体を除く 14 団体については，いずれも回答欄は空欄であったものの，「省庁県人会なし」と付記して明確にその存在を否定したのは 1 団体だけであった[4]。それ以外の 13 団体について見てみると，「把握していない」旨の付記があったのが 5 団体，「回答を差し控える」旨の付記があったのが 3 団体もある。また，そもそもアンケート未回答も 14 団体に上る。つまり，アンケートで省庁県人会の存在を認めた 18 団体以外にも省庁県人会が存在する可能性が残ることから，これらについて文献調査[5]を行い，その全容把握を可能な限り試みた。その結果，さらに 19 団体で 47 の省庁県人会（個別省庁型 43，省庁横断型 4）の存在が確認できた。アンケートでその存在を確認したものと合わせると[6]，37 団体に 113 の省庁県人会（個別型 107，横断型 6）の存在が確認できたことになる。

4　この 1 団体については，その後の文献調査の結果，国土交通省に県人会が存在することが確認された。

5　「霞が関人脈」「新・霞が関人脈」「霞が関ふるさと記」（いずれも『毎日フォーラム』の連載記事）を中心に，各道府県東京事務所や各県人会のホームページ，その他新聞記事等を参照した。

6　アンケート調査が 2011 年 7 月時点であることから，文献調査においてもなるべくその時点での存在を確認して計上するよう努めたが，月刊誌や新聞の記事等をその根拠とする場合に，2011 年 7 月時点でも存在しているか必ずしも確認できないものも一部存在した。しかし，一度結成されれば，仮に活動を一時休止することはあっても，短期間のうちに解散にまで至ることは少ないと考え，アンケート調査の数字に合算した。

図表 3-1　省庁県人会の設立状況（省庁別）（2011 年 7 月現在）

区分		県人会数			備考
		アンケートにより把握（18 団体）	文献調査により把握（19 団体）	計	
個別型	内閣府	1		1	旧総理府
	総務省	12	7	19	うち旧自治省 7
	法務省				
	外務省				
	財務省	1		1	
	文部科学省	11	8	19	
	厚生労働省	9	2	11	
	農林水産省	10	8	18	
	経済産業省	5	5	10	
	国土交通省	12	11	23	うち旧運輸省 1，旧建設省 1
	環境省	2		2	
	防衛省		1	1	
	その他	1	1	2	林野庁 2
	小計	64	43	107	
横断型	中央省庁全体	2	4	6	
	小計	2	4	6	
合計		66	47	113	

出所：アンケート調査及び文献調査の結果に基づき筆者作成

　ただし，省庁県人会はあくまで任意組織であるだけに，アンケートにも文献にも表れないだけで実際にはこのほかにも存在している可能性を排除しきれない。したがって，この数字は「少なくともこれだけはある」という趣旨の数字であると理解すべきであろう。

　これを省庁別にまとめたのが，図表 3-1 である。総務省，文部科学省，農林水産省，国土交通省の 4 省が 20 前後の県人会を擁して先頭集団グループを形成しており，それに次ぐのが 10 前後の県人会を擁する厚生労働省と経済産業省の 2 省である。逆に法務省，外務省には県人会は皆無，内閣府，財務省，環

図表 3-2　省庁県人会の設立状況（県別，省庁別）（2011 年 7 月現在）

No.	地域	道府県	個別型											横断型	合計
			内閣府	総務省	財務省	文部科学省	厚生労働省	農林水産省	経済産業省	国土交通省	環境省	防衛省	その他	省庁全体	
1	北海道・東北	A-1		○											1
2		A-2		○		○			○						3
3		A-3				○	○	○	○						4
4		A-4										△			1
5		A-5		△											1
6		A-6				△									1
7	関東・甲信	B-1	○（旧総理府）	○（旧自治）		○		○	○	○（旧運輸）					6
8		B-2							○	○					2
9		B-3		○（旧自治）		○		○		○					4
10		B-4		○（旧自治）		○	○	○	○	○	○		○（林野庁）		8
11		B-5		△				△	△	△					4
12		B-6		△										△	2
13	東海・北陸	C-1				○				○					2
14		C-2				○		○	○	○					4
15		C-3												○	1
16		C-4				△		△		△					3
17		C-5												△	1
18	近畿	D-1		○			○								2
19		D-2								○					2

															合計
20		D-3		△ (旧自治)		△	△	△	△	△						6
21		D-4								△						1
22		E-1				○	○			○						3
23		E-2		○ (旧自治)				○		○						3
24	中国・四国	E-3		○ (旧自治)	○	○	○	○	○	○	○					8
25		E-4						○								1
26		E-5				△				△						2
27		E-6		△					△	△						3
28		E-7				△		△		△						3
29		E-8				△				△						2
30		F-1		○		○	○	○		○						5
31		F-2		○		○	○								○	4
32		F-3		○				○	○	○						4
33	九州・沖縄	F-4		△ (旧自治)					△							2
34		F-5								△						1
35		F-6				△		△		△					△	4
36		F-7						△							△	2
37		F-8		△		△	△	△	△	△ (旧建設)			△ (林野庁)			7
	合計		1	19	1	19	11	18	10	23	2	1	2	6		113

注）道府県名は匿名化の都合上すべてコード化した。なお，地域区分は総務省統計局が用いている地域区分をベースにした。

○＝アンケート調査で存在が確認できたもの，△＝文献調査で存在が確認できたもの

出所：アンケート調査及び文献調査の結果に基づき筆者作成

図表3-3　省庁県人会の会員構成（2011年7月現在）

No.	地域	道府県名	個別型										横断型
			内閣府	総務省	財務省	文部科学省	厚生労働省	農林水産省	経済産業省	国土交通省	環境省	その他（林野庁）	省庁全体
1	北海道・東北	A-1	出身のみ	出身＋出向									
2		A-2		—		—							
3		A-3		出身のみ		出身＋出向	—	出身＋出向	出身＋出向				
4	関東・甲信	B-1	出身のみ	出身＋出向		出身＋出向		出身＋出向	出身＋出向	出身のみ			
5		B-2		出身＋出向						出身＋出向			
6		B-3		出身＋出向		出身＋出向		出身＋出向		出身＋出向			
7		B-4		出身＋出向		出身＋出向	出身のみ	出身のみ	出身のみ	出身＋出向	出身のみ	出身＋出向	
8	東海・北陸	C-1				出身＋出向				出身＋出向			
9		C-2				出身＋出向		出身＋出向	出身＋出向	出身＋出向			
10		C-3											出身＋出向
11	近畿	D-1		—			—						

No.	地域	コード	1	2	3	4	5	6	7	8	9	10	11	合計	割合
12	畿	D-2					出身+出向			出身+出向					
13	中国・四国	E-1				出身+出向	出身+出向			出身+出向					
14		E-2		出身+出向				呂身+出向		出身+出向					
15		E-3		出身+出向	出身+出向	出身+出向	出身+出向	出身+出向	出身+出向	出身+出向	出身+出向				
16	九州・沖縄	F-1		出身+出向		出身+出向	出身+出向	出身+出向		出身+出向					
17		F-2		出身+出向		出身+出向	出身+出向						出身+出向		
18		F-3		出身+出向			出身+出向	出身+出向		出身+出向					
「出身のみ」計			1	1			1	1	1	1	1			7	10.6%
「出身+出向」計				9	1	10	6	8	4	11	1	1	2	53	80.3%
「無回答または無効回答」計				2		1	2	1						6	9.1%
合計			1	12	1	11	9	10	5	12	2	1	2	66	100.0%

注) 道府県名は匿名化の都合上すべてコード化した。なお，地域区分は総務省統計局が用いている地域区分をベースにした。
　　「―」は無回答または無効回答。
出所：アンケート調査結果に基づき筆者作成

境省，防衛省などにもごくわずかしか存在していない。多くの省庁県人会が確認された前出の6省は，他省庁に比べ道府県との業務上の関係が深く，人事面においても道府県への出向者が多いのが特徴である。

さらに県別の視点も加えたのが図表3-2である。本アンケートの実施に際して「少なくとも道府県名が特定できるような形での利用はしない」旨の条件を付したため，本表の作成にあたっては道府県名をコード化[7]した。そのため，具体性にやや欠けるものの，最も多い県ではアンケート調査時点において8つもの省庁県人会が存在することが確認できる。

これを見る限り，省庁県人会の設立状況について，とくに極端な地域的偏りは見られないようである。また，図表3-2には道府県名を明示できていないが，知事が官僚出身の場合にその出身省庁に県人会が存在するかどうかについて，とくに相関は見出せなかったことを付記しておきたい。

(3) 会員構成

アンケート調査では，省庁県人会の会員構成についても尋ねている（図表3-3）。

この結果によると，「出身者」のみで構成される省庁県人会は非常に少なく，ほとんどが「出身者＋出向経験者」によって構成されている。とくに，省庁県人会が多く存在する6省（総務，文部科学，厚生労働，農林水産，経済産業，国土交通）については，道府県の間との人事交流が盛んであり，当該道府県に出向経験を有する職員が相当数に上るのが，その一因かと思われる[8]。いずれにせよ，この結果から判断すると，省庁県人会は出身者だけの会ではなく，出向経験者も一般的にメンバーに含まれると解することができよう。

なお，これはアンケート調査により把握したものであるため，文献調査で確

7　まず地域別にA〜Fに分類し，その地域内でさらに数字を加えてA-1，A-2のように付番した。なお，地域区分は総務省統計局が用いている地域区分をベースにした。

8　とくに総務省（旧自治省）の場合は，地方自治体出向を複数回経験するのが一般的である（神（1986））。したがって，総務省県人会においては，出身者より出向経験者のほうが多数派になっていることも考えられよう。

図表 3-4　省庁県人会の会員数（n=66）

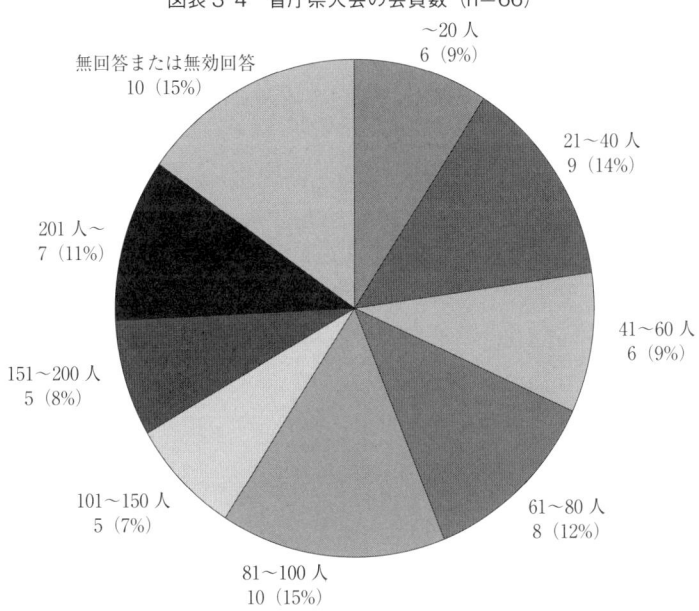

出所：筆者作成

認された省庁県人会は対象外であることに留意されたい（以下，いずれの調査項目についても同じ）[9]。

（4）会員数，設立年，会合の開催頻度

会員数についても尋ねてみたところ，図表 3-4 のとおりの結果となった。66県人会のうち，最多は 81～100 人を選んだ 10 県人会（15%）であるが，ほぼ満遍なく散らばっており，特段のバラツキは見られない。

9　道府県名欄のコードについては図表 3-2 と共通のものを使用している。たとえば，図表3-2 の A-1 と図表 3-3 の A-1 は同一の団体（道府県）である。したがって，図表 3-2 にあった A-4 が図表 3-3 にないのは，A-4 が文献調査において省庁県人会の存在が確認された団体（道府県）であるので，本問の対象となっていないためである。なお，これは図表 3-6 及び 3-7 についても同様である。

図表 3-5　省庁県人会の会合の開催頻度（n=66）

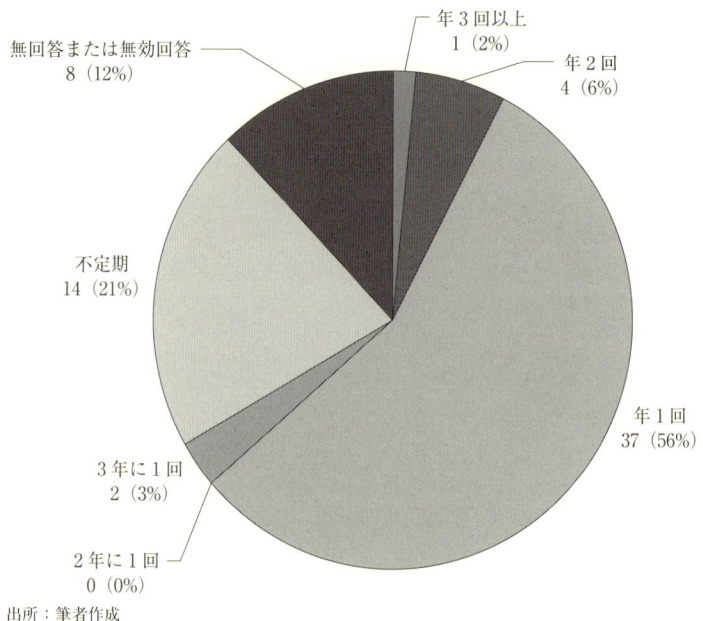

無回答または無効回答
8（12%）

年 3 回以上
1（2%）

年 2 回
4（6%）

不定期
14（21%）

年 1 回
37（56%）

3 年に 1 回
2（3%）

2 年に 1 回
0（0%）

出所：筆者作成

　また，設立年については，道府県東京事務所ではそこまではわからないということなのか，有効回答は 11 県人会しかなかった。その結果であるが，1940 年代が 2 つ，1960 年代が 1 つ，1970 年代が 3 つ，1980 年代が 2 つ，1990 年代が 1 つ，そして 2000 年代以降が 2 つとなっており，回答数が少なかったこともあって特段の傾向は見られなかった。

　会合の開催頻度については，図表 3-5 のとおりの結果となった。有効回答 66 県人会のうち，年 1 回が 37 県人会（56%）で過半を占める。不定期の 14 県人会（21%）と無回答または無効回答（12%）を除き，少なくとも約 3 分の 2 の省庁県人会が頻度こそ異なるものの定期的に会合を開催していることがうかがえる。

2 省庁県人会の運営に対する東京事務所の関与

(1) 省庁県人会の運営に対する東京事務所の関与

　同じアンケート調査において，省庁県人会に対する道府県東京事務所の関与の状況について尋ねたところ，図表3-6のとおりの結果となった。なお，調査票に用意した選択肢は，「事務局を引き受けている」（図表3-6での表記は「事務局」），「依頼があれば運営を手伝っている」（同「運営手伝い」），「会合に来賓等として参加する程度」（同「参加のみ」），「まったく関与していない」（同「関与なし」），「その他」（同「その他」）となっており，その他の場合は具体的に記載するよう求めている。

　66の省庁県人会のうち，そのうち道府県東京事務所が事務局を担っているのが18県人会（27.3％）[10]，依頼があれば運営を手伝っているのが26県人会（39.4％）であるのに対し，会合に来賓等として参加する程度であるのが13県人会（19.7％），まったく関与していない県人会は皆無であった。

　あくまで推測の域を出ないが，省庁職員が自発的に結成した任意組織の活動に対し，道府県東京事務所という道府県の正式な組織がこれだけの労力をわざわざ割いているということは，これによって道府県が何らかのベネフィットを期待できるからであると考えるのが自然であろう。とくに事務局まで引き受けている場合には，構成員たる省庁職員よりも道府県のほうに省庁県人会を維持・活性化する動機が強く存在するとも考えられる。さらに言えば，省庁県人会の活動内容に道府県の意思を都合良く反映させることが可能となるとも考えられよう[11]。

　また，省庁県人会の会合に対する道府県側の出席者（最高位）についても尋ねたところ，図表3-7のとおりの結果となった。この設問は，省庁県人会の会

10　その他に分類している「共同事務局」「事務局手伝い」の3県人会を含めると，21県人会（35.0％）となる。

合に誰が出席するかで道府県が省庁県人会をどの程度重要視しているのかを把握しようとするものである。対象となる会合はアンケート調査時点（2011年7月）の直近に開催された会合であり，調査票に用意した選択肢は，「知事」，「副知事」，「本庁担当部局長[12]」，「本庁担当課長」，「本庁担当者」，「東京事務所長」，「東京事務所担当者」，「誰も出席しない」である。

66の省庁県人会のうち，そのうち知事が出席したのが22県人会（33.3％），副知事が出席したのが1県人会（1.5％），本庁部局長が出席したのが21県人会（31.8％）と，地元からわざわざ幹部が上京して出席しているのが少なくとも約3分の2を占める実態が明らかとなった。公務多忙の中，わざわざ上京して出席するということは，やはりそれが道府県に何らかのベネフィットをもたらすとの期待が存在するからであると考えるのが自然であろう。

なお，直近の会合への出席実績を尋ねたものであるため，スケジュールの都合などで出席者の職位が左右されている場合もあり得るので，その点に留意が必要である。

(2) 関与のベネフィット

前項のとおり，アンケート調査の結果から，道府県が何らかの形で運営に携わったり，道府県の幹部が会合に出席したりと，道府県が省庁県人会の活動に積極的に関与していることが明らかとなった。また，それによって道府県が何らかのベネフィットを期待していることが示唆されたところであるが，そのベネフィットとは何なのか，関係者インタビューや文献調査の結果を用いて迫っていくこととしたい。

ある県の東京事務所勤務経験者[13]によれば，そのベネフィットは「省庁上層部と県幹部との顔つなぎ」にあるという。前節で述べたとおり，道府県東京

11　たとえば，道府県サイドが中央省庁サイドと顔つなぎの意見交換の場を設けたいと考えた場合に，事務局である道府県東京事務所が都合よく省庁県人会の会合をセットすることで，そのような場を創出することなどが考えられる。

12　教育長を含む。

13　2013年8月29日，匿名を条件にインタビューを実施。

事務所の各省庁担当者はほぼ毎日のように担当省庁に顔を出し，人的ネットワークの維持や情報の収集に勤しんでいる。したがって，担当レベル同士であればあらたまって顔つなぎをする必要はない。しかし，県幹部は短期間で異動することが多い上に，関係省庁の上層部と顔を合わせる機会も少ない。これは，東京事務所の所長も同様である。江戸家老に例えられることも多い東京事務所長は，東京における知事の名代的な立場にあるが，普段から所長自ら各省庁を歩き回ることはないため，あらたまって何かの機会を設けなければ，省庁の上層部との顔つなぎができないのである。担当レベルでつながっていればよいのではという疑問を持つ人もいるだろうが，省庁上層部に要望や調整をしに会いに行く場合には，それなりの職位にある者が赴くのが役所のしきたりであるため，幹部同士のつながりも重要になってくるのである。

　また，文献を渉猟したところ，過去にも同様の目的で道府県が県人会に関与していたことがうかがえる記述が2つ見つかった[14]。

　1つは，1994年の毎日新聞取材班によるルポルタージュである[15]。

　　政権交代を機に，高級官僚と都道府県の幹部を会員にした「霞が関県人会」への地方自治体の期待が膨らんでいる。「同郷意識」を全面に出して官僚と親交を深め，公共事業の誘致や補助金などに影響力を発揮してもらおうというのが，狙いだ。

　　霞が関福島県人会（会長・佐藤栄佐久知事）の設立総会には，外務，大蔵，通産など12省庁の官僚約200人と佐藤知事，県の部課長ら約250人が集まった。会の表向きの目的は「会員相互の交流，親睦を図るとともに郷土・福島の発展に寄与すること」となっているが，開催趣旨には「緊密な人的ネットワーク作り」と「政府予算対策などに，積極的に働きかけていく」場にするとうたわれている。

14　毎日新聞取材班（1994），毎日新聞1995年8月25日付，毎日新聞宮城版2004年7月3日付など。

15　毎日新聞取材班（1994），284-285頁（抜粋）。

図表3-6　省庁県人会に対する道府県東京事務所の関与（2011年7月現在）

| No. | 地域 | 道府県名 | 個別型 | | | | | | | | | | 横断型 |
			内閣府	総務省	財務省	文部科学省	厚生労働省	農林水産省	経済産業省	国土交通省	環境省	その他（林野庁）	省庁全体
1	北海道・東北	A-1		事務局									
2		A-2		—		—		—					
3		A-3		運営手伝い		運営手伝い	運営手伝い	運営手伝い	参加のみ				
4	関東・甲信	B-1	参加のみ	運営手伝い		参加のみ				—			
5		B-2		運営手伝い		運営手伝い		運営手伝い	運営手伝い	運営手伝い			
6		B-3		運営手伝い		運営手伝い		運営手伝い		事務局			
7		B-4		その他（共同事務局）		参加のみ	参加のみ	参加のみ	参加のみ	参加のみ	参加のみ	参加のみ	
8	東海・北陸	C-1				参加のみ				参加のみ			
9		C-2				運営手伝い		事務局	事務局	事務局			
10		C-3											事務局
11	近畿	D-1		—			—						
12		D-2					事務局			運営手伝い			

No.	地域	コード												合計	割合
13	中国・四国	E-1				運営手伝い	運営手伝い			事務局					
14		E-2		その他(事務局手伝い)				運営手伝い		その他(事務局手伝い)					
15		E-3		事務局	事務局	事務局	事務局	事務局	事務局	事務局	事務局				
16	九州・沖縄	F-1		運営手伝い		運営手伝い	運営手伝い	運営手伝い		運営手伝い					
17		F-2		運営手伝い		運営手伝い	参加のみ						事務局		
18		F-3		事務局			運営手伝い	運営手伝い		運営手伝い				合計	割合
「事務局」計				3	1	1	2	2	2	4	1		2	18	27.3%
「運営手伝い」計				5		6	4	6	1	4				26	39.4%
「参加のみ」計			1			3	2	1	2	2	1	1		13	19.7%
「関与なし」計														0	0.0%
「その他」計				2						1				3	4.5%
「無回答または無効回答」計				2		1	1	1		1				6	9.1%
合計			1	12	1	11	9	10	5	12	2	1	2	66	100.0%

注) 道府県名は匿名化の都合上すべてコード化した。なお，地域区分は総務省統計局が用いている地域区分をベースにした。

「―」は無回答または無効回答。

出所：アンケート調査結果に基づき筆者作成

図表 3-7　省庁県人会会への道府県側出席者（最高位）（2011 年 7 月現在）

No.	地域	道府県名	個別型										横断型
			内閣府	総務省	財務省	文部科学省	厚生労働省	農林水産省	経済産業省	国土交通省	環境省	その他（林野庁）	省庁全体
1	北海道・東北	A-1		知事									
2		A-2		—		—		—					
3		A-3				教育長	東京事務所担当者	知事	東京事務所長				
4	関東・甲信	B-1	東京事務所長	東京事務所長		教育長		副知事	知事				
5		B-2		知事						知事			
6		C-4	東京事務所長	東京事務所長		教育長		本庁部長		知事			
7		C-5		知事		知事	東京事務所担当者	本庁部長	知事	本庁部長	本庁部長	本庁部長	
8	東海・北陸	C-1				東京事務所長				本庁部長			
9		C-2				知事		知事	知事	知事			
10		C-3											—
11	近畿	D-1		—			—						
12		D-2					本庁部長			知事			
13	中国・	E-1				教育長	本庁部長			本庁部長			
14		E-2		—				—					

No.	地域	コード												合計	割合
15	四国	E-3		知事	東京事務所長	知事	知事	知事	知事	知事	知事				
16	九州・沖縄	F-1		本庁部長		教育長	本庁部長	本庁部長		本庁部長					
17		F-2		本庁課長		教育長	本庁部長					知事			
18		F-3		本庁部長			東京事務所長	東京事務所長		東京事務所長					
「知事」計				4		3	1	3	4	5	1		1	22	33.3%
「副知事」計								1						1	1.5%
「本庁部局長」計（「教育長」を含む）				2		6	4	3		4	1	1		21	31.8%
「本庁課長」計				1										1	1.5%
「本庁担当者」計														0	0.0%
「東京事務所長」計			1	2	1	1	1	1	1	1				9	13.7%
「東京事務所担当者」計							2							2	3.0%
「誰も出席しない」計														0	0.0%
「無回答または無効回答」計				3		1	1	2		2			1	10	15.2%
合計			1	12	1	11	9	10	5	12	2	1	2	66	100.0%

注）道府県名は匿名化の都合上すべてコード化した。なお，地域区分は総務省統計局が用いている地域区分をベースにした。
　　　「―」は無回答または無効回答。
出所：アンケート調査結果に基づき筆者作成

もう1つは，2004年の毎日新聞宮城版の記事である[16]。

　　平成に入ったころから官僚を辞めるまで，（中央官庁勤務の職員で組織する）霞が関県人会で副会長や会長をやってましてね。そのころ，県の東京事務所の職員がいろいろと相談に来るじゃないですか。私は建設省のことはもちろんよく知ってますし，それ以外でも「○○省なら何々さんのところに行ったらいいんじゃない」って紹介できた。

　いずれも1990年代前半の話で，官官接待を含め，東京事務所が派手に活動していた時代の話であるが，道府県サイドのベネフィットは，今も昔も中央省庁との間の人的ネットワークの維持・形成にあることは確かであろう。ただし，前述のとおり，以前は補助金獲得や事業採択などを目的としていたが，地方分権改革や三位一体の改革を経た現在では，単なる情報収集が中心となっているようである[17]。

　なお，前出のアンケート調査に「最近3年くらいの間に，省庁の県人会人脈を活用して，自県の施策立案・実施等に際してのアドバイスを受けたり，関係者への仲介を依頼したりしたことがあるか」という趣旨の質問を設けておいたところ，6団体が「ある」と回答した[18]。その具体的内容については，空欄であったり，「個別事案については記述できない」「具体的には不明」というように回答を保留したり，「適宜助言をいただいている」といった曖昧な内容であったりしたため，具体的にどのようなことが行われたのかは不明である。しかし，政策・施策の立案あるいは実施過程において，省庁県人会を用いたインフォーマルなネットワークが何らかの形で機能しているということは言えそうである。

16　毎日新聞宮城版2004年7月3日付（抜粋）。

17　某県東京事務所職員への聞き取りによる。

18　道府県にとってはたいへん答えにくい質問であるため，この6団体以外にも該当事例が存在する可能性もあると思われる。実際に，「ない」を選択したのは14団体で，アンケート回答32団体のうち残りの12団体は回答を記入していない。

3　中央官僚による省庁県人会の活用

　省庁県人会のベネフィットを享受しているのは東京事務所だけなのだろうか。省庁県人会はあくまで省庁職員による任意組織である。業務に追われ多忙な日々を送っているにもかかわらず，わざわざ省庁県人会の活動に参加するということは，省庁職員にも何らかのベネフィットがあるのではないだろうか。もちろん愛郷心や郷愁を満たすということもあるだろうが，それだけではなく，より実利的な動機があるのではないか。あるとすれば，それは何か。ここでは，東京事務所と協力関係にある中央省庁職員のベネフィットを探る。

(1) 中央官僚のキャリアパスと都道府県

　中央省庁職員が東京事務所や省庁県人会を活用することで何か実利的なベネフィットを享受しているかどうかを検証する前に，中央省庁職員と都道府県との関係を見てみることにしたい。ここでは，中央省庁の中でもとくに地方自治体との結びつきの強い総務省（旧自治省）を例に，中央省庁職員のキャリアパスにおける都道府県の存在について整理する。

1-1　キャリア組（I種採用）

　人事院（2002）によると，一般にキャリア組と呼ばれるI種採用職員[19]のキャリアパスは図表3-8のとおりである。ただし，省庁再編や国家公務員制度改革による再就職規制（天下り規制）の見直しなどの影響を受け，現在では当時より退職年齢が高くなっており，昇進年齢，とくに課長以上への到達年齢も高くなっていると言われている。

　図表3-8にも「地方公共団体勤務」と記されているが，省庁によっては，一部の職員が地方自治体への出向を経験する。とくに，中央省庁の中でも地方自治体との結びつきが強い総務省（旧自治省）では，ほぼすべてのキャリア組が

19　2012年度からI種は「総合職（院卒者／大卒程度）」に見直された。なお，1984年度までは「上級甲種」と称されていた。

図表 3-8　Ⅰ種採用職員のキャリアパスの例 (2001 年頃)

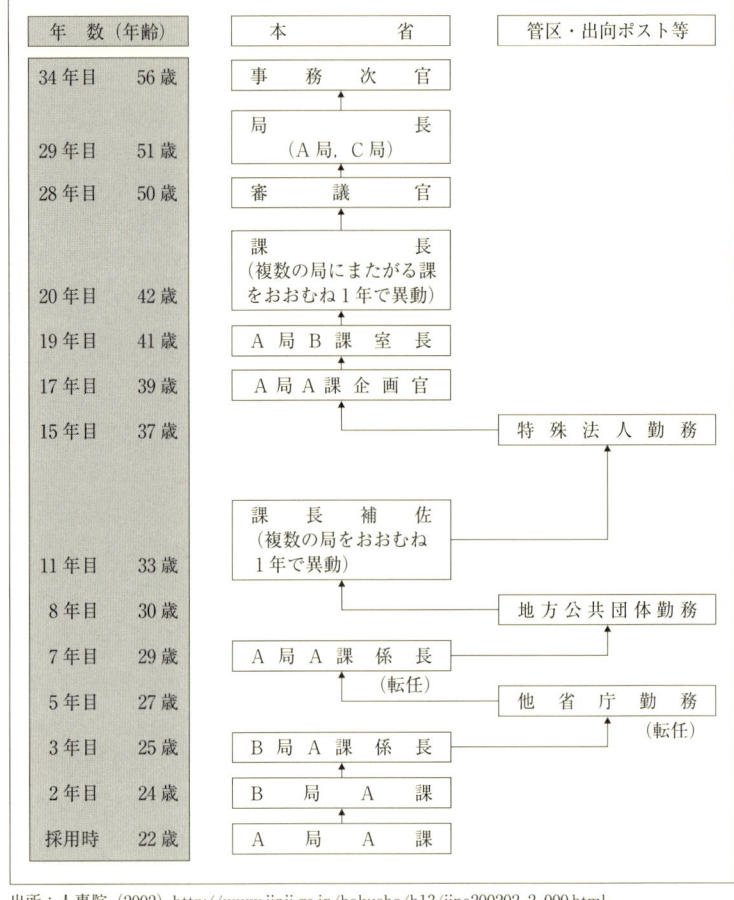

年　数 (年齢)		本　　　省	管区・出向ポスト等
34 年目	56 歳	事　務　次　官	
29 年目	51 歳	局　　　　　長 (A 局, C 局)	
28 年目	50 歳	審　　議　　官	
20 年目	42 歳	課　　　　　長 (複数の局にまたがる課 をおおむね 1 年で異動)	
19 年目	41 歳	A 局 B 課 室 長	
17 年目	39 歳	A 局 A 課 企 画 官	
15 年目	37 歳		特 殊 法 人 勤 務
11 年目	33 歳	課　長　補　佐 (複数の局をおおむね 1 年で異動)	
8 年目	30 歳		地 方 公 共 団 体 勤 務
7 年目	29 歳	A 局 A 課 係 長 (転任)	
5 年目	27 歳		他 省 庁 勤 務 (転任)
3 年目	25 歳	B 局 A 課 係 長	
2 年目	24 歳	B　局　A　課	
採用時	22 歳	A　局　A　課	

出所：人事院 (2002) http://www.jinji.go.jp/hakusho/h13/jine200202_2_009.html

複数回の地方自治体出向を経験する。

　図表 3-9 は，幸田 (2002)，稲継 (2000)，喜多見 (2010) をもとに，独自に
実施した関係者へのインタビュー調査の結果も踏まえて筆者が作成したもので
ある。ただし，これも 2000 年以前の状況をまとめたものであり，現在でもキ
ャリアパスのパターン自体に大きな変化はないものの，課長以上への到達年齢
は当時より高くなっているものと思われる。

図表 3-9　自治キャリアの標準的キャリアパス（2000 年以前）

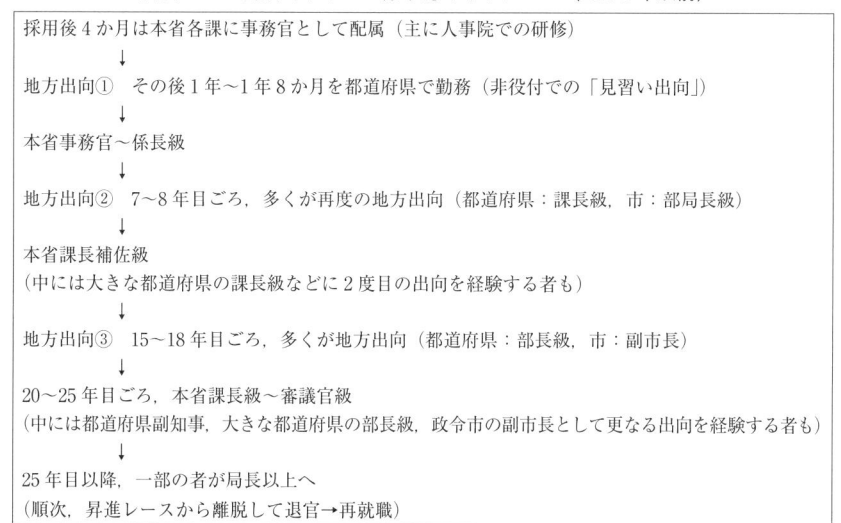

採用後 4 か月は本省各課に事務官として配属（主に人事院での研修）
↓
地方出向①　その後 1 年〜1 年 8 か月を都道府県で勤務（非役付での「見習い出向」）
↓
本省事務官〜係長級
↓
地方出向②　7〜8 年目ごろ，多くが再度の地方出向（都道府県：課長級，市：部局長級）
↓
本省課長補佐級
（中には大きな都道府県の課長級などに 2 度目の出向を経験する者も）
↓
地方出向③　15〜18 年目ごろ，多くが地方出向（都道府県：部長級，市：副市長）
↓
20〜25 年目ごろ，本省課長級〜審議官級
（中には都道府県副知事，大きな都道府県の部長級，政令市の副市長として更なる出向を経験する者も）
↓
25 年目以降，一部の者が局長以上へ
（順次，昇進レースから離脱して退官→再就職）

出所：幸田（2002），稲継（2000），喜多見（2010）を参考に筆者作成

　このように，自治制度の所管官庁である総務省（旧自治省）のキャリア組は，現場としての地方自治体勤務と霞が関勤務を繰り返す。その割合は人によって異なるが，「おおよそ中央勤務と地方勤務が半々の割合」[20] といわれている。

　最初の地方出向は，入省から 4 か月後，同期全員がいっせいに都道府県に出向し，1 年〜1 年 8 か月程度の勤務を経験するものである。この時は，地方自治の基礎を広く学ぶことのできる「市町村担当課」「財政担当課」などに，非役付職員（ヒラ職員）として配属される。

　2 度目の地方出向は，多くの場合，都道府県では課長級，市では部局長級での出向となる。この時のポストは派遣先自治体によって異なるが，都道府県では「市町村担当課長」「財政担当課長」，市では「財政担当部局長」が多数を占める。

　3 度目の地方出向は，多くの場合，都道府県の部長級または市の副市長など

20　幸田（2002），214 頁。

地方自治体の幹部職員としての出向となる。また，人によっては，これより多くの地方出向を経験する場合も少なくない。

このように頻繁な地方出向を含む人事システムは，①地方行財政制度の企画，立案を行っていく上で必要不可欠な地方の実情・立場の理解，②総務省（旧自治省）と地方自治体との深い絆・ネットワークの形成に役立っているという[21]。政策形成にあたってのベースとなる地方のニーズを地方出向時の具体的体験から得るとともに，その時に得た人的ネットワークを介して近時の動向等も把握することで，総務省（旧自治省）のみならず，地方自治体にとっても良い結果をもたらすことになるということなのであろう。

1-2　ノンキャリア組（II・III種採用）

人事院（2002）によると，ノンキャリア組と呼ばれるII種・III種採用職員[22]のうち，II種採用職員のキャリアパスは図表3-10のとおりである。なお，ノンキャリア組の場合，定年前の再就職者が少なかったため，国家公務員制度改革による再就職規制（天下り規制）の見直しなどの影響はあまり受けておらず，現在でも昇進年齢に大きな違いは見られない。

図表3-10には「地方公共団体勤務」との記述はないが，省庁によっては，地方自治体への出向を経験するノンキャリア組も一部にみられる。とくに，中央省庁の中でも地方自治体との結びつきが強い総務省（旧自治省）では，ほぼすべてのノンキャリア組が地方自治体出向を少なくとも1度は経験する。

図表3-11は，総務省（旧自治省）のノンキャリア組の標準的なキャリアパスを示したものである。総務省（旧自治省）は地方支分部局を持たないため，ノンキャリア組についても本省勤務の機会が多く，地方に出るときは地方自治体への出向となる。

このように，総務省（旧自治省）のノンキャリア組も，霞が関勤務の間に現場としての地方自治体勤務を経験する[23]。

21　同前，216頁。

22　2012年度からII種は「一般職（大卒程度）」，III種は「一般職（高卒者）」に見直された。なお，1984年度までは「上級乙種」及び「中級」であったのを改編して1985年度にII種が新設され，同様に，1984年度まで「初級」であったのを1985年度にIII種と改称した。

図表 3-10　Ⅱ種採用職員のキャリアパスの例（2001 年頃）

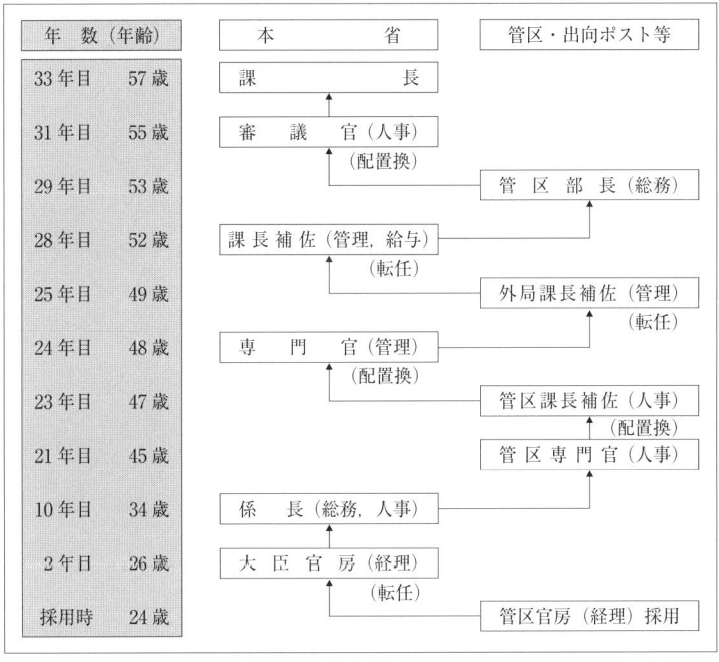

出所：人事院（2002）http://www.jinji.go.jp/hakusho/h13/jine200202_2_009.html

　最初の地方出向は，Ⅱ種は入省から 2 年程度経過後，Ⅲ種は入省から 6 年程度経過後[24] に都道府県に出向し，2 年程度の勤務を経験するものである。この時は，地方自治の基礎を広く学ぶことのできる「市町村担当課」のほか，同じく地方税制を学ぶことのできる「税務担当課」などに，非役付職員（ヒラ職員）として配属される。これはⅡ種・Ⅲ種採用職員のほぼ全員が経験する。

　2 度目の地方出向は，本省主幹[25] を経た後，年齢で言えばおおむね 40 歳過

23　以下，本節における総務省（旧自治省）のノンキャリア組（Ⅱ・Ⅲ種採用）のキャリアパスに関する記述は，とくに記載のない限り，総務省職員への聞き取り結果に基づく。

24　Ⅲ種の場合は，勤務のかたわら夜間大学を卒業し，大学卒業資格を取得することが地方出向の条件となる。これは，地方出向時に大卒者と同じ扱い（いわゆる地方上級職相当）で出向させるためであるという。

図表3-11　自治ノンキャリアの標準的キャリアパス（2016年時点）

Ⅱ種採用の場合は採用後2年程度，Ⅲ種採用の場合は採用後6年程度，本省各課または外郭団体に配属
↓
地方出向①　2年程度を都道府県で勤務（非役付での出向）
↓
本省または外郭団体勤務（事務官～係長級）
↓
地方出向②　本省主幹経験後（おおむね40歳過ぎ），おおむね半数以上が2度目の地方出向（都道府県・政令市：課長級，それ以外の市：部長級），それ以外の者は本省または外郭団体勤務
↓
本省課長補佐級または外郭団体の課長級
↓
その後，定年まで本省または外郭団体勤務
（ごく一部の者が本省のポスト課長にまで到達）

出所：総務省関係者への聞き取り調査結果をもとに筆者作成

ぎである。多くの場合，都道府県・政令指定都市では課長級，それ以外の市では部長級での出向となる。この時のポストは派遣先自治体によって異なるが，都道府県・政令指定都市では税務担当課長，企画担当課長，商工担当課長，会計担当課長などをはじめ，かなり多岐にわたる。他方，それ以外の市の場合は，おおむね企画，財政部門が中心である。このような管理職での地方出向については，同期入省者のおおむね半数以上が経験するとみられている。

　このような人事システムは，キャリア組の場合と同様，「地方の実態の理解」や「ネットワークの形成」に役立っているという。やはり「地方の実情を知らずして地方自治行政には携われない」ということなのであろう。

1-3　もうひとつのノンキャリア組（「特進組」）

　自治省には，人事院が実施するⅡ種・Ⅲ種の試験採用以外に，都道府県の職員の中から希望する者を独自に選考で採用する仕組みが存在した。この仕組みによって採用された職員を自治省では「特進組」と呼んでいた。

25　総務省（旧自治省）における主幹とは，庶務・総務担当の課長補佐級ポストである。各課に1人配置され，課の人事・予算等を担当する。この時に，管理職として必要な管理能力や調整能力が養われるという。

　特進組としての採用は，「雇員採用試験」または「事務官採用試験」を経て行われた[26]。その点を除けば，特進組もⅡ種・Ⅲ種採用と基本的には同じキャリアパスを辿る。ただし，特進組の場合，すでにそれなりの年数を都道府県の職員として過ごしてから自治省に来る者も少なくなかった。都道府県で1～2年しか勤務していないという者はともかく，それなりの勤務経験を持つ者の場合は，すでに地方行政の経験も自治体の実情把握も済んでいるということで，非役付での地方出向に出ない場合もあった[27]。また，特進組の場合，一定期間を自治省で過ごした後，管理職として元の都道府県に戻っていくこともあった[28]。

　なお，特進組としての採用は，地方の現場を知る即戦力としての採用であったが，徐々に都道府県からの応募者が少なくなっていった。自治省では長らく

26　2012年から2013年にかけて金沢大学河合晃一講師と筆者が共同で実施した，ある特進組OBへのインタビュー調査（以下，「特進組インタビュー」という）によると，このOBは高校卒業後2年の県庁勤務を経て「雇員採用試験」を受け，自治省に採用された。他方，別の特進組OB唐澤太市氏が執筆した回顧録によれば，同氏は高校卒業後30歳まで群馬県庁に勤務した後，「事務官採用試験」を受けて自治省に採用された（唐澤（2011），105-109頁）。

　両者の自治省入省時期は同じ昭和30年代後半，それも1年しか変わらない。したがって，時期によって試験の名称が異なるということではなく，2つの採用パターンが併存していたようである。この点について，特進組インタビューによれば，「事務官採用に特に大卒以上といった資格要件はない」「中堅で働ける層が事務官採用なのではないか」とのことであり，唐澤（2011）においても，事務官採用試験要綱に「学歴は高卒以上」と記されていたとの記述が見られる（106頁）。なお，特進組インタビューによれば，雇員で採用された場合，数年後には事務官になるとのことであり，序列的には雇員（後に事務員に改称）→事務官であることがわかる。

　また，特進組インタビューによれば，「雇員採用試験」には筆記試験がなく，面接試験程度であったとのことである。これに対し，唐澤（2011）によれば，「事務官採用試験」は2日間かけて行われ，1日目は筆記試験と論文，2日目は面接が行われたとされている（106-108頁）。

27　特進組インタビューとは別の自治省OBへの聞き取り調査による。

28　特進組インタビューによると，同期入省者の約半数が定年までに元の都道府県に戻っていったという。また，唐澤（2011）の著者である唐澤太市氏も，自治省勤務15年の後，群馬県庁に戻り，総務部長，教育長等を歴任した。

ノンキャリアは特進組としての採用のみで，人事院が実施する競争試験での採用を行っていなかったが，このような事情を踏まえ，1977（昭和 52）年からⅢ種試験による採用を，1990（平成 2）年からⅡ種試験による採用を開始し，Ⅱ・Ⅲ種試験が採用方式の中心となっていった[29]。

（2）省庁県人会参加の動機

2-1　キャリア組の場合

　総務省（旧自治省）のキャリア組の場合，前節で示したように，少なくとも 3 回程度の自治体勤務を経験することが一般的である。もし，そのいずれにも総務省（旧自治省）の県人会がある場合，出身地とあわせて最大 4 つもの県人会に参加することになるが，そういった例は決して珍しいことではない。なかには，3 歳まで住んでいた，幼稚園まで住んでいたというような縁はもちろん，親の出身地である，居住経験はないが本籍がある，先祖の墓があるなど，ごくごく細い縁でも県人会に参加し，本来の出身地や出向先も含め 1 人で 5 つも 6 つも県人会に入っている者も少なからず存在する[30]。そこまで県人会活動に熱心なのはいかなる理由によるものなのだろうか。複数の旧自治省キャリア組 OB にインタビュー調査を行い[31]，そのあたりの見解を尋ねてみた。

　A 氏によれば，省庁県人会への参加によって得られる実利的なベネフィットは 2 つ考えられるという。1 つは，「省内の人脈づくり」である。省内に知り合いが増えれば仕事（とくに省内調整）もしやすくなり，また，幹部・先輩に目をかけてもらえれば将来の出世につながることもあるかもしれない。1 人で多くの県人会に入っている場合は，おそらくこれが主たる目的ではないかという。もう 1 つは，「地方情報収集のためのパイプづくり」である。少なくとも総務省（旧自治省）では，地方に関する情報収集力の強弱が仕事の成否に大いに関係し，その人物の評価にも大きく影響する。そのため，さまざまな機会

29　総務省職員への聞き取り調査による。
30　月刊誌『毎日フォーラム』に連載された記事「霞が関人脈」及び「新・霞が関人脈」による。とくに都市部の出身者にその傾向が見られる。
31　2011 年 12 月 22 日及び 2012 年 1 月 31 日，匿名を条件に実施。

を捉えて道府県人脈を維持・形成し，現地の情報を入手できるようなパイプを
つねに涵養しておくことが必要とされる。

　B氏はやや異なる見解を持つ。省庁県人会に参加するのは，単に関係者と懐
かしい話をするだけであり，実利的なベネフィットがあるとしても「省内の人
脈づくり」程度であるという。

　前述のとおり，省庁県人会は「中央省庁において，出身者，出向経験者など
何らかの形で当該道府県に関係を有する職員がインフォーマルに組織する集
団」であり，「同郷者集団」と「省庁内におけるインフォーマル集団」の2つ
の性格をあわせ持つ。つまり，省庁県人会のメンバーは，同郷者である以前に，
同じ省庁という職域集団に属しているのであって，「自身の省内での評価」や
「省内の人脈づくり」を意識しながらの参加となるのはある意味当然のことと
いえる。

　「地方情報収集のためのパイプづくり」を意識しているかどうかについては，
前出A氏，B氏のように見解が分かれるところであるが，そのパイプが情報
収集力を強め，「自身の省内での評価」の向上につながるものと考えれば，パ
イプづくりを目的とする者も存在するのではないかと考えられる。道府県から
入手した情報を日々の仕事に活かしているとすれば，その入手のためのチャン
ネルは多ければ多いほど良い。出身地は通常1つであるが，かつての出向先を
はじめ，さまざまな縁を辿って多くの県人会に参加すれば，情報入手先の多チ
ャンネル化につながるのである。

2-2　ノンキャリア組の場合

　総務省（旧自治省）においては，前節で示したように，ノンキャリア組も2
回程度の自治体勤務を経験することがある。したがって，キャリア組と同じよ
うに，出身地のほか，かつての出向先など複数の県人会に参加することが一般
的である。その目的もキャリア組と同様と考えられるが，その関与の態様には
若干の相違がある。

　一般に，県人会の代表には，省内で最も高い地位にある者が就く。そのため，
代表はキャリア組であることがほとんどである。これに対し，幹事役はノンキ
ャリア組が務めることが多い[32]。これは，ノンキャリア組は庶務関係の仕事に
携わることが多く，会の庶務などの実務に適任であるためと考えられる。この

ように，ノンキャリア組は県人会の運営に深く関与しており，同じく運営に深く関わる道府県東京事務所とも近い関係にある。

省庁県人会のメンバーには，出身者だけでなく出向経験者も含まれることが多い。しかし，県人会の「同郷者集団」としての性格を考えると，その中心はあくまでも出身者であり，第二の故郷として参加している出向経験者はそれに準じるものとしての立場になりがちである。そのため，ノンキャリア組が運営に深く関与するのは主に出身地の県人会であり，出身道府県の東京事務所との間にも強いつながりを持つことになる。

そもそも自治省は，初対面の人と話す時にまず出身県を聞くほど，職員の道府県意識が強い役所であった[33]。ノンキャリア組の大半が道府県から採用された特進組であったことがその一因と思われる。彼らにとって自治省は「講道館」のようなものであり，中央で鍛えられ，箔を付け，いつか出身の道府県庁に戻って錦を飾る日を夢見る者もいたようである[34]。そのため故郷への帰属意識や愛郷心が自然と高まり，自治省で仕事をしていても出身道府県の動向をとくに関心を持って見るようになるという[35]。

彼ら特進組はもともと道府県の職員であることから，道府県職員のアイデンティティを背負ったまま自治省に勤務している。省内で自分の出身道府県の評判が高ければ嬉しく思い，低ければ残念に思う。出身地の東京事務所の職員が来れば，地元の話に花を咲かせ，最近の県庁の状況や親しかった職員の消息などを教えてもらう。逆に，省内のことについて聞かれれば，話せる範囲で情報を提供する。いわば自治省の職員でありながら，道府県の職員のような意識もあわせ持つ存在でもあるのである。

なお，これはⅡ・Ⅲ種試験による採用が始まる以前，特進組がノンキャリアの大半を占めていた時代の話であるが，つい最近まで，総務省の旧自治省系職員が内々に持っていたⅡ・Ⅲ種職員名簿に各人の出身県が明記されていた[36]

32　某県東京事務所職員への聞き取り調査による。
33　唐澤（2011），114-116頁。
34　伊地知編（1978），175頁。
35　唐澤（2011），116頁。

など，職員の道府県意識は依然として残っているようである[37]。

　唐澤（2011）には，群馬県庁から自治省に転じた特進組職員の故郷への帰属意識や愛郷心が県人会設立に大きく寄与した逸話が記されている。少々長いが以下に引用する[38]。

　　（自治省との人事）交流の盛んな道府県ほど東京事務所の活動が活発で，その東京事務所の活動を通じての県人会活動もにぎやかであった。毎年定例的に開く県人会には知事を先頭に幹部がそろって上京して会を盛り上げ，また，そうした場に東京事務所職員も出席して関係者との交流を深め，強力な情報源としてのパイプをつくっている。

　　それに引きかえ，当時のわが群馬県は，出身者もキャリアの出向による関係者も至って少なく，各道府県中最低クラスであり，かつて群馬県に勤務した人たちの群馬県に寄せる思いも概して希薄のようであった。そのうえ県人会はなく，東京事務所の活動も皆無といえるほど寂しい状況であった。……（その頃，群馬県ゆかりの）三人が税務局にそろい，その三人でぜひ県人会をつくりたいものだと話をしていた。……（その後，群馬県選出の自治大臣が誕生し，その秘書官から）ぜひ県人会をつくろうという話が持ち込まれ，……第一回の県人会を盛大に開催することができた。……その県人会開催を契機に，群馬県関係者と東京事務所の連携が急速に深まり，……東京事務所の積極的な協力も受けながら毎年県人会が実施されるようになった。その頃から人事交流も以前とは様変わりしたように盛んになり，他県に遜色のない状況になってきた。

36　総務省職員への聞き取り調査による。

37　先輩の多くを特進組が占めていれば，Ⅱ種・Ⅲ種で採用された職員もその影響を受けて，特進組と同じような道府県意識を持つものと思われる。ただし現在では，1977 年にⅢ種で初めて採用された世代は 60 歳近く，1990 年にⅡ種で初めて採用された世代は 50 歳代前半に達している一方で，特進組として採用された世代は多くが退職しており，このような職員の道府県意識に変化が生じ始めている可能性もある。

38　唐澤（2011），114-116 頁から抜粋。カッコ内は筆者による補足。

　群馬県人意識の強い特進組職員が，自治省における群馬県の存在感が著しく低いことを残念に思い，県人会設立に尽力した結果，群馬県東京事務所との関係も強まり，さらには自治省と群馬県の人事交流も盛んになって，他県並みの存在感を手に入れたことがうかがえる。

　このように，ノンキャリア組が県人会に求めるものとしては，キャリア組の場合に見られる「省内の人脈づくり」や「地方情報入手のためのパイプづくり」のほかに，わが県を応援しようという強い道府県意識に基づく「出身道府県の省内プレゼンスの向上」もあるのではないかと思われる。

小　　括

　中央省庁には，確認できただけでも 37 団体（道府県）に 113 の省庁県人会が存在していた。その多くを占めるのは総務省，文部科学省，農林水産省，国土交通省，厚生労働省，経済産業省といった道府県と業務上の関係が深く，出向も盛んな省である。その会員構成を見ても，県人会とはいってもそのほとんどが出身者だけでなく出向経験者まで含まれているのが特徴的である。

　省庁県人会の運営に関しては，事務局を担ったり，依頼に応じて手伝ったりと，東京事務所が大きく関与している。また，省庁県人会の会合には，知事をはじめ多くの幹部がわざわざ地元から上京して出席していた。道府県がそこまで関与するのは，情報収集のための「人的ネットワークの維持・形成」に大いに役立つからである。

　文化人類学者の米山俊直によれば，「自分はだれそれと知りあいだということが，東京では大いに役に立つ」という。人々は「いくつかのかぎられた縁故によって結ばれた世界」に生き，「その基本になっているのは，同郷や同窓といった契機による，ヨコ社会的連帯」なのだという[39]。東京事務所の省庁県人会に対する関与は，省庁職員同士の縁故の世界に自らを溶け込ませ，緊密な関

39　米山（1976），69-72 頁。

係を結ぼうとするものであると解することができよう。

　他方，中央省庁職員が省庁県人会に参加する動機とは，省庁内でうまく生きていくための「省内の人脈づくり」，また，業務上不可欠な情報経路を確保するための「地方情報入手のためのパイプづくり」（＝「地方の情報を入手して日々の仕事に活かすこと」，「地方の情報通になって省内の評価を高めること」）である。また，旧自治省における「特進組」のようなある種特別な存在がある場合には，わが県を応援しようという強い道府県意識に基づく「出身道府県の省内プレゼンスの向上」が加わる可能性があることも示唆された。

　この中でもとくに注目したいのは，「地方情報入手のためのパイプづくり」である。省庁県人会の運営には東京事務所が深く関わっており，省庁県人会を自らの情報収集のためのリソースとして活用していた。その一方で，中央省庁職員のほうも省庁県人会の活動を通じて東京事務所との距離を縮め，情報収集のためのリソースとして活用していたのである。

　中央省庁が地方に関する政策を立案・実施する上で，地方の実情やニーズを的確に把握することが重要であることは言うまでもない。定期的に省庁を訪問し，「廊下とんび」のごとく各課を回って歩く東京事務所の職員は，中央省庁職員が地方の情報を入手するためのソースとして，非常に便利な存在である。たとえば，国土交通省の職員にとっても東京事務所は「市町村の動静も含めた情報入手の貴重なチャンネル」であって，都道府県の本庁担当者とは違った視点で都道府県の本音を聞かせてもらえる貴重な情報源と認識されており，特段の用がなくても気軽に立ち寄ってもらい，「率直な意見交換のできる関係」の構築を望む者までいるという[40]。

　道府県としては中央省庁による制度設計や政策展開などの動向を把握したい。中央省庁としては地方の実情やニーズを把握したい。そこで，東京事務所は省庁県人会に関与することで中央省庁とのパイプを維持・形成し，中央省庁職員は省庁県人会を通じて東京事務所や道府県幹部とのパイプを維持・形成していく。このように，本来は省庁内の地縁に基づく親睦団体に過ぎない省庁県人会

40　全国都道府県・政令指定都市国土交通省担当者連絡協議会編（2010），54-73頁。

であるが，そこに東京事務所を関与させることによって，中央省庁と道府県をつなぐパイプを涵養するための場が形成されていたのである。

　最後に，本章冒頭に掲げた D「直接的な接触を頻繁に繰り返すと，なぜ中央省庁の職員が東京事務所に協力してくれるのか」という点について，その回答を示そう。

　省庁県人会は，同郷者集団として省庁内にインフォーマルなネットワークを形成している。東京事務所はその集団の活動を手伝い，場合によっては事務局まで担うことで，準インサイダーどころかインサイダーの地位に近いものを得る。そうして仲間になった東京事務所職員と接することは，中央省庁職員にとっても地元情報の貴重な入手チャンネルの確保というベネフィットがある。ここに互恵関係が成立する。そのため，東京事務所の職員が求めれば中央省庁職員が協力し，中央省庁職員が求めれば東京事務所の職員が協力するという構図が成り立つのである。

第 4 章

東京事務所間の連携組織

　東京事務所の主な役割は，①中央省庁から都道府県への意思・情報の伝達役，②都道府県から中央省庁への意思・情報の伝達役（働きかけ役），③都道府県同士の意思・情報の伝達役，の3つであった。

　このうち，①と②については，第2章でその活動実態を確認した。本章では，残る③都道府県同士の意思・情報の伝達役について，その活動実態を確認する。

　なお，これらは，序章に掲げたA～Eのうち，Aに相当する。

A. 東京事務所の主な役割は中央省庁・都道府県間の垂直的な意思・情報伝達であること

　すなわち，都道府県同士の水平的な意思・情報の伝達という役割に着目し，それが東京事務所の主たる役割と言えるのかどうかを検討することを通じて，Aが成立するかどうかを判断しようとするものである。

1　連携組織の設立状況

　東京事務所間の連携組織を取り上げた先行研究はきわめてわずかであり[1]，その先行研究においてもその実態解明にまではまだまだ至っていない。そこで筆者は，東京事務所間の連携組織の実態を明らかにすべく，ある県の東京事務所の協力を得て，東京事務所勤務が長く，かつ，連携組織の実態に詳しい複数の職員に対するインタビュー調査を2017年に実施した[2]。なお，これ以降の東京事務所間の連携組織に関する記述は，とくに記載のない限り，当該インタビュー調査の結果に基づくものである。

　東京事務所間の連携組織のうち，全国規模のものは9つ存在する（図表4-1）。このうち，所長を構成員とする「全国東京事務所長会」以外の8つは，それぞれの省を担当する東京事務所の担当レベルの職員が構成員となっている。また，

1　筆者もその存在については大谷（2009）において指摘していたところであるが，その設立状況にまで言及したのは，管見の限り真渕・高（2017）のみと思われる。

2　インタビューは2017年1月26日及び3月16日に行われ，貴重な談話とともに，各種資料も提供いただいた。

図表 4-1　都道府県東京事務所間の連携組織

組織レベル	組織名（通称）	構成員	設立年
全国組織	全国東京事務所長会	所長	1953 年
	全国都道府県在京文教担当者連絡協議会（文教連）	文部科学省担当者	1963 年
	経済行政研究会	経済産業省担当者	1967 年
	全国都道府県・政令指定都市国土交通省担当者連絡協議会（とんび会）	国土交通省担当者	1980 年
	農林水産省担当者連絡協議会（のりす会）	農林水産省担当者	2005 年
	全国厚生労働省担当者連絡協議会（ふくろう会）	厚生労働省担当者	2008 年
	東京事務所環境省担当者連絡会（めだか会）	環境省担当者	2013 年
	全国都道府県東京事務所内閣府担当者連絡会	内閣府担当者	2013 年
	全国総務省担当者連絡会（そうむたん）	総務省担当者	2014 年
地域ブロック組織	○○ブロック東京事務所次長会(注)	次長／副所長	—

注）地域ブロックによって名称が若干異なることがある。
出所：各会の規約及び某県東京事務所へのインタビュー調査結果をもとに筆者作成

　都道府県東京事務所に加え，政令指定都市東京事務所の担当者が構成員に加わっているものもある。
　これらの全国組織の多くには，たとえば「○○ブロック東京事務所長会」のように，その下部組織として地域ブロック単位の組織が存在する。この場合の地域ブロックは，知事会の地域ブロックと同じ枠組みを用いることが多いが，地域ブロック単位の地方支分部局を有する省に関する連携組織については，その地域ブロックの枠組みに合わせる，または，その枠組みを加味することもある[3]。
　また，全国組織は存在しないものの，東京事務所の次長を構成員とする「○○ブロック東京事務所次長会」[4]のように地域ブロック単位での組織が存在す

---

[3]　たとえば関東ブロックの場合，東京事務所長会を構成するのは東京，茨城，栃木，群馬，埼玉，千葉，神奈川，山梨，静岡，長野の 1 都 9 県である。これに対し，経済行政研究会や東京事務所環境省担当者連絡会の関東ブロック組織は，新潟を加えた 1 都 10 県により構成されている。
[4]　その名称は地域ブロックごとに少しずつ異なることもある。

る場合もある。

2　連携組織の概要

（1）所長・次長レベルの組織

1-1　全国東京事務所長会

「全国東京事務所長会」（以下，「全国所長会」という）は，全国 47 都道府県の東京事務所の所長により構成される。その下部組織には，北海道・東北，関東，東海・北陸，近畿，中国，四国，九州の 7 つの地域ブロック単位に置かれる「ブロック東京事務所長会」[5]（以下，「ブロック所長会」という）が存在する。

　全国所長会の設立は，1953 年 3 月 31 日である。1947 年 10 月に全国知事会の前身組織である「全国地方自治協議会連合会」が結成され，その 3 年後の 1950 年 10 月に名称を「全国知事会」とあらためてからわずか 2 年半後と，かなり早い段階で設立されている[6]。

　全国所長会の活動の目的は，「各都道府県東京事務所間の連絡連携を密にして，東京事務所所管事務の活発な運営と全国知事会との円滑な事務連絡に資すること」とされており[7]，東京事務所間の正式な連絡調整は全国所長会において行われる。

　その運営は，東西各地区[8]から 1 名ずつ輪番で選出された代表世話人 2 名を中心に行われ，その必要経費は 1 都道府県あたり年間 2 万円の分担金で賄われる[9]。事務局は全国知事会の連絡広報部に置かれている。

5　たとえば，関東ブロック東京事務所長会など。

6　なお，ブロック所長会の設立は，その後のようである。たとえば，関東ブロック東京事務所長会の設立は，1963 年 4 月 1 日とされている。

7　全国東京事務所長会規約第 3 条。

8　7 つの地方知事会ブロックのうち，北海道・東北，関東，東海・北陸の 3 ブロックを東地区，近畿，中国，四国，九州の 4 ブロックを西地区としている。

　具体的な活動としては，代表世話人2名，7つの各地域ブロックから2名ずつ選出されたブロック世話人14名，東西各地区から1名ずつ選出された監事2名等による世話人会を，8月と12月を除く毎月第2水曜日に開催して各種の連絡調整を行う。世話人会の結果はブロック所長会において，各所長に伝達される[10]。

　また，総会が5月と2月の年2回開催されるほか，必要に応じて臨時会も開催される。そのほか，地方行財政の課題を学ぶための講演会，他県の状況を把握するための視察研修会も開催している。

　全国所長会は，各都道府県の東京事務所がまとまって中央省庁に要望を行う際の窓口としても機能している。たとえば，各省庁に入るための特別通行証[11]の発行については，2009年度から全国所長会が取りまとめ，全国知事会経由で総務省に依頼していた[12]。

　また，会の活動目的にもあるように，全国所長会は全国知事会との連絡調整役としても機能している。平常時はもちろん，非常時においても同様である。たとえば，地震等による大規模災害が発生した場合に，全国知事会の調整のもとに行われる広域応援を遂行するために必要な事項を定める「全国都道府県における災害時等の広域応援に関する協定」[13]においても，全国知事会が設置する緊急広域災害対策本部（本部長：全国知事会会長）は，全国所長会を通じて東京事務所職員の応援を得るものと規定されている。

9　連携組織の分担金についての記述は，いずれも千葉県（2016）を参考にした。これ以降も同様。

10　原則として毎月第2水曜日の午前中に全国所長会の世話人会が行われ，同じ日の午後にブロック所長会が行われることが多い。

11　2009年頃までにおおむねすべての省庁の入口に設置された自動改札機タイプのセキュリティゲートを通過する際に必要となるICカード形式の各省庁共通入構証。各都道府県の発行対象者は，知事・副知事とその秘書，東京事務所の所長，次長，各省庁担当者。それ以前は特定の省庁だけに入構可能なICカード型の通行証を，各都道府県東京事務所がその省庁に個別に依頼して発行してもらっていた。

12　2016年度からは特別通行証の代わりにマイナンバーカードを用いることになったが，あらかじめその情報を登録しておく必要があるため，同様の依頼は引き続き行われている。

13　阪神・淡路大震災後の1996年に締結，東日本大震災後の2012年に現行のとおり改正。

1-2　○○ブロック東京事務所次長会[14]（地域ブロック組織）

　東京事務所の次長・副所長等については，全国的な連携組織は存在しないが，地域ブロック単位の次長会は存在する。たとえば，関東ブロックには「関東ブロック東京事務所次長会」（以下，「関ブロ次長会」という）が置かれ，関東ブロック東京事務所長会と同じ東京，茨城，栃木，群馬，埼玉，千葉，神奈川，山梨，静岡，長野の 1 都 9 県の東京事務所の次長・副所長によって構成されている。

　関ブロ次長会は，1975 年 4 月 1 日に設立された。その目的は，「会員相互の親睦と関東ブロック所長会及び都道府県会館との円滑なる連絡に寄与すること」とされている[15]。

　その運営は，輪番で選出された世話人 2 名を中心に行われ，四半期に 1 回程度の頻度で定例会を開催するとともに，必要に応じて臨時会も開催している。また，他県の状況を把握するための視察研修会も開催している。なお，2006 年度までは分担金を徴収して運営費に充てていたが，2007 年度に分担金は廃止された。

(2)　担当者レベルの組織

2-1　全国都道府県在京文教担当者連絡協議会（通称：文教連）

　東京事務所の文部科学省担当者の全国的な連携組織が「全国都道府県在京文教担当者連絡協議会」であり，関係者の間では「文教連」と呼ばれている。所長会同様，地域ブロックごとに下部組織が置かれている。

　文教連の設立は 1963 年であり，省庁担当者レベルの連携組織としては最古の組織である。その構成員には，普通会員である都道府県東京事務所の文部科学省担当者のほか，特別会員として全国都道府県教育委員会連合会をはじめとする教育関係団体の担当職員も含まれる。

　文教連の主たる活動目的は，情報収集の強化・合理化である。その運営は，総会で選任された会長 1 名，副会長 4 名，会計幹事 2 名と，地域ブロックから

14　地域ブロックによって名称は若干異なる。
15　関東ブロック東京事務所次長会会則第 4 条。

図表 4-2　文教連の主な年間行事

時期	行事
4 月	総会
5 月	第 1 回情報担当部会，会員名簿発行
6 月	第 2 回情報担当部会，『文部科学省ひとりあるき』発行
7 月	第 1 回研修事業
8 月	第 3 回情報担当部会
9 月	第 2 回研修事業，予算概算要求説明会
10 月	第 3 回研修事業
11 月	第 4 回研修事業，第 4 回情報担当部会
12 月	予算対策本部設置，予算要求説明会
1 月	
2 月	
3 月	第 5 回情報担当部会

出所：某県東京事務所へのインタビュー調査結果をもとに筆者作成

選出されたブロック幹事 7 名，特別会員の関係団体をもって充てる常任幹事 4 名を中心に行われ，その経費は 1 都道府県あたり年間 5 千円の分担金をもって充てることとされている。

　文教連は，活動が活発なことで知られており，すべての構成員が何らかの役割を担う「一人一役制」が取られている。上記役員以外の担当者は，「総務担当」「研修担当」「情報担当」「編集担当」のいずれかの役割を担っている。

　主な活動としては，『文部科学省ひとりあるき』の発行，予算対策活動，研修事業の実施などが挙げられる（図表 4-2）。『文部科学省ひとりあるき』とは，文教連が毎年発行している小冊子で，そのページの大半を文部科学省の各階配置図と各課座席表が占めている。文教連の会員，つまり東京事務所担当者は，この小冊子の情報を見ながら文部科学省内を歩き回り，情報収集に努めることになる。なお，『文部科学省ひとりあるき』はかなり古くから発行されているようで，2008 年 6 月発行の平成 20 年版が第 41 号であることから推察するに，遅くとも 1968 年には第 1 号が発行されていたのではないかと思われる。

　予算対策活動も文教連の重要な活動の 1 つである。9 月には文部科学省の職員を迎えて概算要求の説明会を開催し，12 月の財務省原案が出る頃には予算

対策本部を設置して文教予算に関する情報収集を行う。予算の情報は役員を中心に収集され，予算対策本部で集約後に各都道府県に配布される。予算化状況の詳細を把握するため，文部科学省の各事業担当課が作成する資料を入手するのだが，各都道府県がバラバラに予算資料を取りに行かないよう，申し合わせがなされている。なお，現在では行われていないようであるが，少なくとも2000年代半ば頃までは，12月下旬になると都道府県会館内の会議室を文教連が借り上げ，会員たちとともに文部科学省の関係職員もそこに詰めて情報収集を行い，財務省原案への反映結果の確認作業を行うといったことも行われていた。

2-2　経済行政研究会

東京事務所の経済産業省担当者の全国的な連携組織が「経済行政研究会」である。所長会同様，地域ブロックごとに下部組織が置かれているが，そのブロック割は経済産業省の地方支分部局である経済産業局の管轄区域を基本としている[16]。

経済行政研究会の設立は1967年であるが，数年後に加入した県も存在することから，当初からすべての都道府県が加入していたわけではないようである。設立当時の名称は「通産行政研究会」であったが，経済産業省への名称変更に伴い，2000年度に現在の名称に変更された。現在では，政令指定都市やその他の市町村も参加可能とされている。

経済行政研究会の主たる活動目的も情報収集の強化・合理化である。その運営は，代表幹事1名，常任幹事1名，監事2名と，地域ブロックから選出されるブロック運営委員6名を中心に行われ，その経費は1団体あたり年間5千円の分担金をもって充てることとされている。

主な活動としては，4月に開催される総会，12月の予算資料収集活動のほか，予算に関する説明会（年3回程度），他県における経済産業行政に関する状況を把握するための視察研修会（年1回）も開催している。

16　たとえば関東ブロックでは，知事会が東京，茨城，栃木，群馬，埼玉，千葉，神奈川，山梨，静岡，長野の1都9県で構成されるのに対し，経済行政研究会はその1都9県に新潟を加えた1都10県で構成される。これは，関東経済産業局の管轄区域と同じである。

2-3　全国都道府県・政令指定都市国土交通省担当者連絡協議会（通称：とんび会）

　東京事務所の国土交通省担当者の全国的な連携組織が「全国都道府県・政令指定都市国土交通省担当者連絡協議会」であり，関係者の間では「とんび会」と呼ばれている。所長会同様，地域ブロックごとに下部組織が置かれている。

　とんび会の構成員には，都道府県東京事務所の国土交通省担当者だけでなく，政令指定都市東京事務所の国土交通省担当者も含まれる。同会会則[17]によれば，「会員相互並びに関係機関との連絡調整を図ること」を目的としており（第2条），「研修会の開催，情報及び資料の調査・収集，会員名簿の発行」等の事業を行っている（第3条）。また，その運営は，輪番で選出された会長1名，会長代行1名，副会長9名，事務局長1名，幹事（各ブロック代表），監事1名を中心に行われ，その経費は1団体あたり年間1万5千円の分担金をもって充てることとされている。

　同会の前身は，1980年11月，都道府県・政令指定都市の東京事務所の建設省担当者によって設立された「全国都道府県建設省担当者連絡協議会」（通称：とんび会）である。その後，1987年頃までには「全国都道府県・政令指定都市建設省担当者連絡協議会」に改称され[18]，さらに2001年1月の省庁再編後には，旧運輸省担当者のうち港湾局担当者による「かもめ会」と航空局担当者による「つばめ会」が合流し[19]，現在の「全国都道府県・政令指定都市国土交通省担当者連絡協議会」となった。

　1980年の設立当時，東京事務所の文部省担当職員などには各都道府県間の連携組織が存在していたが，建設省担当職員にはそのような組織が存在しなかった。そこで，一部の県の担当者が懇意にしている建設省職員に掛け合い，建設省担当職員相互の親睦の場及び各種情報の収集・提供のための連絡網として，最終的には建設省の全面的な支援のもとで設立された。東京事務所担当者とし

17　全国都道府県・政令指定都市国土交通省担当者連絡協議会編（2010），78頁。

18　朝日新聞1987年5月7日付。

19　「かもめ会」は，現在も港湾所在都道府県だけで構成する「とんび会」の実質的なインナーサークルとして存続している。これに対し，「つばめ会」の存続は確認できなかった。

ては，情報収集は各担当者がそれぞれ行うのが基本ではあるものの，それぞれが独自に集めるよりも協力するほうがより多くの情報が集まるというベネフィットが存在し，建設省としては，都道府県・政令指定都市ひとつひとつに連絡せずとも，幹事県にお願いすれば連絡網に乗せていっせいに情報を流せるというベネフィットが存在したため，両者協力のもとで設立にまで至ったものである。なお，設立時には，文部省担当者の連携組織である全国都道府県在京文教担当者連絡協議会（文教連）を参考にしたと言われている[20]。

とんび会は，文教連と並んで活動が活発なことで知られている。たとえば，予算に関する情報収集を組織的に行ったり，勉強会や現地視察を含む研修会を年間15～25回程度のハイペースで開催したりしている。

また，国土交通省との関係が深いことでも知られ，年1回開催される総会には，事務次官以下主要幹部が揃って出席する。会長，会長代行，副会長を務めた者に対しては大臣名の感謝状が贈呈される。設立15周年以降，5年ごとに発行している記念誌には，事務次官や広報課長の挨拶文が寄稿されている。年数回の勉強会には，テーマに応じて省内関係部局から講師が派遣され，各局所管事項に係る説明等が行われる[21]。

2-4　農林水産省担当者連絡協議会（通称：のりす会）

東京事務所の農林水産省担当者の全国的な連携組織が「農林水産省担当者連絡協議会」であり，関係者の間では「のりす会」と呼ばれている。所長会同様，地域ブロックごとに下部組織が置かれている。

のりす会は2005年1月に設立された[22]。主な活動目的は，情報収集の強化・合理化である。その運営は，総会で選任された会長1名，副会長1名，幹事5名を中心に行われる。分担金は徴収していない。

主な活動としては，4月に開催される総会，8月と12月の予算資料収集活動のほか，年3回程度の研修会，年2回程度の朝の勉強会，他県における農林水

20　全国都道府県・政令指定都市建設省担当者連絡協議会編（1994），10-25頁。全国都道府県・政令指定都市国土交通省担当者連絡協議会編（2005），11頁。

21　全国都道府県・政令指定都市国土交通省担当者連絡協議会編（2005），3-9頁。井上（1995），52-54頁。『地方行政』2004年6月24日号。

産行政に関する状況を把握するための視察研修会も開催している。さらに，年
2回程度，「農林水産行政を語る会」という名の懇親会を開催しており，そこ
には事務次官をはじめとする農林水産省職員も参加している[23]。

　また，この会では，自民党資料の入手・共有も行っている。通常，政務調査
会の各部会をはじめとする自民党の会議は傍聴が認められていないため，東京
事務所の職員が入り込んで資料を入手したり，議論の様子を聞いたりすること
はできない[24]。しかし，近年，農林関係の会議で東京事務所担当者の傍聴が認
められたことから，のりす会の会員が当番制で傍聴し資料を入手するとともに，
議事メモをまとめて会員間で共有していたという。

2-5　全国厚生労働省担当者連絡協議会（通称：ふくろう会）

　東京事務所の厚生労働省担当者の全国的な連携組織が「全国厚生労働省担当
者連絡協議会」である。関係者の間では「ふくろう会」と呼ばれ，地域ブロッ
クごとに下部組織が置かれている。

　厚生労働省担当者の連携組織については，古くから地域ブロックごとの組織
が活動していた。たとえば，関東ブロックでは，「関東ブロック東京事務所厚

22　農林水産省担当者連絡協議会会則による。なお，全国都道府県・政令指定都市国土交通
　省担当者連絡協議会編（2005）11頁には，とんび会が設立された1980年当時，「文部省や
　農林省の東京事務所担当者は各都道府県間で連絡会を作っていた」との記述が見られるた
　め，1980年以前にすでに農林水産省担当者の全国組織が存在していた可能性もある。しか
　し，農林水産省担当者連絡協議会設立当時（2005年当時）の某県東京事務所担当者によれ
　ば，少なくとも2002年時点では地域ブロック単位の組織しか存在せず，とんび会のよう
　な全国組織の必要性を感じた各地域ブロックの代表者が2004年頃から話し合いを始め，
　2005年1月に新たに全国組織を設立したとのことである。したがって，仮に1980年以前
　に全国組織が存在していたとしても，2002年頃までには消滅していたことになる。
23　たとえば，2015年2月13日には「平成26年度農林水産行政を語る会」が，農林水産
　省内の飲食店で開催された。この会では，当時の皆川芳嗣事務次官が来賓挨拶と乾杯の音
　頭をとっている（農林水産省内飲食店「咲くら」ホームページ http://liberty-j.com/
　information/info.php?id=20150309203537（2017年2月7日閲覧））。
24　とくに地方行政に関係のある法案等が議題になっている場合には，東京事務所の担当者
　は関係者を当たってその資料や発言内容をどうにかして入手しようとする。このように，
　東京事務所のターゲットには，中央省庁のみならず，国会議員をはじめとする政治家やそ
　の秘書も含まれる。この点については，本書第2章を参照のこと。

生労働省担当者連絡会」が1980年に発足している。このようなブロック組織は存在しても全国組織は存在しない状態が長く続いたが，2008年4月に全国組織の「ふくろう会」が設立された。

　ふくろう会の構成員には，政令指定都市及び中核市も含まれる。主な活動目的は，他の多くの連携組織と同じく，情報収集の強化・合理化である。その運営は，各地域ブロックから輪番で選出される会長1名と，各地域ブロック組織の世話人等を中心に行われる。分担金は徴収していない。

　主な活動としては，8月の概算要求時期と12月の内示時期の予算関係資料収集活動のほか，年数回の研修会などである。予算関係資料については，ふくろう会の役員が収集・集約した後に電子媒体で各構成団体に提供される。

2-6　東京事務所環境省担当者連絡会（通称：めだか会）

　東京事務所の環境省担当者の全国的な連携組織が「東京事務所環境省担当者連絡会」であり，関係者の間では「めだか会」と呼ばれている。所長会同様，地域ブロックごとに下部組織が置かれているが，そのブロック割は環境省の地方支分部局である地方環境事務所の管轄区域も考慮したものとなっている[25]。

　めだか会は2013年4月に設立された。その構成員には，政令指定都市及び中核市も含まれる。主な活動目的は，情報収集の強化・合理化である。その運営は，各地域ブロックから輪番で選出される会長1名と，各地域ブロック組織の幹事等を中心に行われる。分担金は徴収していない。

　主な活動としては，12月の内示時期の予算関係資料収集活動のほか，年1回の視察研修会などである。予算関係資料については，めだか会の役員が収集・集約した後，各構成団体に提供される。

2-7　全国都道府県東京事務所内閣府担当者連絡会

　東京事務所の内閣府担当者の全国的な連携組織が「全国都道府県東京事務所

25　たとえば関東ブロックでは，知事会が東京，茨城，栃木，群馬，埼玉，千葉，神奈川，山梨，静岡，長野の1都9県で構成されるのに対し，関東ブロック東京事務所環境省担当者連絡会はその1都9県に新潟を加えた1都10県で構成される。これは知事会の関東ブロックに関東地方環境事務所の管轄区域（東京，茨城，栃木，群馬，埼玉，千葉，神奈川，山梨，静岡，新潟の1都9県）を加味したものと考えられる。

内閣府担当者連絡会」である。他の全国組織とは異なり，会の規約も地域ブロックごとの下部組織も存在しない。

　同会は 2013 年 5 月に設立された。内閣府は所管事務の範囲が広く，なかでも地方行政に深く関係する部署には各省庁からの出向者が多いため，出向元省庁の担当者が内閣府まで追いかけていって接触することが多かった。そのため，内閣府担当者という括りで連携組織を組織しようという機運が高まらなかった。しかし，2012 年に内閣府担当者間での情報共有が始まると，その翌年には正式な組織として同会が発足した。

　主な活動目的は，他の連携組織同様，情報収集の強化・合理化である。その運営は，東日本，西日本の各地域から 1 名ずつ選出された幹事 2 名を中心に行われる。分担金は徴収していない。現時点では，情報交換が主な活動となっている。

2-8　全国総務省担当者連絡会（通称：そうむたん）

　東京事務所の総務省担当者[26] の全国的な連携組織が「全国総務省担当者連絡会」であり，関係者の間では「そうむたん」と呼ばれている。その構成員には政令指定都市も含まれ，下部組織として 6 つのブロック（地域ブロック 5 ＋政令指定都市ブロック 1）が置かれている。

　総務省担当者については，かつて全国的な連携組織は存在していなかった。ただし，地域ブロック単位の組織は以前から存在しており，地域ブロック組織が一堂に会する交流会も 2000 年代半ば頃から年 1 回開催されてきた。また，複数ブロックでの合同懇親会を開催するなど，全国組織がない代わりにブロック組織間の交流も盛んであった。

　そのような交流をベースに，2014 年 4 月に設立されたのが全国総務省担当者連絡会である。主な活動目的は，情報収集の強化・合理化である。その運営は，会長と各ブロックの幹事を中心に行われる。分担金は徴収していない。

26　総務省担当者といっても，実質的には地方行政と深いつながりを持つ旧自治省各局と消防庁のみを担当している場合がほとんどである。

3　連携組織を活用した情報収集活動の実態

(1) 東京事務所による情報収集活動の概要

　東京事務所の主たる業務は，中央省庁を相手とする連絡調整・情報収集である。つまり，未公表または非公表の情報を何らかの手段により入手して地元に送るとともに，自県にとって不都合な状況にあることが判明した場合には，その状況を改善するための働きかけを行うなどの対応を取るのである。

　本書第2章で示したとおり，未公表または非公表の情報の入手には相当の困難を伴う。したがって，さまざまな関係者と接触し，少しずつ得た断片的な情報を繋ぎ合わせて総合的に判断していくことになる。東京事務所の担当者は，自県の出身者や勤務経験者からスタートして徐々に人脈を広げ，定期的に地元新聞記事のスクラップ等を持参して会話を弾ませるなどして，関係を維持・深化させていく。そういった営業マンのような地道な活動の中から，断片的な情報を少しずつ得ていくのである。

　しかし，ほとんどの東京事務所では，1人で1つの省庁を担当しており，場合によっては1人で複数の省庁を担当することも珍しくない。省庁の組織は非常に大きく，たった1人の担当者が担当省庁の各局すべてに人脈を張り巡らすのはきわめて困難である。このように，各事務所が単独で入手できる情報には限界があり，また，単独で及ぼすことのできる影響力にも限界があるため，他県との連携が不可欠となる。そのための組織が前節の「東京事務所間の連携組織」である。

　では，東京事務所はこれらの連携組織をどのように活用して連絡調整・情報収集を行っているのか。次項以降では，「全国都道府県・政令指定都市国土交通省担当者連絡協議会（とんび会）」と「全国総務省担当者連絡会（そうむたん）」を主に取り上げ，連携組織活用の実態に迫っていく。

　なお，本項以降の記述については，これまで同様，某県東京事務所職員のインタビュー調査結果に基づくとともに，とんび会については同会の周年記念

誌[27] の記述，全国総務省担当者連絡会については某県の元総務省担当者のインタビュー調査結果[28] にも基づくものである。

(2) 全国都道府県・政令指定都市国土交通省担当者連絡協議会(とんび会)の場合

　かつて，とんび会では会員向けにとんびマーク入りのバッジ（襟章）を作成しており，それを着用していれば旧建設省あるいは国土交通省に身分証明証を提示することなく入ることができた。2000 年代半ばに IC カードをかざすタイプのセキュリティゲートが導入されてからは，バッジを見せて入ることはできなくなったが，とんび会会員には国土交通省から入館証が与えられるようになり，国土交通省への出入りの自由は確保された。とんび会会員はそのバッジや入館証を用いて，会の名前の由来のごとく，「廊下とんび」のように省内各課の知人を回り歩き，必要な情報の収集に努めてきた[29]。

　すでに述べたとおり，とんび会の主たる設立目的は，情報収集の強化・合理化である。何か必要な情報があれば，各県はそれぞれ独自に収集する。その収集に際しては，自県の出身者や勤務経験者（以下，「自県関係者」という）を中心とする東京事務所の人的ネットワークが用いられる。しかし，国土交通省内のあらゆる部署に自県関係者がいるわけではなく，情報を得ることのできる部署とそうでない部署がどうしても出てきてしまう。そのようなウィークポイントを東京事務所間の連携によって補い，情報収集能力の強化を図っているのである。

　また，予算や法令に関する情報など，各県が揃って同じ情報を必要とすることも少なくない。そのような場合，各県の東京事務所がそれぞれ同じように情報収集活動を行うのは非合理的である。たとえば，関東ブロックの各都県は○

27　全国都道府県・政令指定都市建設省担当者連絡協議会編（1994，1999），全国都道府県・政令指定都市国土交通省担当者連絡協議会編（2005，2010）。

28　2017 年 2 月 4〜5 日，匿名を条件に，2000 年代半ばに東京事務所で総務省を担当していた複数県の職員を対象に実施。

29　その後，2009 年から各省庁共通の特別通行証（IC カード）が総務省から貸与されるようになり，さらに現在ではマイナンバーカードが通行証を兼ねるようになったが，いずれにせよ国土交通省への出入りの自由は確保されている。

〇局各課の情報を分担して収集する。近畿ブロックの各府県は××局各課の情報を分担して収集する。九州ブロックの各県は△△局各課の情報を分担して収集する。各ブロックがそのようにして収集した情報を持ち寄れば，情報収集を効率的に行うことが可能となる。情報を求められる国土交通省にしても，同じ資料を各都道府県がバラバラに取りに来るよりは，役割分担してやってくる代表の1県に渡して，あとは47都道府県で共有してもらうほうが効率的である。

　各県が仕入れた情報は，とんび会の連絡網によりすべての都道府県・政令指定都市の担当者のもとに流される[30]。とんび会における一般的な情報共有ルートは，図表4-3のとおりである。まず情報を入手した会員（東京事務所担当者）が，自身の属する地域ブロックの幹事にその情報を提供する。ブロック幹事はとんび会本体の担当役員（国交省の各局別に置かれる担当副会長）にその情報を提供する。担当役員は提供元ブロック以外のブロック幹事にその情報を提供し，そこからさらに各会員へと情報が流される（図表4-3の①→②→③→④）。

　情報を流す方法について，以前は紙ベースで複写・配布または回覧されていたが，現在ではスキャナー等によってPDF化され，電子メールの添付ファイルとして転送されるようになった。そのため，数年前からはブロック幹事を飛ばして，情報を入手した会員→各局担当副会長→各会員というルートを辿ることが一般的になっている。

　国土交通省も都道府県・政令指定都市に対する至急の連絡事項がある場合には，とんび会の役員を通じて連絡網に乗せてもらい，周知を図る場合がある（図表4-3のA→B→C）。これも最近はブロック幹事を飛ばし，各局担当副会長から各会員に一斉メールで直接送付されるという。また，大臣官房広報課の一角には都道府県・政令指定都市向けの文書ボックスが設置されており，そこに文書を配布しておけば，とんび会のメンバーが定期的に回収に来るというルールも確立されている。

30　もちろん入手したすべての情報を流すとは限らない。互いに競合関係にあるのだから，共有しても支障のない情報に限られよう。なお，この点については次節で詳述する。

図表4-3　とんび会における情報共有ルート

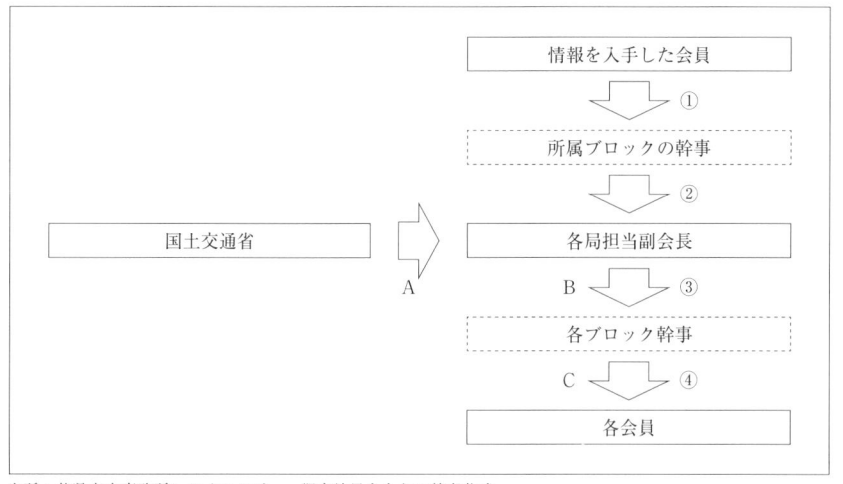

出所：某県東京事務所へのインタビュー調査結果をもとに筆者作成

（3）全国総務省担当者連絡会（そうむたん）の場合

　東京事務所の総務省担当者の全国的な連携組織である「そうむたん」の場合，各担当者が入手した情報は，その者が属する地域ブロック内で共有される。より具体的に言えば，情報を入手した都道府県の担当者が紙ベースで回覧するか，もしくは，電子ファイルをメールで一斉送信する。全国組織ができて間もないためか，とんび会のように情報がシステマティックに拡散することはない。しかし，合同懇親会などで積み重ねた異なる地域ブロック間の担当者同士の信頼関係に基づき，担当者間の個人的なルートを通じて他のブロックに情報が流れることもある。とんび会とは異なり，他ブロックの情報は個人的なルートを通じて流通するため，貸し借りの意識が比較的強く見られるとの見方もあるようだ。

　総務省担当者と総務省の間には，とんび会と国土交通省の間に見られるような強い協力関係は存在しない。国土交通省がとんび会の情報連絡網を通じて情報を流すようなことも，総務省の場合は見られない。

　他省で見られるような都道府県東京事務所向けの文書ボックスも総務省には

置かれていない。2000年代半ば頃までは，旧自治省各課が都道府県向けに文書や資料を配布する場合，その課のドアに貼紙が出され，東京事務所の職員が受け取っていくというようなことが頻繁に行われていた。当時の各地域ブロックでは，最初に発見した会員が一斉メールでそれを周知し，受領漏れが起きないよう努めていた[31]。なお，現在はこのような配布方法はとられておらず，総務省各課が各都道府県の本庁担当課に直接メールを一斉送信することが多い。

(4) その他の連携組織の場合

東京事務所の文部科学省担当者の全国的な連携組織である「文教連」の場合も，「とんび会」同様，各会員が入手した情報は，担当役員→各ブロック幹事→各会員のルートで流される。文部科学省からの情報伝達経路も確立しており，文科省各課→文教連の担当役員→各ブロック幹事→各会員，のルートでFAXが送られる。また，都道府県ごとの文書ボックスが大臣官房総務課文書管理班に設置されており，そこに文書を配布しておけば，文教連のメンバーが定期的に回収に来ることになっている。

同じく経済産業省担当者の全国的な連携組織である「経済行政研究会」の場合も，各会員が入手した情報は，担当役員→各ブロック運営委員→各会員のルートで主にメールで流される。また，省内に都道府県ごとの文書ボックスも設置されている。

厚生労働省担当者の全国的な連携組織である「ふくろう会」の場合，厚生労働省からの連絡は掲示により行われることが多い。たとえば，補助金の交付内示・決定等については，大臣官房総務課広報室の掲示板に掲示される。ふくろう会ではその対応は行わないが，当番を決めて代表が見にいくといった省力策

31　受領漏れが発生すると，情報が届かず地元が困ることになる上，総務省サイドからも直接連絡が来て気まずい思いをすることになる。少なくとも当時は，東京事務所の職員は担当省庁内を毎日くまなく歩き回るのが当然との雰囲気があったため，受領していない＝足繁く通っていないと周囲に思われるということもあった。貼紙には，都道府県と政令指定都市の受領サイン欄が一覧の形で記されており，受領した団体はそこにサインをして帰ることになっていたため，どの団体が未受領なのかが一目瞭然の状態で貼り出されていたのである。

を取っているブロックもある。また，広報室内には都道府県ごとの文書ボックスも設置されている。

4　連携組織による水平的な連携

(1) 連携組織による水平的な連携

　各東京事務所が単独で入手できる情報には限界がある。それを補うために東京事務所間の連携組織が活用され，各事務所が入手した情報の共有化が図られている。

　しかし，入手したすべての情報が共有されるとは限らない[32]。他県も必要としているとは思えない情報，自県だけが知っていることで自県に有利に働く情報などは，入手しても共有しないこともあるだろう。

　入手しようとする情報の種類別に，ある県の東京事務所が他県の東京事務所に対してどのような態度を取るかを筆者独自に整理したものが図表4-4である。縦軸は，入手しようとする情報を「各県共通の事案に関する情報」と「一部の県にしか関係しない事案に関する情報」という切り口である。場合によっては，それぞれ「ほぼすべての県が関心を寄せている情報」と「一部の県しか関心を寄せていない情報」と言い換えてもいいかもしれない。また，横軸は，「関係各県の利害が対立する情報」と「関係各県の利害が一致する（または対立しない）情報」という切り口で分類している。

　図表4-4のマトリックスの左上部に位置するのが，各県共通の事案に関する情報で，かつ，関係各県の利害が一致する（または対立しない）情報である。これには，法令の制定・改正情報などが該当する。これまでに見てきた東京事

32　この点については，真渕・高（2017）も「協力」と「競争」の視点から言及しており，たとえば「霞が関が主体の，すべての都道府県に関係する制度設計に関わる情報は共有」，「地元選出国会議員が独自の人脈で得た情報は，情報交換の対象にならない」などとしている。

図表 4-4　情報の種類と他県の東京事務所に対する態度

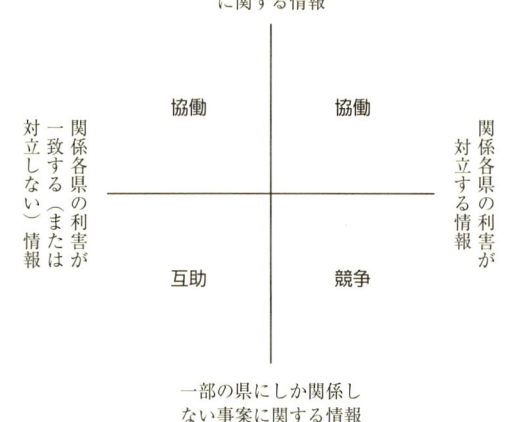

各県共通の事案
に関する情報

協働　　　協働

互助　　　競争

一部の県にしか関係し
ない事案に関する情報

関係各県の利害が一致する（または対立しない）情報

関係各県の利害が対立する情報

出所：筆者作成

　務所間の連携組織の活動実態を踏まえると，このような情報については，東京事務所が連携組織を通じて体系的に協力し合って入手に努めることになる（「協働」）。各県共通の事案に関する情報を「ほぼすべての県が関心を寄せている情報」と読み替えれば，省庁職員の人事異動内示情報などもこの範疇に含まれるであろう。

　図表 4-4 の右上部に位置するのが，各県共通の事案に関する情報で，かつ，関係各県の利害が対立する情報である。これには，政府予算案，とくに各省レベルの箇所付け情報などが該当する。東京事務所間の連携組織の活動実態を踏まえると，このような情報についても，東京事務所が連携組織を通じて体系的に協力し合って入手に努めている状況が見てとれる（「協働」）。情報を入手した県が自分で抱え込み，他県と共有しないほうがその後の活動を有利に進めることができるのにもかかわらず，協働するのはなぜか。それは，入手すべき情報量が膨大かつ多岐にわたるためである。たとえば予算の箇所付け情報の場合，省内各局が作成した資料をすべて入手しなければならない。場合によっては課のレベルで作成された資料が必要になることもある。これらの資料を各県が単独で入手することは多くの労力を伴う。また，省庁サイドとしても，各県が同

じ資料をバラバラに取りに来られては面倒で困ったことになる。このように，情報を抱え込むベネフィットを省力化・効率化のベネフィットが上回るため，協働の構図が成立しているものと考えられる。

図表4-4の右下部に位置するのが，一部の県にしか関係しない事案に関する情報で，かつ，関係各県の利害が対立する情報である。これには，補助金やモデル事業に関する情報などが該当する。このような情報については，採択を希望する都道府県の間に競合関係が発生することから，東京事務所同士も有用な情報の入手にそれぞれ勤しむことになる（「競争」）。関係各県の利害が対立しても「協働」する場合との違いとしては，一部の県しか関係しない，つまり，ライバルが絞られるので競争が先鋭化しやすいこと，情報の範囲が限定されるため入手コストが低くて済むことが挙げられる。このため，協働ではなく競争を選択するものと考えられる。

図表4-4の左下部に位置するのが，一部の県にしか関係しない事案に関する情報で，かつ，関係各県の利害が一致する（または対立しない）情報である。これには，特定の施策の実施上の留意点等に関する情報や，特定のテーマに関する統計情報などが該当する。このような情報については，基本的には当該都道府県が独自に入手活動を展開することになるが，関係部署に情報を入手できるだけのコネクションを持つ県が身近に存在すれば，持ちつ持たれつの助け合い精神で情報を入手し，融通してくれることもある（「互助」）。この場合，一部の県にしか関係しない事案であるため，東京事務所間の連携組織が組織的に動くことはない。あくまで，個々の東京事務所が独自の判断に基づき助け合いの精神を発揮しているだけなのである[33]。

これまで見てきたとおり，連携組織がその効果を発揮するのは「協働」に分類される場合である。つまり，利害の一致／対立に関係なく，入手しようとする情報が各県共通の事案に関する情報，あるいは，ほぼすべての県が関心を寄せている情報の場合に限られるのである。

---

[33] 「協働」も「互助」も協力関係であることは同じであるが，前者は東京事務所間の連携組織の枠組で一緒に活動して釣果を得ようとするのに対し，後者は各東京事務所が独自に活動して得た釣果を厚意で融通する点が異なる。

　それ以外の場合においては，連携組織による相互扶助効果は発揮されていない。もちろん「互助」に分類される場合のように，個別的な関係に基づく相互扶助効果が見られることもあるが，連携組織の正式な活動によるものではない。もちろん，「競争」に分類される場合においても連携組織による組織的な活動は見られない。

(2) 連携組織の存在意義

　これまで見てきたとおり，東京事務所間の連携組織は，主に各県共通の事案に関する情報，あるいは，ほぼすべての県が関心を寄せている情報を入手しようとする場合に活用されている。

　ここで再び図表4-1を見てみよう。全国レベルの担当者連携組織が存在するのは，①文部科学省，②経済産業省，③国土交通省，④農林水産省，⑤厚生労働省，⑥環境省，⑦内閣府，⑧総務省と，いずれも地方行政に深い関係のある府省である。とくに①～③については，1980年までの比較的早い年代に設立されており，昔から必要性が高かったことがわかる。①～③の各省は地方行政に深く関係する政策・施策を展開しており，東京事務所としては手厚く対応する必要があったのであろう。

　他方，総務省については，地方行政にとくに深い関係があるにもかかわらず，全国組織がごく最近まで設立されていなかった。これはなぜか。

　総務省担当者は，実際は主に旧自治省各局をターゲットとしている。連絡組織の存在意義として，担当1人では省全体をカバーできないので互いに補完し合うという点がある。しかし，旧自治省に相当するのは3局＋1外局（自治行政局，自治税務局，自治財政局，消防庁）に過ぎず，担当1人でも十分にカバー可能である。そのため，相互補完の必要性があまり感じられず，「互助」のために地域ブロック単位の組織ぐらいは必要としたものの，「協働」のための全国組織までは必要とされなかったのではないかと思われる[34]。

　さて，ここでもう一度図表4-1を見てみよう。とんび会が1980年に設立さ

34　現在でもその必要性の程度はあまり変わらないと思われるが，2005年以降の全国組織設立ラッシュを受け，総務省担当者についても組織化が進んだものと推測される。

れて以降，長らく新たな連携組織は発足していなかったが，2005年から2014年までの10年間で新たに5つもの連携組織が誕生している。なぜ近年になって連携組織が相次いで誕生したのか。

1990年代半ばに官官接待が問題になって以降，夜の宴席での情報交換ができなくなり，中央省庁職員との関係も従前より希薄になった。また，地方分権改革の進展により，国の地方への指導権限がなくなり，国と地方との間の距離も従前より広がった。このような状況を背景に，東京事務所の担当者と中央省庁職員との関係も従前ほど緊密ではなくなり，中央省庁に直接働きかけることのできる太いパイプを何本も涵養することが難しくなった。しかし，依然として収集すべき情報は少なからず残っており，中央省庁との関係維持は相変わらず求められる。そこで，各事務所が持つパイプを共同活用することで希薄となった関係を補完しようと，全国的な連携組織を立ち上げたのではないかと推測される。

なお，2000年代以降，国の行政改革の一環で，本省権限の地方支分部局への委譲も進められた。その結果，本省が持っていた補助金採択に関する権限が地方支分部局に委譲されるなどして，従前に比べて本省との関係を保つ必要がなくなりつつある省庁もある。そのような省庁に関しては，連携組織も弱体化しそうなものであるが，今のところそのような状況は見られない。補助金等の権限はなくなっても，政策の方向性を決めるのは本省であり，都道府県行政への影響を考えれば，依然として本省のほうがより重要なためである。

東京事務所は，互いに競合関係にあるため，それぞれ単独で活動することが基本である。しかし，各事務所が単独で入手できる情報には限界があるため，他の都道府県との情報交換が欠かせない。そこで，同じ省庁を担当する職員が全国あるいは地域ブロック単位の連携組織を立ち上げ，役割を分担しながら情報の入手・共有を進めて，情報収集活動の省力化・効率化を図っているのである。

ただし，すべての情報を共有しているわけではない。入手しようとする情報が各県共通の事案に関するもの，あるいは，ほぼすべての県が関心を寄せているものである場合には，利害関係が一致する場合はもちろん，利害関係が一致しなくても共有することを選択する。利害関係が対立する場合には，情報を抱

え込むほうが本来得策である。しかし，情報独占のベネフィットを，役割を分担して情報を集めることによる省力化・効率化のベネフィットが上回るため，東京事務所が連携組織を活用して情報収集に「協働」する構図が成立する。

　逆に，一部の県にしか関係しない情報は，その範囲が限定されるためそもそも入手コストが低い。そのため，連携による省力化・効率化のベネフィットは小さくなり，単独活動による情報独占のベネフィットを下回る。その場合は，「協働」を選択せず，単独活動による「競争」となる。また，求める情報が他県とは異なり，利害が対立しない場合は，他県から助けの手が伸びる「互助」の構図が見られることもある。しかし，これはあくまで個別的な関係による相互扶助であり，連携組織による組織的な相互扶助ではない。なぜなら，一部の県しか関係しない事案に関する情報であるため，共通の課題に対応すべき連携組織がその収集に向けて組織的に動き出すことはないからである。

5　国による連携組織の活用

　このような連携組織の存在は，実は中央省庁にもベネフィットをもたらしている。そもそもは中央省庁から得た情報を共有するために整備された情報伝達経路であるが，中央省庁が地方に情報を流したい時，または，地方から情報を吸い上げたい時にも活用されているのである。

　つまり，東京事務所間の連携組織は，構成員間の水平的な連携だけではなく，省庁との垂直的[35]な連携も果たしている。これに関して，連携組織には2つの役割が観察される。

（1）都道府県への情報伝達回路としての連携組織

　第一に，中央省庁から各都道府県への情報伝達経路としての役割である。文教連やとんび会で見られるように，中央省庁が各都道府県に流したい情報を東

35　必ずしも上下関係を伴うわけではないが，情報の流れを勘案し，また，都道府県同士の「水平的」な連携と対比する意味も込めて，「垂直的」の語を用いた。

京事務所間の連携組織の情報伝達経路を使って伝達することがしばしば行われている。また、文教連のように、概算要求の時期に説明会を開催して、そこに文部科学省の職員を呼ぶようなことも行われている。これも文科省からみれば、東京事務所間の連携組織を活用した情報伝達の1つと言えよう。

　厚生労働省や環境省では、年度初めに要望活動の手順に関する説明会を東京事務所職員向けに開催している。この開催に際しては、それぞれの東京事務所連携組織を通じて周知される。この説明会は、要望対応業務の簡略化を図るため、両省がそのルールの周知徹底を図るものであり、これも東京事務所間の連携組織を活用した情報伝達の1つとみなすことができる。

　なお、旧厚生省では、1990年当時、東京事務所担当者の全国的な連携組織がなかったことから、大臣官房政策課地域振興室が都道府県と政令指定都市の東京事務所で厚生省を担当している職員の名簿を編集・発行していた[36]。これも情報伝達回路の確立を図るためのものと思われる。

(2) カウンターパートとしての連携組織

　第二に、各都道府県東京事務所の省庁担当者を代表する組織としての役割である。すべての都道府県が1つに団結することで、任意団体というインフォーマルな組織であるにもかかわらず、省庁サイドからそのカウンターパートとしての地位を認められることもある。

　たとえば、とんび会と国土交通省が一致団結して行動を起こしたこともあった。1990年代初頭、第11次道路整備5ヶ年計画の満額確保に向け、建設省ととんび会が共同で国会議員等に対するビラ配り等を行い、無事満額を確保したことがある[37]。また、前述のとおり、文教連では、かつて文部科学省が要求した予算が財務省原案に反映されているかの確認を文部科学省職員とともに行っていたことがある。

　すでに記したとおり、とんび会の総会には国土交通事務次官以下、同省主要幹部が揃って出席する。とんび会の会長、会長代行、副会長を務めた者に対し

36　厚生省大臣官房政策課地域振興室編（1990）。
37　全国都道府県・政令指定都市建設省担当者連絡協議会編（1994）、47頁。

ては，大臣名の感謝状も贈呈される。また，のりす会も同様に，懇親会には農林水産事務次官以下，同省主要幹部が揃って出席している。これらは，とんび会やのりす会を重要なカウンターパートと認めての対応と解することができる。

小　　括

　東京事務所同士は，限られた枠をめぐって競争することも多く，基本的には競合関係にある。したがって，東京事務所はそれぞれ単独で活動することが基本である。しかし，各東京事務所が単独で入手できる情報には限界がある。いくら中央省庁に日参し，省庁県人会の活動に尽力しても，広い省内すべてのセクションに人的ネットワークを張り巡らすのは難しい。したがって，東京事務所同士の情報交換が不可欠となる。そこで，同じ省庁を担当する職員が連携組織を立ち上げ，役割を分担しながら情報の入手・共有を進めて，情報収集活動の省力化・効率化を図っているのである。

　全国的な連携組織の半数以上は，2005 年以降に相次いで設立された。1990年代半ば以降，官官接待問題の影響で夜の宴席が激減し，中央省庁職員との関係も希薄になった。また，地方分権改革の進展により，国と地方との間の距離も広がった。このような状況を背景に，東京事務所の担当者と中央省庁職員との関係も従前ほど緊密ではなくなった。しかし，情報収集業務がなくなったわけではなく，中央省庁との関係維持は相変わらず求められる。そこで，希薄となった関係を補完しようと，全国的な連携組織を立ち上げたのではないかと推測される。

　ただし，連携組織ですべての情報を共有しているわけではない。東京事務所は基本的に競合関係にある。したがって，入手したすべての情報を他の東京事務所に提供するとは限らない。各東京事務所は，情報を独占することで得る利益，その情報を単独で入手する場合のコスト，他の東京事務所との利害関係の状況等を勘案して，情報を共有するかどうかを決定しているのである。

　真渕・高は，東京事務所の機能は，中央省庁と都道府県の間の垂直的な意思伝達よりも都道府県の間の水平的な意思伝達のほうが大きく，都道府県が集合

的に国に働きかけるための拠点として機能している，と主張する[38]。しかし，すでに述べたとおり，その実態を見ても，その成立背景を見ても，各東京事務所が持つ中央省庁とのパイプの弱体化をそれぞれのパイプの共同活用で補完するため，連携組織が組織されるようになっただけである。これらの連携組織を通じて都道府県が集合的に国に働きかけるようなこともごく一部の例を除いて観察されなかった。逆に中央省庁と一体化している傾向さえもうかがえるくらいである。

　このように，東京事務所間の連携組織は，あくまでも中央省庁と都道府県の間の垂直的な関係を補完するものであると考えられる。したがって，本章冒頭に掲げた「A. 東京事務所の主な役割は中央省庁・都道府県間の垂直的な意思・情報伝達であること」については，真渕・高が主張するような都道府県間の水平的な意思伝達のほうが大きいとは認められないことから，東京事務所の主な役割は中央省庁・都道府県間の垂直的な意思・情報伝達であることが確認されたと考えてよいであろう。

38　真渕・高（2017），256頁。

第 5 章

すべての都道府県が東京事務所を置く理由

　これまで東京事務所の実態を詳細に描き出すことにより，序章に示した2つの問いのうちの1つ，「なぜ都道府県は今も東京事務所を存続させているのか」に対する答えを導き出そうとしてきた。

　それによれば，東京事務所の主な役割は中央省庁・都道府県間の垂直的な意思・情報伝達であった。そこで扱われる情報とはかつては補助金の獲得に資する情報が中心であったが，現在では「国の意思形成過程情報」，より具体的に言えば「都道府県が実施すべき制度・政策の形成過程情報」が中心になっていた。

　制度・政策の形成過程情報については，近年は審議会等の審議過程が透明化され，どのような議論を経て成立したかを知ることが以前より容易になってきている。しかし，担当省庁による原案が審議会等に提出されるまでの過程や与党審査の過程に関する情報については，現在においても基本的に非公表であり，そのような内部情報を入手するには，何らかのルートで秘密裏に入手するしかない。そのために必要なルートを構築・涵養するため，都道府県は東京事務所を置いて職員を常駐させ，省庁県人会なども活用しながら，中央省庁職員などの関係者と直接かつ頻繁な接触を図っているという実態が浮かび上がってきた。また，中央省庁との直接的なルートだけでは足りない部分については，東京事務所間の連携組織を活用して，都道府県間の水平的な情報交換も盛んに行われていた。

　しかし，本書のもう1つの問いである「なぜすべての都道府県が東京事務所を置いているのか」という疑問については，まだ答えが出ていない。中央省庁職員などの関係者と直接かつ頻繁な接触を図るためだとしても，東京都，埼玉県，千葉県，神奈川県といった首都圏の都県（以下，「首都圏1都3県」という）が東京事務所をわざわざ構える必要はなく，それぞれの都庁・県庁から必要に応じて霞が関や永田町に行けば済む。それなのになぜ東京事務所を置いているのか。本章では，この点について検討する。

図表 5-1　関東 1 都 6 県の都県庁から霞が関（総務
省）までの距離と所要時間

	距離	所要時間 （公共交通機関利用）	備考
東京都庁	6 km	25 分	
埼玉県庁	25 km	60 分	
神奈川県庁	30 km	60 分	
千葉県庁	40 km	70 分	
栃木県庁	105 km	100 分	新幹線利用
茨城県庁	105 km	130 分	特急利用
群馬県庁	110 km	130 分	新幹線利用

注）距離，所要時間ともおおむねの数字。
出所：Google Map による検索結果を用いて筆者作成

1　合理性による説明可能性の検討

　首都圏 1 都 3 県があえて東京に事務所を置く理由は何か。まずはこの問いに
対し，合理性の面から説明を試みる。

（1）距離，所要時間及び運営コストの視点からの検討

　まず，距離，所要時間の視点である。図表 5-1 は，各都県庁から東京事務所
の主たるターゲットである中央省庁が集中する霞が関までの距離と所要時間を
整理したものである。栃木，茨城，群馬の各県庁からは特急や新幹線を利用し
ても 2 時間前後，往復なら 4 時間前後はかかるため，頻繁に足を運ぶには少々
時間がかかりすぎるように思われる。それに比べ，東京都はもちろん，埼玉，
神奈川，千葉の各県は，都庁・県庁から比較的容易に霞が関にアクセスできる
ことがうかがえる。このように，距離や所要時間の観点からは，首都圏 1 都 3
県があえて東京事務所を置く必要性はあまりないように見える。とくに東京都
の場合，所要時間が都内のサラリーマンの通勤時間よりかなり短いくらいであ
って，「必要に応じて行く」のではなく「常駐する」という選択にかなりの違

和感を覚える。

　次に，事務所の運営コストの視点から検討する。大阪府の資料によると，同府は2017年度，東京事務所の賃料として年間約970万円を都道府県会館に支払っている[1]。他県の賃料に関する資料は管見の限り見当たらなかったが，前出図表1-3のとおり，都道府県会館内に入居する事務所はどの都府県もほぼ同じような形状・面積であることから，他の都府県もほぼ同程度の賃料を支払っているものと推察される。

　このほか，公用車の維持費[2]，職員の人件費等も運営コストに含まれると考えれば，総額は相当な金額になることが容易に推測される。たとえば，職員数7名程度[3]の事務所でも年間数千万程度の運営コストがかかることになる。

　かつて補助金に関する情報入手が東京事務所の最大の目的だった時代には，数億円，数十億円の補助金を獲得できれば，数千万円の運営コストは十分にペイできるものであったと思われる。しかし，制度・政策の形成過程情報の入手が主たる目的となった現在，果たして運営コストに見合うだけのベネフィットがあるのか，明確には測りかねるところである。

1　大阪府資料「平成29年度随意契約情報（使用料・賃借料）政策企画部」http://www.nyusatsu.pref.osaka.jp/keiyaku/e-nyusatsu/zuiikeiyaku-kouhyou/itaku/bukyoku_file/29nendo/kariire/29zuikei_kariire01seisaku.pdf（2018年3月27日閲覧）。
　　なお，大阪府は2012年7月に大阪市と東京事務所を一体運営することとし，市の事務所が府の事務所（都道府県会館内）の空きスペースに移転した。そのため，府が支払っているのは府が直接使っているスペースに対する賃料だけとも考えられるが，市の事務所が引っ越してくる前の2011年度の賃料も約940万円とほぼ同程度であることから，2017年度の金額も府の事務所全体（＝他の都府県と同程度の広さ）に対する賃料と推察される（市の負担分は府にいったん納入し，府から都道府県会館に一括して支払っているものと考えられる）。
2　近年は自前の公用車と運転手を抱えるのではなく，ハイヤーを年間契約してコストを抑える事務所が多い。大阪府の場合，2017年度のハイヤー借上料は年間200万円である（前出大阪府資料）。
3　2014年度の東京事務所の職員数は，東京都5名，埼玉県8名，千葉県7名，神奈川県6名である。

(2) 全国知事会との関係の視点からの検討

　東京事務所は，全国知事会との関係が深い。全国知事会の会議に知事が出席できない場合には，東京事務所長が代理で出席することも少なくない。また，第4章第2節でも言及したとおり，全国47都道府県の東京事務所の所長により構成される「全国東京事務所長会」は，各都道府県と全国知事会との連絡調整役としても機能している。この点を踏まえれば，全国知事会の入居する都道府県会館もしくはその付近に東京事務所を置くほうが，都道府県と全国知事会の双方にとって便利であることは間違いない。

　たとえば東京都の場合，第1章第1節の脚注1に記したように，他の道府県の東京事務所のような対中央省庁業務よりも，全国知事会や他道府県の東京事務所との連絡業務の比重が高いと言われる。なお，全国知事会の歴代会長のうち，東京都知事は初代（安井誠一郎，任期：1947.10〜1959.4），第2代（東龍太郎，任期：1959.5〜1967.4），第6代（鈴木俊一，任期：1980.7〜1995.4）の3人である。東京都が東京事務所（都道府県会館東京都事務室）を設置したのは1969年頃であるため，最初の2人は関係ないものの，第6代の鈴木会長時代には東京都と全国知事会との間で頻繁なやりとりが交わされたと考えられる。そのため，当時の東京事務所の必要性はかなり高かった可能性があるが，2019年4月現在，会長は埼玉県知事であり，この点で往時のような必要性は認められない。

(3) 他都道府県の東京事務所との関係の視点からの検討

　これについては，第4章で記した東京事務所間の連携組織との関係が挙げられる。真渕・高は，これらの連携組織は「『トクオチ』の防止と非公式情報の共有」を図るために活用されると主張する[4]。

　本書第4章においても，これらの連携組織が情報共有のために活用されていることが確認された。たしかに，情報入手活動の中で連携組織が果たす役割は

4　真渕・高（2017），273-274頁。

大きい。しかし，それをもって首都圏1都3県が東京事務所を置く理由にはならない。東京事務所を置かなくても，同様の役割を担う本庁組織をメンバーとして入れてもらえれば[5]，情報の共有ルートに乗ることは可能である。以前のように紙ベースでの回覧や配付が中心ならともかく，現在はメールでの一斉送信がほとんどであり，いったん，情報共有メンバーに入ってしまえば，普段の所在は関係なく，システマティックに情報が流れてくるものと思われる。

　むしろ問題なのは，共有ルートでは流れてこない情報を他の東京事務所の担当者を通じて入手しようとする場合である（前出図表4-4でいう「互助」に該当する場合）。必要な時に互助関係を成立させるためには，個々の担当者同士の関係を強めておく必要がある。そのためには，他の東京事務所と物理的に近い場所に常駐し，接触頻度を高めることが重要になる。この点においては，首都圏1都3県にも東京事務所を置く合理性があると一定程度は言えそうである。

　なお，真渕・高は，都道府県が連携・協力して中央省庁に圧力をかけるため揃って東京事務所を置いているとも主張している[6]。しかし，この見解については，東京事務所間の連携組織の存在は確認できるものの，情報交換程度の活動しか確認できなかったことが第4章で明らかになっていることから少々無理があるものと判断される。

（4）その他の視点からの検討

　これまでは，東京事務所の設置者たる都道府県が，東京事務所を置くことによって得られる利得と，逆に東京事務所を置かないことによって生じる損失を踏まえながら，東京事務所を置く合理性を論じてきた。ここでは，都道府県という団体で捉えるのではなく，その中に存在する各アクターの立場から，東京事務所を置く合理性を検討してみたい。

　都道府県という団体を構成するアクターの中で東京事務所に関係するのは，長である知事，長を支える職員，の2者である。二元代表制を採用する都道府

5　都道府県同士の普段からの付き合いを考えれば，本庁組織ではメンバーにできないと拒否することは考えにくい。

6　真渕・高（2017），256頁及び274-275頁。

県において長とともにその両輪を成す議会については，東京事務所は知事部局に属する組織であるため，基本的には関与しない。

第一に，知事の立場である。東京事務所が主に入手しようとする制度・政策の形成過程情報は，実務レベルで必要となるものであり，知事が直接必要とするわけではない。東京事務所の活動のうち，知事が必要とするのは東京での随行業務（前出図表1-10）ぐらいであるが，仮に東京事務所がなくなっても，よく下調べをした職員が本庁から随行すれば足りる程度のことである。

東京事務所は，多くの事務所に知事室が設けられているように，知事が東京で活動するときの拠点として活用される。ホテル等を利用することも可能であるが，自前の事務所のほうが極秘に人に会う場合などは秘密保持の面で優れている。場所も永田町や霞が関に近く，政治家や官僚との密会場所としては最適である[7]。また，永田町周辺で会議や面談が少し時間を空けて連続するような場合に，合間の時間を過ごす場所としても使われる。これらを換言すれば「東京（永田町周辺）における政治的な拠点」としての効用と言えるが，このような機会はせいぜい月に数回程度であり，恒常的に場所を確保しておくまでの必要性は認めにくい。

逆に，東京事務所を廃止・縮小することで知事が自身のスタンスを明らかにする効果もある。ただし，廃止については市町村の例しかなく[8]，都道府県の場合は縮小の例がわずかに見られるだけである。たとえば，田中康夫元長野県知事（在任期間：2000.10〜2006.8）は，中央に依存しない姿勢を示すため，東京事務所長の格を部長級から課長級に下げる組織改正を行った[9]。

第二に，職員の立場である。東京事務所があれば，慣れない東京での活動をすべて東京事務所に任せることができ，いちいち東京へ出張する必要もなくな

---

7 東京都職員への聞き取りによれば，石原慎太郎知事時代の東京都では，東京事務所（都道府県会館東京都事務室）の廃止論議が起きた時，永田町付近での会談場所の確保が存続理由の1つになったという。ただし，永田町付近での会談場所が必要になる度合いは，知事によっても差があるものと思われる。

8 たとえば，那覇市では行政改革の姿勢を示すため，2005年3月に東京事務所を廃止している。

9 元長野県東京事務所職員への聞き取り。

る。東京出張時に立ち寄って情報を仕入れたり，ちょっとした作業をしたり，会議室として使ったりと，東京での活動拠点として活用することもできる。職員としては，何かと便利な組織であるため，廃止を積極的に支持することはない。

役人には自分の組織の拡大を目指す傾向があると言われるが[10]，都道府県においても同様である。自身の組織が廃止・縮小されるということは，その職場の存在意義が低下し，その組織を預かる自身の価値も低下すると見なされがちである。また，自分が所属長の時に組織を廃止・縮小されれば「組織を守り切れなかった」と周囲から思われるかもしれない。そのような状況に陥るのを避けようと，組織の廃止・縮小には少なからぬ抵抗があるのが一般的である。

なお，組織改正は最終的には長である知事が決定する。条例で設置する機関の場合は議会の支持を得る必要があるが，東京事務所のような機関は知事が規則で設置することが可能である[11]。つまり，職員がどれだけ抵抗しようと最後は知事の判断で決まるのであり，職員の抵抗が理由で東京事務所を存続させるという可能性はきわめて低いものと言わざるを得ない。

以上，首都圏1都3県が東京事務所を置く理由をさまざまな視点から検討してきたが，合理性で説明できると言いきれるほどの強い必要性は確認できなかった。次節からは，合理性だけでは説明できない部分について，同型化の考え方を用いて説明を試みる。

10　Parkinson（1957）など。
11　東京都の場合は，規則で設置された事務所ではなく，政策企画局調整部渉外課の一部が駐在しているという扱いにとどまる。

2　中央省庁との関係から見た同型化

(1) 不確実性の低減

　第2章で述べたとおり，一連の地方分権改革によって国と地方が対等・協力の関係となり，国からの補助金も以前より減少した現在，都道府県の主な関心は陳情・要望活動以外の部分に移っていった。権限移譲の進展や国の関与の見直しによって地方の自己決定権は拡大したが，何らかの決定を下す際にはその根拠が必要となる。つまり，不確実性を極力低減し，適法・適当な判断を確実に行うことを可能にするための情報が求められるのである。

　政策実施の現場では，第一線職員論[12] でも指摘されているように，相当程度の裁量が存在する。とくに，新たな法律や制度については，中央省庁からの通知やマニュアル等が示されたとしても，必ずしも現場で起こり得るすべてのケースをカバーできるわけではない。

　たとえば，規制法の規定は，実際の個別状況に即した柔軟な法の適用判断が可能なように一般的で抽象的な表現が多い。「基準に適合しないおそれ」があるときに行政命令を出せるというような規定である。この場合，どのような具体的事実が「おそれ」に当たるのかについては，中央省庁からの通知やマニュアル等に判断基準が示されていなければ，現場の判断に委ねられることとなる[13]。

　このような場合には，過去の事例や他県の対応を参考にして判断することが多いが，新たな法律や制度の場合は事例の蓄積もなく，どのように対応すべきかという問題に直面することになる。現場の職員としては，判断を誤らず，また判断の正当性を高めるため何らかの拠り所を求めることになる。この場合，

12　第一線職員とは，住民とじかに接しながら職務を遂行する職員を指す。これについては Lipsky（1980）が詳しい。
13　平田（2017），2-4頁。

最も確実なのはその法令を最もよく知る者，つまり，起草者である担当省庁の見解を知ることである。また，担当省庁がどのような意図を持って各条文を起草したのか，その背景にはどのような考えがあるのか，といった情報も大いに役立つ。

また，都道府県が独自に政策を立案しようとしたり，時間的な制約で国の行動を待たずに行動に移したりする場合も，不確実性が存在する。

都道府県が独自に政策を立案する場合，国はまだそのような政策を実施していないため，他の都道府県の状況を参照し，不確実性を低減することになる。

時間的な制約で国の行動を待たずに行動に移す場合としては，地方公務員の給与改定の例が挙げられる。地方公務員の給与改定は，国家公務員の給与改定の状況を参考にしながら[14]，12月の議会に給与条例案を上程し，年内に改定・施行するのが一般的なスケジュールである。しかし，国家公務員の給与水準を規定する給与法が国会に上程され，法案の内容が明らかになるまで待っていては，年内の条例改正に作業が間に合わない。そのため，人事院勧告の数字等を睨みながら，あらかじめ条例の改正作業を進めるというようなことが行われる。この場合，あらかじめ給与法の改正案文がわかれば不確実性が低減されるため，東京事務所は給与法案を入手しようと躍起になる。

このように，現在，東京事務所が入手しようとする情報は主に「不確実性の低減」を目的とするものである。本節では，「不確実性の低減」に着目して，「なぜすべての都道府県が東京事務所を置いているのか」との問いに対し，社会学的新制度論における同型化の視点から解き明かすこととしたい。

同型化の理論についてはすでに序章第1節において説明済みであるが，ここで簡単におさらいをしておく。社会学的新制度論によると，不確実性の高い状況下の組織行動は，各自の合理的意思決定ではなく，自らが属する「組織フィールド」で共有されている共通理解，社会規範，認識枠組みに沿ってなされる。この組織フィールド内では，組織は同じような組織の行動を参照し，互いに相

14　地方公務員法第24条第2項には，「職員の給与は，生計費並びに国及び他の地方公共団体の職員並びに民間事業の従事者の給与その他の事情を考慮して定められなければならない」と規定されている。

談し合って共通認識を形成することで，適切と思われる行動を選択し，自らの
「正統性」を確保しようとする。これにより，同種の組織の行動は互いに同型
化していく。つまり，曖昧な状況下で組織行動を正統化しようとすると「同型
化」が起きるのである。

　この同型化には，①強制的同型化，②模倣的同型化，③規範的同型化，の3
つの類型が存在する。以下，東京事務所のケースがどれに該当するかを検証す
る。

（2）不確実性の低減を目的とする同型化

2-1　強制的同型化

　強制的同型化は，依存関係にある他の組織や文化的期待によって行使される
公式及び非公式な圧力の結果として生じる同型化であり，法令，慣例，強い影
響力を持つ集団からの圧力を背景とする公式または非公式の要請に従わざるを
得ない場合が典型例である。国と都道府県の例で言えば，法令や中央省庁から
の圧力を背景とする公式または非公式の要請に従わざるを得ず，その結果，都
道府県がみな同じ行動を取るようなケースが該当する。

　たとえば，地方公務員の給与体系・水準については，地方公務員法等の定め
る基本原則の範囲内で各自治体が自主的に決定できることとされているが，実
際にはどこも同じような給与体系・水準となっている[15]。それは，総務省の想
定する範囲を逸脱した場合に，交付税を減らされるのではないか，逸脱してい
ることを公表されるのではないかといったサンクションを危惧しているからで
ある[16]。そのため，総務省が何か新たな方針を出したときには，総務省の想定
する範囲から逸脱するリスクを回避するために，どこまでが適切な範囲かを知
ろうとする。その結果，詳細がわかる内部資料の入手を東京事務所に依頼し，

15　たとえば，給与水準で言えば，2016年4月現在のラスパイレス指数において，都道府
　　県は最低93.7〜最高103.6の範囲にあり，98.0〜102.0の間に47都道府県中40都道府県が
　　収まっている。
16　旧自治省による自治体への給与指導に関しては，稲継（2000）が詳しい。なお，旧自治
　　省による自治体への給与指導については，自治体側にも指導を受け入れる動機があったと
　　されている。

資料がなければ口頭での聞き取りを依頼することが行われる[17]。

このように，法令や中央省庁の要請に従わざるを得ない場合，その実施過程において要請の範囲から逸脱するリスクを回避または低減するため，東京事務所を通じてその実施に必要な細かい事項まで知ろうとする行動が観察される。

2-2　模倣的同型化

模倣的同型化は，曖昧な状況に直面した組織が，不確実性を回避するため他の組織の行動をモデルとして模倣することによって生じる同型化である。この場合，より正統性の高い，あるいは，より成功していそうな類似組織の行動を模倣することになる。

たとえば，新たな行政ニーズに対し，先進的な取り組みを行っている都道府県の取り組みを参照し模倣するような場合や，新たな法律が制定・施行されたものの，その運用方針等が明確でない時に最初に該当事例を処理した都道府県の処理の仕方を模倣するような場合，などが想定される。

しかし，このような場合には東京事務所の出番はほとんどない。通常は，都道府県の本庁担当課同士で連絡を取り合うからである[18]。唯一，出番があるとすれば，都道府県の本庁担当課で先進的な都道府県がどこかわからず，それを知っていそうな所管省庁に尋ねるよう，東京事務所に依頼する場合である。

たとえば，都道府県に「会計検査院の検査が入る」と連絡があった場合を考えよう。会計検査院の検査は，予告の段階では「○年度〜○年度の○○補助金，××補助金，△△補助金を見る」といった程度のことしかわからない。しかし，補助金に関する書類は膨大であり，受検準備を効率的に進めるには，その中でもとくに何を重点的に見るのかを把握したい。そこで直近で同じ分野の会計検査が入った他の都道府県にその時の状況を確認することがほぼ必ず行われる。この場合，最近どの都道府県に会計検査が入ったのかは，その補助金を所管する省庁が把握している。しかし，正面からは聞きにくい話であり，また，書面などを見せてもらうこともあるため，本庁担当課は東京事務所に当該省庁に行って尋ねてくるよう依頼する[19]。

17　某県東京事務所職員への聞き取りによる。
18　平田（2017），99-121 頁。

このように，都道府県本庁が曖昧な状況に直面した時に，不確実性を回避するため，東京事務所を通じて模倣すべき他の都道府県を把握する，というような行動がしばしば観察される。

2-3 規範的同型化

規範的同型化は，専門家により提唱されたものが正統なものとして組織間に広まり採用されることによって生じる同型化である。

法律が制定・改正された場合，法律そのものとそれに伴う政省令はもちろん，前出図表2-3でいうところの指示等伝達活動により，運用通知，実施要領，マニュアル等が中央省庁から提供される。しかし，それ以上の細かい部分については都道府県の裁量に委ねられる。そこで判断に迷うケースが発生した場合，都道府県の本庁担当課は，東京事務所に対し，所管省庁の担当者に対応の是非などを直接確認するよう求めることがある[20]。

この場合，法律案を作成した担当省庁が当然ながら最もその法律に詳しい専門家であり，彼らからの助言が最も正統性が高いということになる。行政関係者の間では，法案作成者が最もその法律に詳しいということは当然の常識であり，同様の状況に陥れば，どの都道府県も東京事務所に確認を依頼することが予想される[21]。

都道府県の本庁担当者が中央省庁の担当者に直接電話やメールで確認する，ということは難しい。法定受託事務の場合はともかく，自治事務の場合には国に指導権限はない。したがって，中央省庁の担当者は判断する権限を持たないため，都道府県からの照会があっても一般的な話に終始する。そのため，日頃から人的ネットワークを構築し，ざっくばらんな会話が可能な東京事務所の出番となるのである。

このように，都道府県が曖昧な状況に直面した時に，不確実性を回避するため，東京事務所を通じて専門家たる中央省庁の担当者に見解を尋ねる，という

19　某県東京事務所職員への聞き取りによる。

20　同前。

21　これを中央依存体質と呼ぶこともあるが，自治体職員に遵法精神が行き渡っているためと言うこともできる（鳥飼（1999），105-110頁。小原（2006），287-288頁）。

ような行動が観察される。その結果はいずれ各都道府県に広まり先例となって，各都道府県はそれと同じ対応を取ることになる。専門家により提唱されたものが正統なものとして組織間に広まり採用されることによって生じる規範的同型化がここに見られるのである。

　強制的同型化，模倣的同型化，規範的同型化のいずれの場合においても，都道府県が入手すべき情報は，初対面でも入手できるほどオープンなものではない。中央省庁の担当者と日頃から良好な関係を築いている東京事務所の職員だからこそ入手が可能な情報と言える。近隣の都県であれば東京事務所を置かず本庁から日参するという選択肢もなくはないが，往復の時間を考えればさすがに非効率であろう。つまり，用事がある時だけ霞が関に行けば良いのであれば，東京事務所を置かずに本庁から随時訪問するという対応が可能であるが，実際はいざという時のために普段から日参することが求められるので，そのような対応を取ることは難しいと言わざるを得ない。

　実際には，「いざ」という場面はそう多くはない。その備えに東京事務所を置くとすれば，入手する情報一つひとつのコストは非常に高くつく。中央省庁からの情報には頼らないと割り切れば，東京事務所を置かないという選択肢もあり得る。しかし，これまで見てきたように，不確実性を低減しようとして何らかの同型化が生じ，中央省庁から情報を入手しようと行動が導かれる。したがって，コスト面で考えれば決して合理的ではないが東京事務所を置くという状況が生まれると考えられる。

3　全国知事会や他の東京事務所との関係から見た同型化

　前節で検討したのは，いわば「不確実性の低減」を図るための同型化である。このような同型化は，東京事務所の情報収集活動において現れていた。

　ところが，他道府県の東京事務所とは違って，東京都の東京事務所は省庁日参による情報収集活動をほとんど行っていない。ということは，前節で見られたような同型化は，首都圏 1 都 3 県のうち埼玉，千葉，神奈川の各県には生じ

ても，東京都に限ってはあまり生じていないことになる。それでは，東京都が東京事務所を置くことをどのように説明すればよいのだろうか。ここでは，前節のような中央省庁との関係ではなく，他の道府県との水平的な関係から検討してみたい。

都道府県が国に対して何かまとまった行動を取る場合は，大半の東京事務所が入居する都道府県会館が拠点となる。全国知事会が旗振り役となる場合には尚更である。なぜなら全国知事会は都道府県会館の実質的なオーナーであり，都道府県会館の6階に事務局を置いているからである。

また，全国知事会は東京事務所の取りまとめ役も担っている。第4章で触れたように，全国東京事務所長会の事務局は全国知事会の連絡広報部が引き受けており，また，『都道府県東京事務所職員名簿』の編集・発行を全国知事会総務部が担っていたことからも，それがうかがえる。

このように，各都道府県の東京事務所と全国知事会，あるいは，都道府県会館は，とても深い関係にある。個々の都道府県が，全国の都道府県及び全国知事会といういわば同じ組織フィールドにおける同調圧力のようなものを感じても不思議ではない。

前述のとおり，東京都の東京事務所は，他道府県の東京事務所のような省庁日参による情報収集活動はほとんど行っていない。都人会とでも言うべき県人会に相当する組織もないことから，国との人的ネットワークも希薄と思われる。他道府県と最低限の連携は取っているものの，決して積極的に情報をやりとりするわけでもない。全国知事会等との連携は取っているものの，国との関係で言えば東京事務所の中でもかなり異色である。そのため，他道府県の東京事務所の職員の中には「東京都の東京事務所は何をやっているのだろう」と思う者もいるという[22]。

このように，合理的に考えれば事務所を置く必要のない東京都が都道府県会館内に事務所を置いているのは，「他の道府県と同じように東京に，それも都道府県会館内に事務所を構えるのが望ましい」という同調圧力が働いた可能性

22　某県東京事務所の職員への聞き取りによる。

がある。

　元東京都職員で，企画調整局長の時に東京事務所長を兼務していた経験を持つ童門冬二は，次のように記している[23]。

　　　東京都庁は東京にあるのだから，なにもわざわざ都道府県会館内に事務所を設ける必要はない。ところがこれはいわば，「自治体同士のお付き合い」なのである。したがって，予算の復活要求などのときには，極力この事務所に詰めるようにしていた。一時期はこの事務所のほとんどが，「国に対する予算要望の拠点」になっていたからである。

　予算の復活要求がなくなり，どの県も予算対策本部を東京に置かなくなった近年では，都庁内でも東京事務所無用論が主張されるようになり，2000年代には廃止も検討されたが，結局は存続が決まって現在に至るという[24]。

　つまり，東京都にとって都内に事務所を置く合理性はまったく感じられないが，「自治体同士のお付き合い」という，いわば都道府県（＋全国知事会）という組織フィールド内の同調圧力を感じ，仲間はずれになって不利益をこうむらないよう「都内（都道府県会館内）に事務所を置く」という行動が選択されたと考えることができる。

　なお，このような同調圧力（お付き合い）による存続というのは，東京近郊の県についてもある程度当てはまる可能性がある。

小　　括

　本章では，なぜすべての都道府県が東京事務所を置いているのか，とりわけ東京に近く事務所を置く必要性の薄い首都圏1都3県が，なぜわざわざ東京事務所を置いているのかを検討してきた。

23　童門（2005），296頁。
24　東京都職員への聞き取りによる。

　第1節では，合理性での説明可能性をさまざまな視点から検討した。距離や所要時間から見ると事務所を置いて職員を常駐させる必要性は小さく，運営コスト面から考えてもそれに見合うベネフィットを得られるとは言いきれなかった。全国知事会との関係から見ると事務所を置くほうがたしかに利便性は高そうであったが，相当の運営コストをかけてまで職員を常駐させる必要があるとまでは言いきれなかった。また，知事や職員の立場からの検討も行ったが，いずれも相当の運営コストをかけてまで事務所を置く必要があるとまでは考えられなかった。

　合理性で最も説明できそうだったのは，他の東京事務所との連携の視点であった。東京事務所間の連携組織によるシステマティックな情報交換ルートを用いる場合は，東京事務所を置いて常駐しなくても問題はさほどなさそうであるが，個別に他の事務所と交渉して情報を入手しなければならない場合は常駐して他の事務所とつながりを深めておくことが重要となるためである。しかし，これもそれによって得られる情報の価値が事務所運営コストを上回るかと問われれば，明確な回答は難しい。

　第1章第2節に記したとおり，政令指定都市を除く市町村の場合は，事務所の運営コストに見合うだけの成果がなければ廃止に至る例が少なくない。アメリカ各州政府のワシントン DC 事務所の場合も，コストとベネフィットのバランスを欠く場合には廃止という判断が下されていた。しかし，都道府県東京事務所の場合は，必ずしもそうではないようであり，合理性での説明にはやはり限界がありそうである。

　そこで，第2節，第3節では社会学的新制度論における「同型化」の枠組みを用いて説明することを試みた。第2節では，都道府県が政策の立案・実施過程における不確実性を低減させようとすることに着目し，東京事務所を置いて情報収集活動を行うということが，強制的同型化，模倣的同型化または規範的同型化のいずれかによって説明できることを示した。第3節では，とくに東京都について，全国知事会や他の東京事務所との関係から，事務所を置かざるを得ないような同調圧力が働いている可能性を示した。

　これにより，首都圏1都3県，その中でもとくに東京都が東京事務所を置くことについて，合理的に説明することは難しいものの，同型化理論を用いた説

明が可能であることが明らかとなった。本章での検討を通じて，序章で示した
A〜E のうち E が確認できた。

E.　意思・情報伝達活動には，都道府県が不確実な状況下において正統性を得
　　るため，国の意向を確認・調整したり，国に先進県の情報を聞いたり，立法
　　当事者である国の見解を確認したりするためのものが含まれること

結論と含意

　本章では，前章までの議論を踏まえつつ，あらためてリサーチ・クエスチョン（RQ）1，リサーチ・クエスチョン（RQ）2を順序立てて解明・整理していく。さらには，中央地方関係論において東京事務所がどのように位置づけられ，また，それが時代の変遷に伴いどのように変化してきたのかを提示して，本書のまとめとしたい。

1　結　　論

（1）検討の経過

　東京事務所を取り上げた先行研究はきわめて少なく，その実態さえも明らかになっていなかった。そこで本書ではまずその実態を明らかにするため，第1章から第5章までさまざまな角度から東京事務所の実態に迫ってきた。

　第1章では，すべての都道府県が東京事務所を設置しており，市町村の東京事務所やアメリカ各州のワシントンDC事務所と違って，環境が変わっても閉鎖することなく存続していること，都道府県の東京事務所は，戦後，地方財政が危機に瀕した時期に国から財政支援を引き出すために設立され，中央省庁との連絡調整や情報収集を主たる任務としてきたことを示した。

　第2章では，東京事務所の活動は，「中央省庁からの指示・伝達事項を都道府県本庁に伝えること（指示等伝達活動）」，「中央省庁の情報を入手して都道府県本庁に伝達すること（情報収集活動）」「都道府県の現場の情報を中央省庁に伝えること（現場情報伝達活動）」「都道府県の要求・要望を中央省庁に伝えること（陳情・要望活動）」が中心であることを示した。かつては補助金獲得のための情報収集活動や陳情・要望活動，中央省庁からの指示等伝達活動が中心であったが，近年は地方分権改革，三位一体の改革等の影響で，政策実施過程に係る情報収集活動，現場の課題等の情報伝達活動が中心となっている。また，このような情報を得るため，東京事務所は自県の出身者または自県への出向経験者を通じて中央省庁にアクセスしており，そのような関係を維持・形成するには，日頃から頻繁に顔を合わせるような活動が求められることも明らか

にした。

第3章では，このような東京事務所の活動に対する重要な協力者である自県の出身者または自県への出向経験者が組織化された省庁県人会の実態を示した。省庁県人会の運営には東京事務所が大きく関与し，自らの活動に役立てようとする一方で，中央省庁職員も省庁県人会を通じて得た人脈を自身のために活用しようとしていることを明らかにした。

第4章では，東京事務所間の連携組織の実態を示した。基本的には競合関係にある東京事務所同士であるが，情報収集活動における互いの弱点を補うため，必要に応じて連携・協力していることが明らかになった。とくに近年は，東京事務所間の連携組織が次々と組織され，事務所間の協力関係が強くなっていることが推測できた。

第5章では，東京事務所が入手しようとする情報は主に「不確実性の低減」を目的とするものであることに着目し，すべての都道府県が東京事務所を置いている理由について，同型化が起こっていることを明らかにした。また，情報収集活動がさほど活発ではない東京都の場合は，同型化では説明がつかない可能性がある一方で，他の道府県や全国知事会との関係において同調圧力が働いている可能性も示唆した。

さて，ここで本書の問いと仮説をもう1度振り返ってみよう。

RQ1：地方分権改革，三位一体の改革による補助金の削減，交通インフラの整備，ICT の発達等により，都道府県が中央省庁と接触するための事務所を東京に構える必要性は小さくなったように見える。しかし，都道府県は東京事務所を廃止することなく，現在も中央省庁との直接的な接触活動を継続している。なぜ都道府県は今も東京事務所を存続させているのか。＜都道府県が東京事務所を置く一般的な理由＞

RQ2：都道府県が東京事務所を置くことに一定の合理性が認められるとしても，国への依存度や霞が関への距離に関係なく，東京都を含むすべての都道府県が東京事務所を置いているのはどのように説明すべきか。＜すべての都道府県が東京事務所を置く理由＞

　RQ1，RQ2 に対応する仮説 1，仮説 2 は，次のとおりであった。

仮説 1：東京事務所の主な役割は中央省庁・都道府県間の垂直的な意思・情報
　　　　伝達であり，現在では，補助金以外の事項に関する意思・情報伝達を中心
　　　　に行っている。それには直接的な接触を頻繁に繰り返すことが必要である
　　　　ため，霞が関に近い場所に東京事務所を置いて職員を常駐させている。＜
　　　　都道府県が東京事務所を置く一般的な理由＞

仮説 2：不確実な状況下において都道府県が正統性を得るため，国の意向を確
　　　　認・調整したり，国に先進県の情報を聞いたり，立法当事者である国の見
　　　　解を確認したりするといった行動が行われ，その一端を担うのが東京事務
　　　　所である。同型化によってどの都道府県も同じような行動を取れば，必然
　　　　的に東京事務所のあり方も同じとなる。その結果，環境の差異にかかわら
　　　　ず，すべての都道府県が東京事務所を存続させるという結果が生じている。
　　　　＜すべての都道府県が東京事務所を置く理由＞

　仮説 1 及び仮説 2 を立証するためには，以下の A〜E を順次実証・解明して
いく必要があった。

A.　東京事務所の主な役割は中央省庁・都道府県間の垂直的な意思・情報伝達
　　であること
B.　意思・情報とは補助金以外の事項に関するものであること
C.　補助金以外の事項とはいったい何か
D.　意思・情報伝達活動には，直接的な接触を頻繁に繰り返すことが必要であ
　　ること
E.　意思・情報伝達活動には，都道府県が不確実な状況下において正統性を得
　　るため，国の意向を確認・調整したり，国に先進県の情報を聞いたり，立法
　　当事者である国の見解を確認したりするためのものが含まれること

　これまで各章において東京事務所の実態を明らかにすることを通して，上記

図表 6-1　各章と実証・解
明すべき A〜E の
対応関係

	A	B	C	D	E
第 1 章	○				
第 2 章	○	○	○	○	
第 3 章				○	
第 4 章	○				
第 5 章					○

出所：筆者作成

A〜E についての検討も行った。その対応関係は図表 6-1 のとおりであり，多角的な検討が必要であるものについては複数の章にまたがっている。

　この結果，A，B，D はそれが確認でき，C については，都道府県が自らの行動を決定する際の参考となる情報，つまり，「都道府県が実施すべき制度・政策の形成過程情報」であることが明らかとなった。これにより仮説 1 が成立し，東京事務所を置く一般的な理由が解明されたものと考えられる。

　さらに，E が確認されたことを踏まえ，不確実性の低減を図ることで同型化が起こり，東京事務所を置くことに合理的な理由がない，もしくは，きわめて希薄であると思われる都県においても東京事務所を置いていることを説明した。これにより仮説 2 が成立し，すべての都道府県が東京事務所を置いている理由が解明されたものと考えられる。

（2）東京事務所の役割

2-1　中央省庁・都道府県間の意思・情報の伝達役としての東京事務所

　東京事務所の役割に関する通説的見解として，「①中央省庁から都道府県への意思・情報の伝達役」，「②都道府県から中央省庁への意思・情報の伝達役（働きかけ役）」，「③都道府県同士の意思・情報の伝達役」の 3 つがあるとされる（図表 2-1）。第 2 章においては，このうち①と②の役割が確認された。

　このうち，「①中央省庁から都道府県への意思・情報の伝達役」としての活動，なかでもとくに「指示等伝達活動」は，東京事務所の最も古い役割と言っ

図表 2-1　東京事務所の主な役割（再掲）

出所：筆者作成

　てもよい。明治初年の頃の東京出張所は国から府県への通達文書の中継機関であり，まさに「指示等伝達活動」を行うための存在であった。

　時代が下り，戦後の地方制度改革によって，府県の性格は国の地方出先機関としての側面を強く持つ半自治体から完全自治体に変化した。府県が内務省の地方出先機関であった時代は，知事は内務省から派遣された官僚で，内務大臣に直属してその指揮監督を受けていた。また，幹部もほとんどが内務省の人間であるなど，国と府県との間には人事交流が頻繁にあったため，情報経路としての人的ネットワークが構築されていた。ところが，府県が完全自治体化されて国との人事交流が少なくなり，府県に国の情報が入りにくくなった。

　この頃，財政難にあえいでいた府県は，補助金など国からの財政支援を獲得するため国と折衝する必要が生じた。ここに，「②都道府県から中央省庁への意思・情報の伝達役（働きかけ役）」としての業務が生じた。戦後の地方制度改革による府県の完全自治体化に伴い，同じ内務省組織の一員であった府県同士は組織的に完全に別の存在となり，国からより多くの財政的支援を得るには府県間の水平的競争に勝利しなければならなかった。そのためには，国に対して積極的な働きかけを行う必要がある。そのための拠点として設けられたのが東京事務所である。

国との交渉に際しては，まず国の情報を仕入れて戦略を立てねばならない。東京事務所が「②都道府県から中央省庁への意思・情報の伝達役（働きかけ役）」としての役割を果たすためには，「①中央省庁から都道府県への意思・情報の伝達役」，なかでもとくに都道府県側からのニーズに合わせて国の意思・情報を取りに行く「情報収集活動」を行うこともまた不可欠なのである。

　このように，国が情報を伝達するために東京事務所を欲したのではなく，府県が国の情報を入手するために東京事務所を欲したと考えられる。第1章に記した各県東京事務所の設置経緯を見ても，国からの設置要請があった形跡はない。あくまで各府県がそれぞれ必要性を感じて「自主的に」設置したのである。その結果，東京事務所を通じた国から地方への情報ルートが形成された。このルートを国が活用して国の意思や情報を地方に伝えることも行われるようになっていったと考えられる。

2-2　都道府県同士の意思・情報の伝達役としての東京事務所

　東京事務所の役割に関する3つの見解のうち，残る「③都道府県同士の意思・情報の伝達役」についてはどうか。

　真渕・高は，東京都や東京に近い県もあえて東京事務所を置いていること，東京事務所のほとんどが都道府県会館内に置かれていることに着目し，東京事務所同士が協力関係にあると指摘している。さらに，「本人」たる都道府県が「代理人」たる中央省庁を自らの意向に沿って動かすために東京事務所を設置しており，「本人」の意思統一と「代理人」に対する集合的監視のため，東京事務所間の連携が行われるようになったとの考えを示している[1]。

　たしかに東京事務所同士が連携して業務を遂行することもある。第4章で示したように，東京事務所間の連携組織が存在し，頻繁に情報交換を行っている。しかし，情報交換以上のこと，たとえば中央省庁への要望活動などを東京事務所間の連携組織が行っている形跡はほとんど確認できなかった。

　もちろん都道府県が連携して要望活動を行うこともある。しかし，それは東京事務所が調整役を果たすものではない[2]。全都道府県の意向が一致する案件

1　真渕・高（2017），274-275頁。
2　某県東京事務所職員への聞き取りによる。

であれば，全国知事会と各都道府県の本庁知事会担当課が中心となって要望活動を行い[3]，東京事務所はそのシナリオに従って手伝っているに過ぎない。利害関係が一致する一部の都道府県だけが共同して行う要望活動については，関係都道府県が「協議会」や「期成同盟会」を組織し，構成県の本庁担当課同士で調整が行われる[4]。この場合も，東京事務所はその手足となって要望活動を手伝うだけであって，東京事務所の役割は「要求・要望回路の確保」に過ぎないのである。

真渕・高が東京事務所同士の水平的連携の根拠の1つとしている都道府県会館についても，連携の拠点として建設されたという確証は見当たらない。

初代の都道府県会館は，1960年，全国知事会創立10周年記念事業の一環として，各都道府県東京事務所を収容する新たな会館建設の構想のもとに建設されたが，入居したのは三十余府県の東京事務所だけであった[5]。その後，事務室の狭隘化に加え，未入居県の強い希望もあり，1969年，同じ敷地内に別館が建設され，希望する未入居県の入居が進められた。

最初から水平的連携の拠点とするつもりなのであれば最初からすべての東京事務所が入居できるように設計するはずであるが，実際はそうではなく，希望ベースで入居が進められたように解される。各道府県が東京事務所を設置するようになってしばらくの間，各東京事務所は都内各所に散在していたが，手狭になった，家賃の折り合いがつかなくなった，などの理由で移転せざるを得な

3　たとえば，全国知事会は毎年夏に「国の施策並びに予算に関する提案・要望等」を取りまとめ，各省庁に実現を要請している。このほかにもさまざまな要請活動を行っており，最近では，認知症対策・介護人材確保に関する提言をまとめて厚労省に要請したり，女性活躍推進に関する提言をまとめて女性活躍担当大臣に要請したりしている（iJAMP 2017年8月17日付，iJAMP 2017年9月1日付）。

4　たとえば，高速道路ネットワークの整備推進を目的とする「全国高速道路建設協議会」は47都道府県の知事，議長等をメンバーとしており，国の予算編成に向けて要求額の満額確保を求める決起集会を開催している（iJAMP 2014年11月27日付）。

　　また，リニア中央新幹線の整備促進については，沿線9都府県によって「リニア中央新幹線建設促進期成同盟会」（会長：大村秀章愛知県知事）が組織され，国土交通省などに対して早期の全線整備を要望している（iJAMP 2015年6月4日付）。

5　全国知事会編（1977，1987，1997，2007）。

くなり，適当な物件探しに追われることも少なくなかった[6]。このように事務所物件に苦労していた東京事務所にとっては都道府県の共同体である全国知事会が実質的オーナーのビルに入居できればそれに越したことはなく，都道府県会館への入居が結果として進んだ，と考えるのが自然であろう。

　現在の都道府県会館は，旧会館の狭隘化と設備の老朽化等により，1999年に建て替えられたものである。建て替え直前の時点では39府県の東京事務所と2分室（東京都，山口県）が入居しており，それが建て替え後も再び入居している[7]。2017年4月時点では，39府県の東京事務所と5分室（北海道，岩手県，東京都，山口県，福岡県）が入居しており[8]，あたかも都道府県の連携拠点のように見えるが，その経緯を勘案すると必ずしもそうではなく，入居物件探しに難渋していた府県が集まった結果と判断される。

　そうであるならば，東京事務所の主たる機能は①中央省庁から都道府県への意思・情報の伝達役と②都道府県から中央省庁への意思・情報の伝達役（働きかけ役），両者をまとめて言えば「国・都道府県間の垂直的な意思伝達のための拠点」と考えられる。たしかに事務所間の連携組織は存在するが，その実態を見る限り，東京事務所の主たる機能が水平連携であると言うほどのものではなく，あくまで垂直的意思伝達の補完機能に過ぎないと解釈するのが適当である。

　こうした状況を踏まえると，③都道府県同士の情報の伝達役としての役割をまったく果たしていないわけではないが，このために東京事務所が置かれているとまでは言えないのではないだろうか。

6　岩手県東京事務所編（1982），福島県東京事務所編（1984）ほか。

7　全国知事会編（2007）。

8　都道府県会館ホームページ http://www.tkai.jp/information/tabid/85/Default.aspx （2017年7月31日閲覧）。

2　含意：中央地方関係論からみた東京事務所

　詳細は序章に記したとおりであるが，中央地方関係における東京事務所の位置づけを検討する上で重要な概念となる「相互依存」について再度説明しておく。

　日本は中央と地方の守備範囲が明確に分かれておらず，同一領域で権限と責任を共有している。ただし，それぞれが有する資源には差異があり，中央は財源と権限を十分に持つが実行組織が乏しく，地方は実行組織を十分に持つが財源と権限が乏しい。このため，中央と地方は相互に依存する。そのため，地方が政治的な自律性を発揮して中央に影響を与えることもしばしば起こり得る。これが村松岐夫のいう「相互依存モデル」である。

　つまり，政治が関与しない場合であっても，行政関係の中に相互依存関係は普通に存在する。村松の主張する「相互依存モデル」は，政治の関与を視野に入れることで行政関係だけでは説明がつかなかった現実を説明したが，行政関係のみで政治の関与がない相互依存関係も存在し得るのである。

（1）戦前の国・府県関係

　戦前の府県は地方自治体としての性格と国の地方出先機関としての性格をあわせ持っていたが，知事は官選であり，幹部も多くが内務省からの派遣であるなど，内務省の強い統制下にあり，国の地方出先機関としての性格のほうが圧倒的に強かった。

　これをデイル・ライト（Deil S. Wright）のモデルに当てはめると，図表6-2のような下位包含モデルとなる。この場合，府県は国に包含されており，両者間に交渉は生じない。したがって，国との連絡調整役としての東京事務所が成立する余地はない。あるとすれば，明治初年に見られたような，単なる物理的な中継点としての事務所となる。

図表6-2 戦前の国・府県関係

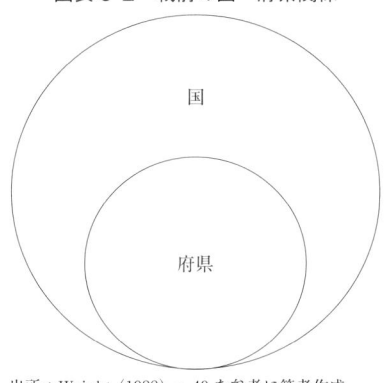

出所：Wright（1988），p.40 を参考に筆者作成

（2）戦後の国・都道府県関係：東京事務所を通じた相互依存

戦後の地方制度改革により，府県は完全自治体となり，知事も公選となった。機関委任事務制度が残ったため，機関委任事務を行う場合は戦前のような下位包含モデルに相当する関係も見られたが，基本的には図表6-3のような相互依存モデルに移行した。

日本は中央と地方の守備範囲が明確に分離しておらず，相互が密着して同一領域で権限と責任を共有している。両者が重複する領域においては，それぞれが有する資源の違いから，国が政策の立案を，都道府県がその実施を担うという関係になり，国も都道府県に対して行政的に依存する[9]。このような場合，重複領域においては相互に協力し合う関係となり，関係者間の交渉が重要になる[10]。ここに連絡調整役としての東京事務所が必要とされる環境が整ったということになる。

ただし，戦前の下位包含モデルの場合は，広く見れば中央と地方は同じ組織であったため，情報の伝達経路となるべき人的なつながりが確保されていた。しかし，それぞれ独立した組織となった相互依存モデルにおいては，両者間の

9　村松（1988b），180-183 頁。
10　Wright（1988），p.49.

図表 6-3　戦後の国・都道府県関係

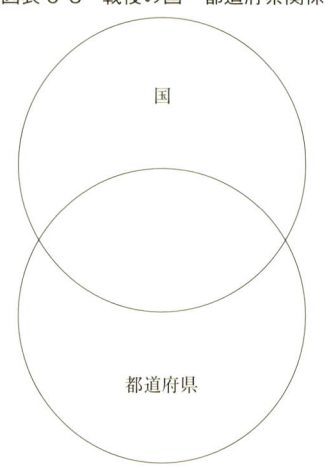

国

都道府県

出所：Wright（1988）, p. 40 を参考に筆者作成

人的なつながりは以前より弱まっている。

　他方，都道府県がそれぞれ独立した組織となったからには，他の都道府県との水平的競争（ぶんどり合戦）を勝ち抜いてより多くのリソースを獲得する必要がある。そのためには，他の都道府県より強固な人的ネットワークを国との間に持つことが不可欠となるが，それは完全自治体化により弱まっている状況にある。そこでまず「国との間の人的ネットワークの強化」が求められる。このような環境があったことで，東京事務所が顔つなぎのために省庁を日参するようになったと考えられる。

　相互依存的な日本の中央地方関係において，その接点である東京事務所は国と都道府県との資源交換の最前線となる。これまで見てきたように，東京事務所の活動は，国・都道府県間の意思・情報の伝達が中心である。法律や制度の制定者が持つ解釈情報，制定過程情報を広く法的資源（に関する情報）と解釈すれば，都道府県は国の法的資源を欲し，国は地方の現場の情報，つまり情報資源を欲すると言える。また，都道府県は財政的資源を欲しているが，東京事務所では直接財政的資源を入手するのではなく，補助金に関する情報など財政的資源の情報のみを入手している。

　村松岐夫は，東京事務所を中央と地方，双方の最大動員システムが表出したものであると解する[11]。中央は地方を細部まで監視するため地方の情報を共有したがる。逆に，地方も法的資源，財政的資源などの中央のリソースを最大限に活用しようとする。このような中央と地方の共通目標を双方が互いのリソースを最大限に活用しながら追求するシステムが，地方側の情報センターとなる東京事務所の設置につながったという。

　このように，国と都道府県は相互依存の関係にあり，そこで両者の交渉≒資源の交換が行われる。これを担うのが東京事務所なのであり，その存在は国・都道府県の双方に効用を生む。ただし，その役割は時代とともに変化している。

(3) 中央地方関係における東京事務所の役割の変化

　序章で示したとおり，あらゆる組織は資源面で他の組織に依存し，そのため組織の目標達成には資源交換が不可欠となる。ここで交換される資源は，①法的資源（法令や制度に基づく権限），②財政的資源，③政治的資源（意思決定へのアクセス等），④情報資源，⑤組織資源（政策実施能力）である。このうち，中央政府は①，②において，地方政府は④，⑤において，とくに優位を占めるとされる。

　都道府県が求める国の資源の多寡と政治入力の関係を，時代ごとに整理すると図表6-4のとおりとなる。

　東京事務所草創期においては，機関委任事務制度が導入されるなど地方が実施する事務に対する国の関与は大きかった。地方の国への財政的依存度も高かったが，国の財政は破綻状態にあり，交換可能な資源量は小さかった。この場合，政治的回路を使ってまで取りに行くべきものがなかったため，政治の入力はあまりなかった。したがって，この時期の東京事務所をめぐる中央地方関係は，政治の影響を考慮しない行政ルートのみの相互依存モデルとも捉えられるが，まだ地方が実施すべき行政事務も多くはなく，十分な組織資源も情報資源も有していなかった点を考慮すると，国が持つ資源がほぼ一方的に都道府県に

11　村松（1994），42-45頁。

図表 6-4　国の資源の多寡と政治入力の大きさの変化

	国の資源の多寡		政治入力の大きさ
	法的資源 (事務への関与)	財政的資源 (補助金等)	
東京事務所草創期 (1947年頃〜1950年代)	大	小	小
補助金全盛期 (1960年代〜1990年代)	大	大	大
地方分権改革以降 (2000年代〜)	小	小	小

出所：筆者作成

流れているような状態であり，資源の交換はさほど多く成立してはいない（図表 6-5）。したがって，行政同士の関係のみに着目し，中央が地方を統制していることを強調する垂直的行政統制モデルのほうが適合的であるとも考えられる。

　なお，東京事務所は資源交換の最前線であるが，直接扱うのは情報のみである。情報資源は東京事務所を通じてやりとりされるものの，法的資源・財政的資源そのものについては東京事務所を経由しない。経由するのはそれらの資源に関する情報だけである。

　補助金全盛期においては，国の関与も大きく，補助金も潤沢にあった。この時期になると都道府県の行政量も増大し，交換すべき組織資源・情報資源も十分な量が整ってきた。補助金やモデル事業枠の取り合いに勝利するため，国会議員を使って政治的圧力をかけることもしばしば行われた（図表 6-6）。したがって，行政同士の関係のみならず政治の影響を重視し，中央地方関係を政治に媒介された相互依存関係として理解する水平的政治競争モデルが適合する。

　国の財政的資源をできるだけ多く獲得してくることが自治体職員の力量と見なされる[12]この時期には，補助金等の獲得に大きく関与している東京事務所のプレゼンスは大きかった。

12　西尾（1990），435 頁。原田・金井（2010），26-27 頁。

図表6-5　国・都道府県関係における東京事務所の役割
（事務所草創期：1947年頃～1950年代）

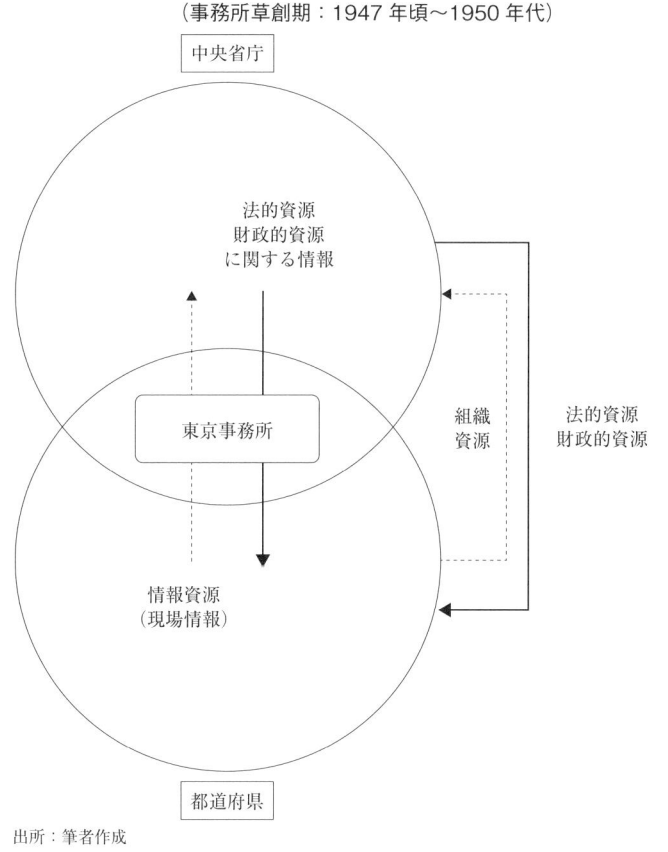

　地方分権改革以降においては，国の関与が見直されて小さくなり，補助金等
の財政的資源も小さくなった。地方が欲する資源（法的資源，財政的資源）か
さほど大きくなく，また，官官接待問題の影響もあって陳情・要望活動もかな
り減少したことから，政治的入力はかなり小さくなっている。都道府県の自立
性は高まったが，自己決定の際の不確実性を低減するため，東京事務所を通じ
て国に自ら接近し，さまざまなインサイダー情報を得ようとする現象が生じて
いる（図表6-7）[13]。

図表 6-6　国・都道府県関係における東京事務所の役割
（補助金全盛期：1960 年代～1990 年代）

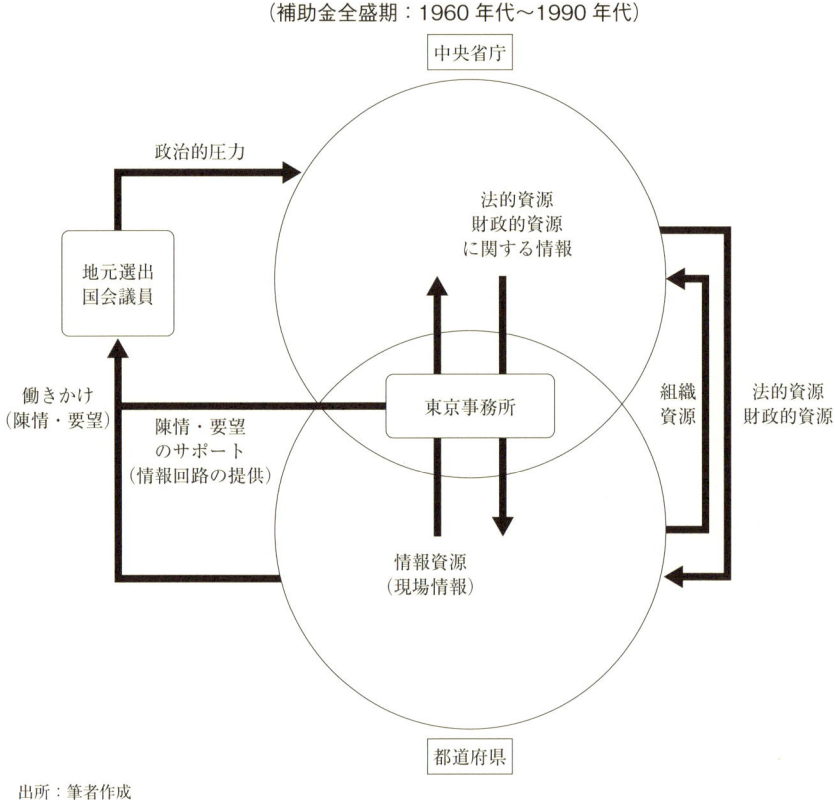

出所：筆者作成

13　近年の法令は細かい規定が多く，規律密度が高くなっているとの指摘もある（礒崎（2017），193-194 頁）。その理由としては，執行現場を信頼せず，解釈運用の誤りや混乱が生じないよう細部まで規定しておこうとすること，地方分権によって執行段階で自治体を統制することが難しくなったため，制度設計段階で統制しておこうとすることなどが考えられるという。

現段階では，これはあくまで仮説であるそうだが，もしその仮説が成立するのならば，地方分権が進展したにもかかわらず，都道府県が実施段階における不確実性を低減するため，国に近づいて情報を得ようとする行動が以前より増えているという本書の見解の有力な根拠となるであろう。

図表 6-7　国・都道府県関係における東京事務所の役割
（地方分権改革以降：2000 年代〜）

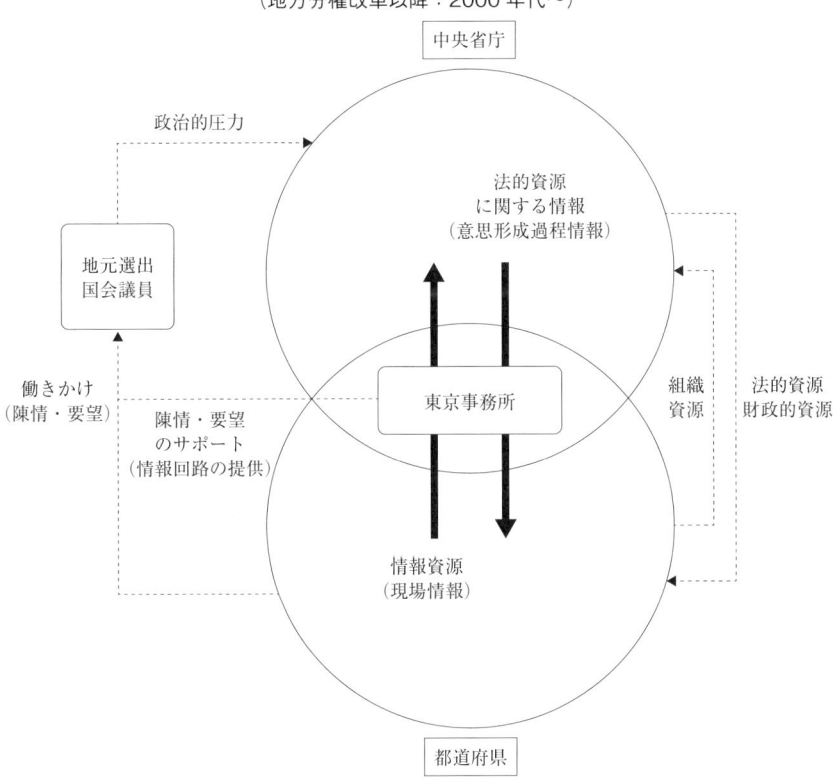

出所：筆者作成

　ここでは，密着しすぎた中央地方関係が地方分権改革によって少し分離され
たにもかかわらず，都道府県にとっては国と離れることによって実施段階にお
ける不確実性が高まるため自ら国との距離を縮めようとする，いわば「弾性
力」（力を加えられた物体が元に戻ろうとする力）とでも表現すべき傾向が観
察される。政治的入力がかなり小さいため，水平的政治競争モデル，すなわち
政治の影響を考慮した相互依存モデルは適合的ではない。ただし，中央省庁と
都道府県の行政同士の関係においては相互依存関係が観察される。
　この時期には，国から資源を獲得してくる機会が以前に比べて少なくなって

おり，東京事務所のプレゼンスも低下傾向にある。そのため，東京事務所の維持存続を図ろうと新たな役割を模索した結果，企業誘致や観光物産 PR などの業務を多く抱えるようになっていったと考えられる。

総　　括

　本書の問題意識は，国の補助金獲得のための活動の必要性が低下し，交通インフラや ICT など中央省庁への物理的なアクセス環境も改善された現在においても，すべての都道府県が東京事務所を置いているのはなぜか，また，国への依存度や霞が関への距離に関係なく，すべての都道府県が東京事務所を置いていることをどのように理解したらよいのか，ということであった。本書では，この問いを解くことを通じて東京事務所の存在意義を明らかにし，さらに，中央地方関係における東京事務所の位置づけを確認しようとした。

　東京事務所に関する先行研究はきわめて少なく，その実態さえも十分に明らかになっていなかった。そこで，本書においては，まず東京事務所の活動実態を正確に把握した上で，なぜそのような活動が求められ，それが国と都道府県との関係にどのように寄与しているのかを解き明かした。

　そもそも東京事務所とは，どのような経緯で設置され，どのような役割を果たしているのか。明治のはじめの数年間，単なる情報の中継所として存在していたことを除けば，長らく東京事務所は存在していなかったが，昭和初期（1920 年代後半）になると東京事務所と呼ばれる事務所が見られるようになった。しかし，その大半は東京における特産物の販路拡大を任務としており，現在のような中央省庁に対する連絡調整・情報収集活動を主眼とする事務所とは大きく異なるものであった。

　現在に続く東京事務所の大半は，1947 年以降に設置された。この頃，憲法や地方自治法の制定等により地方自治制度が確立される一方で，都道府県の業務が大幅に増加したが，それに見合う財源は十分に手当てされなかった。これにインフレーションや度重なる台風被害への対応等が重なったことで，地方財政は危機的な状況に瀕し，都道府県は財政的な面で国への依存を強めざるを得

なくなった。このため，中央省庁との連絡調整や情報収集の必要性が高まり，その前線基地として東京事務所が設置されるに至った。

　中央省庁との連絡調整や情報収集活動を円滑に行うためには，その基盤となるべき中央省庁職員との人的ネットワークを構築する必要がある。自県の出身者や自県への出向経験者を対象とする「地縁によるネットワーク」がその中心であり，その構築に際しては，同郷の省庁職員によって組織される「省庁県人会」が大いに活用される。人的ネットワークの構築には，実際に顔を合わせて接触する頻度を高め，親近感を持たせたり信用度を高めたりすることが重要である。具体的には，40歳前後の中堅職員が毎日1時間程度，担当省庁内を歩き回り，省庁県人会等で涵養した人脈に連なる人々との会話を重ねていく中で，さまざまな情報を得ていく。このような活動を展開するには，やはり東京への常駐が必要になる。

　国・都道府県間の人的ネットワークを必要としているのは都道府県だけではない。国・都道府県間に相互依存関係が存在するとすれば，相互の情報伝達や意思疎通が不可欠であって，国も都道府県とのネットワークを欲するはずである。もちろん都道府県に出向中の中央官僚をパイプとして活用することもあるが，それだけでは十分ではない。

　相互依存関係が成立する場合，両者の関係は一方的なものではなく，両者間の交渉を経る必要がある。交渉を有利に進めるにはより多くの情報を収集・分析することが不可欠であり，そのためにはより多くの情報チャンネルを持つほうが効果的である。

　実際のところ，国も，地方に迅速かつ正確に情報を伝達して事業を円滑に実施するため，また，地方の実情を吸い上げて政策立案に活かすため，東京事務所を通じたネットワークを活用している。つまり，このような人的ネットワークは，国，都道府県，いずれにとっても有用であり，相互依存関係にある両者双方にとって東京事務所は重要な情報インフラと捉えることが可能である。

　では，東京事務所が設置される以前はどうしていたのか。戦後間もない頃までは，府県も都道も内務省の地方出先機関としての性格が強く，そのトップの知事等は官選の内務官僚で，幹部もほとんど内務省の人間であった。そのため，都道府県と国との間で頻繁な人事異動が行われ，「同志的な結合」[14] ができて

いた。したがって，情報経路としての人的ネットワークをあらためて構築する必要はなかった。

それが，1946年の地方制度改正，1947年の地方自治法制定により，都道府県は国の地方出先機関ではなくなった。そのため，中央官僚が都道府県に出向することも従前ほどではなくなり，国と都道府県との人的なつながりが弱まった。

その一方で，都道府県が国からの補助金を獲得するためには，国の出先機関であった頃にはなかった他の都道府県との激しい水平的競争に勝利する必要があり，そのための交渉には国との人的ネットワークが不可欠であった。そこで，都道府県は東京に事務所を置き，国との人的ネットワークを再構築しようとしたのである。

東京事務所設置の目的としては，最も目立つ成果である補助金の獲得にばかり注目が集まってきた。たしかに補助金獲得が東京事務所最大のミッションであったことは間違いなく，また，東京事務所の栄枯盛衰が補助金の拡大縮小とある程度軌を一にしてきたこともあって，それはやむを得ない部分もある。しかし，その根底に流れる東京事務所設置の真の目的は「都道府県の完全自治体化によって途切れてしまった国・地方間の人的ネットワークの再構築と維持涵養」であった。

事実，補助金全盛時代の頃でも，東京事務所のミッションは補助金獲得だけではなかった。そのため，補助金が少なくなった現在においても，規模はやや縮小傾向にあるものの，都道府県は依然として東京事務所を置いて中央省庁と頻繁に接触し，連絡調整・情報収集に努めている。

1990年代半ばに官官接待が問題になって以降，本音で語ることのできる夜の接触機会が激減し，中央省庁職員との関係が希薄化していった。それからしばらくは過去に培った人的ネットワークを遺産として活用していたが，10年も経つと人的ネットワークの先細りが目立つようになり，1つの東京事務所の単独活動では十分な情報収集ができなくなってきた。そこで，とくに2005年

14　大霞会編（1971），582頁。

以降，希薄となった中央省庁職員との関係を補完するため，東京事務所の各省庁担当者による全国的な連携組織を次々と設立し，単独では得られない情報を事務所間の水平的連携により入手するようになっていった。このように，本来は競合関係にある東京事務所であるが，一定の場合には協力関係が成立する。つまり，東京事務所間にも相互依存関係が存在していることが示唆された。

ところで，補助金獲得のミッションが減少した現在，東京事務所はその人的ネットワークを具体的に何に活用しているのだろうか。相互依存モデルにおいては，国と地方がその行政資源について相互に依存し合う。かつては，中央省庁が財源，権限を有し，都道府県はそれを実行するための組織・人員を持つという関係であった。そのため，補助金のような財源やその配分権限が都道府県の関心の的であった。

しかし，地方分権改革や三位一体の改革を経て，中央省庁の有する財源，権限は縮小した[15]。そこで都道府県の関心は財源，権限から，都道府県が実施すべき制度・政策の形成過程情報に遷移していった[16]。そこで東京事務所の活動も，補助金獲得のための働きかけを中心とするものから，決められた枠の中でいかに的確かつ効率的に行政を遂行するための情報収集，さらには，国の政策形成を自県に有利な方向に向かわせるための情報収集あるいは情報発信へと移り変わっていったと考えられる。それでは，なぜ東京事務所はそのような情報に関心を持つのか。それは，都道府県を取り巻くさまざまな「不確実性」を低減し，確実で効率的・効果的な行政を展開するためと考えられる。

最後に，仮説を踏まえた形で，問いの答えを明示して本書を締めることとしたい。

仮説1に関しては，「東京事務所の主な役割は中央省庁・都道府県間の垂直的な意思・情報伝達であり，それを補完するために東京事務所間の水平的な連

15　もちろん依然として変わらない権限もある。たとえば，事業官庁における国直轄事業の箇所付け権限などに変化はなく，現在でも都道府県の関心の的であり続けている。

16　地方分権が進んだ現在においても，全国的に適用すべき制度・政策の企画設計は，一般に国の役割とされるためである。たとえば，地方自治制度，地方税制度，地方公務員制度，福祉関係の諸制度など。

携も行われている。そのミッションは，かつての補助金獲得のための活動から，現在では政策の実施に必要な当該政策の形成過程情報等に関する意思・情報伝達に移り変わってきた。それには直接的な接触を頻繁に繰り返すことが必要であるため，霞が関に近い場所に東京事務所を置いて職員を常駐させている」というのが検証結果となる。

仮説2に関しては，「不確実な状況下において自らの判断・行動の正統性を得るため，国の意向を確認・調整して忠実に従おうとしたり，国に先進県の情報を聞いて模倣を試みようとしたり，立法当事者である国の見解を確認して従おうとしたりするといった同じような行動が各都道府県で観察される。さらに，その目的を達成するため，東京都を除く各道府県では東京事務所を同じように活用する。このような同型化の結果，環境の差異にかかわらず，（東京都を除く）すべての道府県が東京事務所を存続させるという結果が生じている」のであり，また「東京都が東京事務所を置いているのは，いわば「お付き合い」であり，それは都道府県（＋全国知事会）という組織フィールド内の同調圧力を感じているため」であるというのが結論である。

東京事務所の視点から国と都道府県の関係を見てみると，時代によってその形態は少しずつ異なるものの，相互依存関係が認められた。かつては国に対する政治的な働きかけへの関与も頻繁に見られたが，実は東京事務所は情報回路の提供によるお膳立てのみを行っており，国に政治的圧力を直接かけているわけではなかった。地方分権改革以降は，政治的な働きかけが減少し，行政関係の中での相互依存関係となっていった。なお，興味深いことに，地方分権によって都道府県の自立性が高まったものの，自らの判断・行動に正統性を担保するため，かえって国との距離を縮めようとする現象も見受けられた。

東京事務所については，先行研究がきわめて少なかったこともあり，まだまだ実態解明は十分とは言えない。とくに過去のデータが少なく，経年的な変化をデータで示すことは不可能であった。そのため，今回は質的データに多くを負ったが，将来的には東京事務所を対象とするアンケート調査を定期的に実施するなど，量的データの蓄積を図り，経年的な分析を行って東京事務所の役割の変化を追っていくことが望ましい。また，近年は東京事務所の役割を企業誘致や観光物産，シティプロモーションなどにシフトする傾向が見られる。東京

事務所のあり方を考えるうえで非常に大きな変化ではあるが，本書では論点が拡散しないよう，この点についてはあまり触れることができなかった。これらについては，今後の研究課題としたい。

あ と が き

　本書は，2018 年に早稲田大学大学院政治学研究科に提出した博士論文「都道府県東京事務所の総合的研究——東京事務所を通じた相互依存」に一部修正を加えたものである。

　このうち第 1 章〜第 4 章は，以下の論文を大幅に加筆修正の上，再構成したものであり，第 1 章には①及び③，第 2 章には①，第 3 章には②及び⑤，第 4 章には④の内容が主に反映されている。

①大谷基道（2009）「都道府県東京事務所の研究——東京事務所不要論と国・都道府県の関係」『年報行政研究』44 号，170-183 頁。

②大谷基道（2014）「中央省庁と道府県とのインフォーマルなネットワーク——省庁県人会の活動を中心に」『NUCB Journal of Economics and Information Science（名古屋商科大学論集）』59 巻 1 号，69-89 頁。

③大谷基道（2016）「道府県東京事務所の成立過程——戦前・戦中・戦後」『NUCB Journal of Economics and Information Science（名古屋商科大学論集）』60 巻 2 号，27-40 頁。

④大谷基道（2017a）「都道府県東京事務所の水平的な連携」『獨協法学』102 号，613-644 頁。

⑤大谷基道（2017b）「省庁県人会を通じた国と道府県のネットワーク」『獨協法学』103 号，424-446 頁。

　茨城県職員であった筆者は，2005 年に東京事務所に異動となり，その翌年から勤務のかたわら私的に早稲田大学大学院公共経営研究科専門職学位課程に通い始めた。当時の研究テーマは現在に至るまでライフワークとしている「公務員人事」に関するもののうち，民間からの中途採用や任期付採用など「地方

自治体における多様な人材活用」であった。

　その後，筆者は同大学院政治学研究科博士後期課程に進学することを決め，自治体内に存在する多様な人材のうち，それまで研究対象としていなかった「国から都道府県への出向者」を取り上げることにした。国からの出向者は，在職中はもちろん，国に帰任した後も出向先の自治体と緊密な関係を保っていることが多い。そこで，帰任後の出向官僚との関係維持の役割を担う東京事務所にも焦点を当てることにした。その結果，都道府県における人材活用の視点に加え，出向人事を通じた国・都道府県関係の視点もあわせ持つ研究となった。これが本書に至る研究の始まりである。

　論文としてある程度まとまった段階で，筆者はある研究会で報告する機会を得た。そこで，「出向官僚研究も面白いが，東京事務所研究とどっちつかずになっている。東京事務所の研究はこれまでにない研究なので，そちらに絞ったらどうか」との貴重なアドバイスをいただいた。筆者自身もそのように感じていたこともあり，そのアドバイスに後押しされるように東京事務所に焦点を絞った研究にシフトした。その研究成果をまとめたものが本書のもととなった博士論文である。

　このように，当初は人事から見た中央地方関係の研究であったものが，東京事務所という国・都道府県の結節点から見た中央地方関係の研究に変化していった。なお，東京事務所については，近年，企業誘致，県産品販路拡大，観光PR，移住促進など，東京におけるいわば「営業拠点」としての役割が急速に拡大している。しかし，序章（脚注2）において述べたとおり，中央地方関係を扱う本書では，そのような役割を担う組織は分析の対象外とした。本書の対象である「東京において中央省庁との連絡調整を行う事務所」と比べると，東京に立地している点は共通するものの，業務上のカウンターパートは民間企業や一般消費者であって，中央地方関係には無関係なためである。

　本書が完成に至るまでは多くの方々の温かいご指導・ご助力があった。最終的に博士論文審査の主査を務めてくださったのは稲継裕昭先生である。稲継先生は，筆者が専門職学位課程を修了するのと入れ替わるように早稲田大学大学院公共経営研究科に着任された。公務員人事に関する先生の授業を受講するた

め，修了後も科目等履修生となって大学院に通った筆者に対し，先生は研究の
イロハを教えてくださった。筆者に学会誌への投稿を勧めてくださったのも，
また，その投稿論文が運良く査読を通った後，次のステップとして政治学研究
科博士後期課程への進学を勧めてくださったのも稲継先生である。筆者は，博
士後期課程への進学前に東京事務所に関する研究ノートを執筆したことがある。
その執筆に際し，東京事務所を研究対象とするのも面白いのではないかとのア
ドバイスをくださったのも稲継先生であった。

　その後も稲継先生には，数え切れないほどのご指導・ご助力をいただいた。
博士後期課程在学時には副指導教員として丁寧なご指導をいただいたばかりか，
茨城県職員を辞めて研究者として新たな出発を図ろうとした際にも多大なるご
支援をいただいた。また，さまざまな研究プロジェクトにお誘いいただき，多
くの政治学・行政学分野の先生方をご紹介いただくなど，研究者としての経験
が浅く，学会の慣習にも戸惑いがちな筆者に多くの研究と出会いの機会を与え
てくださった。先生の学恩なしに現在の筆者はあり得なかった。心から感謝を
申し上げたい。

　博士後期課程に進学後，指導教員を引き受けてくださったのは縣公一郎先生
である。最終的な博士論文審査では副査に転じられたが，同課程在学時には長
きにわたってご指導をいただいた。早稲田で長く教鞭を執っておられる縣先生
のもとには，多くの門下生が集い，毎週の研究指導においてもつねに活発な議
論が交わされていた。そこでの議論は，学会の動向に疎かった筆者にとって，
自身の専門領域以外でどのような研究が行われているのかを知る貴重な機会と
なった。

　同じく博士後期課程に進学後，副指導教員を引き受けてくださり，博士論文
審査では副査を務めてくださった小原隆治先生にもたいへんお世話になった。
小原先生は，地方自治制度やその歴史的背景等についてきわめて豊富な知識を
お持ちであり，正確な事実関係に裏付けされた緻密な議論の重要性を教えてい
ただいた。また，毎週の研究指導に参加させていただき，地方自治を専門とす
る院生の皆さんと交流できたことも大きな収穫であった。

　福永文夫先生，青木栄一先生には，博士論文審査の副査（外部審査委員）を
務めていただいた。両先生には，ご多忙にもかかわらず，博士論文提出前に開

催される発表会において貴重なご意見・ご指摘を賜り，また，博士論文審査においても公刊に向けた加筆修正についてご助言をいただいた。

　大学院在学中は，このほかにも多くの先生方にお世話になった。専門職学位課程の研究指導では，片木淳先生，山田治徳先生，北川正恭先生にご指導をいただいた。博士後期課程では，前出の先生方のほか，福島淑彦先生，藤井浩司先生，山野岳義先生をはじめ多くの先生方にご指導をいただいた。とくに福島先生には，大学教員への転身を図ろうとした際に相談にも乗っていただき，多大なるご助力をいただいた。

　博士後期課程在学中には，阿部慶徳氏，飯塚俊太郎氏，泉澤佐江子氏，上田啓史氏，大野真氏，河合晃一氏，鈴木隆志氏，髙佐知宏氏，寺迫剛氏，本田亜紗子氏，松岡清志氏，光山奈保子氏をはじめ，多くの院生・研究生の皆さんにお世話になった。これらの方々と議論を交わし，多くの学びを得たことは，その後の研究者人生に大いに役立った。なかでも河合氏とはその後も多くの研究プロジェクトで長い時間をともに過ごさせていただき，現在でも良き相談相手となっていただいている。また，縣先生のご厚意により，西岡晋先生，宇野二朗先生をはじめとする縣研究室 OB の先生方とも交流させていただけたことは，研究者人脈に乏しかった筆者にはたいへんありがたいことであった。

　本書のもととなった博士論文の執筆を始めた 2009 年から現在に至るまでの間に，筆者の立場も大きく変わった。2012 年に茨城県を退職し，全国市長会のシンクタンクである公益財団法人日本都市センターにおいて研究者としての人生を歩み始めた。その 1 年後には名古屋商科大学の教員に転じ，さらにその 3 年後には獨協大学に移籍した。茨城県に奉職した時はもちろん，10 年前もまったく想像していなかった道程を歩んでいるのだから，人生とは面白いものである。

　茨城県庁時代には多くの良き上司・同僚に恵まれた。とくに大学院に通っていた時に所属していた東京事務所及び人事課時代の上司の方々には，いろいろとご配慮をいただいた。とくに今関裕夫氏，小嶋裕司氏には，現在もいろいろと気に掛けていただき，折に触れてご助言をいただいている。日本都市センター時代にも，荒木慶司氏，鳴田謙二氏，宮田昌一氏をはじめ多くの良き上司・同僚に恵まれ，研究者として好スタートを切ることができた。また，名古屋商

科大学時代には，行政学の教員は筆者一人だけであったが，異なる学術分野の先生方と交流することで，学術分野によるアプローチの違いをはじめさまざまな気づきを得ることができた。とくに圓生和之先生，三輪祥宏先生，山田隆先生とは，現在に至るまで親しく交流させていただいている。

筆者が獨協大学法学部に着任してから4年近くになる。法学部の先生方，とくに学部長の小川健先生，政治学系教員のリーダー的存在である福永文夫先生には，恵まれた研究環境を与えてくださっていることに深く感謝申し上げたい。そのおかげで，獨協大学着任以降，多くの研究に携わり，さまざまな経験を積み重ねることができた。本当にありがたいことである。また，本書の出版にあたっては，獨協大学から学術図書出版助成を受けた。助成事業関係者の皆様にも深謝申し上げる。

本研究の一部については，日本行政学会，行政共同研究会，関西行政学研究会，放送大学ガバナンス研究会において報告する機会をいただいた。荒見玲子先生，市川喜崇先生，稲垣浩先生，梶原晶先生，北村亘先生，木寺元先生，砂原庸介先生，宗前清貞先生，田口 ・博先生，手塚洋輔先生，平野淳一先生，深谷健先生，藤村直史先生，松井望先生，村上祐介先生をはじめ，それらの場で貴重なご意見をいただいた先生方に厚く御礼申し上げる。前述の「東京事務所研究に絞ったらどうか」という貴重なご助言は，放送大学ガバナンス研究会において，故・天川晃先生と雨宮昭一先生からいただいたものである。お二人のご助言なしには本書は存在しなかった。心から御礼を申し上げたい。

本研究においては，多くのアンケート調査やインタビュー調査を実施した。アンケート調査にご協力いただいた各都道府県の東京事務所及び組織担当課の皆様，インタビュー調査にご協力いただいた中央省庁の現役職員及びOBの皆様，各都道府県東京事務所の現役職員及びOBの皆様にも感謝したい。

本書の刊行に際しては，勁草書房の上原正信氏にたいへんお世話になった。決して一般受けするとは思えないこの研究が日の目を見ることができたのも上原氏のお陰である。原稿の進行管理においても，絶妙なタイミングでリマインダーをいただき，易きに流れがちな筆者をさりげなく叱咤激励してくださった。厚く御礼申し上げる。

最後に，この場を借りて家族に感謝の気持ちを伝えたい。父・茂夫と母・広

子は，県職員という安定した職を辞して遠方に赴任していった愚息に対し，好きなことをやれと温かく見守ってくれた。義母・長田愛子も，どこに向かうのか見通しが定かでない娘婿をつねに支援してくれた。そして誰よりも妻・朋子には心配を掛けた。大雪の中，大学教員公募の応募書類を一緒に郵便局まで出しに行ったのも今となっては良い思い出であるが，当時は先行きどうなることか不安だったことと思う。それにもかかわらず，どんなときも筆者の決断を信じ，応援してくれたことに「ありがとう」の言葉を贈りたい。

2019 年 9 月

大谷　基道

参考文献

行政資料等

青森県東京事務所編（1980）『東京事務所五十年誌』青森県東京事務所。

茨城県東京事務所編（1987）『茨城県東京事務所のあゆみ』茨城県東京事務所。

茨城県東京事務所編（2007）『東京ガイド '07』茨城県東京事務所。

岩手県東京事務所編（1982）『東京事務所 30 年のあゆみ』岩手県東京事務所。

大分県東京事務所編（1974 頃）『大分県東京事務所のあゆみ』大分県東京事務所[1]。

各省庁宮城県人会（1982）『各省庁宮城県人会会員名簿』。

鹿児島県編（1935〜1937, 1939）『鹿児島県職員録（各年）』鹿児島新聞社。

鹿児島県編（1940, 1941, 1943, 1950）『鹿児島県職員録（各年）』鹿児島県。

鹿児島県互助会編（1952）『鹿児島県職員録（昭和 27 年）』鹿児島県互助会。

鹿児島県東京事務所編（1974）『鹿児島県出身者名簿』鹿児島県東京事務所。

鹿児島県東京事務所編（1988）『各省庁等鹿児島県人会会員名簿（昭和 63 年 7 月 1 日現在）』鹿児島県東京事務所。

厚生省大臣官房政策課地域振興室編（1990）『都道府県・指定都市東京事務所厚生省担当職員名簿——平成の江戸侍たちのプロフィール　平成 2 年版』中央法規出版。

静岡県東京事務所編（1981）『事務手引　昭和 56 年度』静岡県東京事務所。

人事院（2002）「平成 13 年度年次報告書」http://www.jinji.go.jp/hakusho/h13/body.html（2017 年 6 月 10 日閲覧）。

人事院（2009）「採用試験の在り方を考える専門家会合報告書」http://www.jinji.go.jp/kenkyukai/shikenarikata/hombun.pdf（2017 年 6 月 10 日閲覧）。

全国知事会編（1977）『全国知事会三十年史』全国知事会。

全国知事会編（1987）『全国知事会四十年史』全国知事会。

全国知事会編（1997）『全国知事会五十年史』全国知事会。

全国知事会編（2007）『全国知事会六十年史』全国知事会。

1　大分県東京事務所蔵。奥付がなく，著者・編者，発行元，発行年月も明記されていない。ただし，その記述表現から大分県東京事務所の手によるものと思われ，また，年表に記載されている最後の出来事が 1973 年 12 月 29 日の出来事であることから 1974 年頃の発行と思われる。

全国知事会総務部編（1972）『都道府県東京事務所職員名簿（昭和47年11月）』全国知事会総務部。

全国知事会総務部編（1989）『都道府県東京事務所職員名簿（平成元年6月）』全国知事会総務部。

全国知事会総務部編（1998）『都道府県東京事務所職員名簿（平成10年7月）』全国知事会総務部。

全国知事会総務部編（2007）『都道府県東京事務所職員名簿（平成19年7月）』全国知事会総務部。

全国知事会総務部編（2014）『平成26年度都道府県東京事務所職員名簿』全国知事会総務部（電子版（Excelファイル））。

全国都道府県在京文教関係者連絡協議会編（2008）『文部科学省ひとりあるき』（第41号，平成20年版）。

全国都道府県・政令指定都市建設省担当者連絡協議会編（1994）『とんび会15年記念誌』。

全国都道府県・政令指定都市建設省担当者連絡協議会編（1999）『とんび会20年記念誌』。

全国都道府県・政令指定都市国土交通省担当者連絡協議会編（2005）『25周年記念誌』。

全国都道府県・政令指定都市国土交通省担当者連絡協議会編（2010）『30周年記念誌』。

千葉県（2016）「平成28年度当初予算（一般会計）…負担金一覧（総務部）」https://www.pref.chiba.lg.jp/zaisei/futankin/documents/11somu-hutankin.pdf（2017年2月5日閲覧）。

地方財務協会編『内政関係者名簿』（各年版（1972～2007））地方財務協会。

地方財務協会編『内務・自治関係者名簿』（各年版（2008～2016））地方財務協会。

東京地方裁判所民事第一部訴訟資料1952年9月15日付受理番号第6600号。

都市東京事務所長会編（2007）『都市東京事務所職員録（平成19年6月現在）』都市東京事務所長会。

栃木県東京事務所（1995）『東京便覧』栃木県東京事務所。

富山県東京事務所（1977）『中央官庁等富山県出身者名簿』富山県東京事務所。

福島県東京事務所編（1984）『東京事務所三十年誌』福島県東京事務所。

北海道企業誘致東京事務所編（2002）『北海道企業誘致東京事務所の歩み』北海道企業誘致東京事務所。

北海道東京事務所編（1961）『東京事務所月報 No.7』北海道東京事務所。

北海道東京事務所編（1966）『昭和42年度北海道開発関係予算の要求内容等参考資料』北海道東京事務所。

北海道東京事務所編（1974）『北海道東京事務所のあゆみ』北海道東京事務所。

北海道東京事務所編（1977）『北海道東京事務所要覧　昭和52年3月』北海道東京事務所。

北海道東京事務所編（1979）『開所30年のあゆみ　職員名簿』北海道東京事務所。

北海道東京事務所編（1988）『北海道東京事務所要覧　昭和63年7月』北海道東京事務所。

230

北海道物産斡旋東京事務所編（1960）『創立十周年を記念して』北海道物産斡旋東京事務所。

茨城県報（1933 年 3 月 29 日付号外，1935 年 10 月 29 日付第 896 号，1943 年 3 月 31 日付第 1881 号，1943 年 11 月 24 日付第 1983 号，1948 年 2 月 4 日付第 2622 号，1952 年 6 月 23 日付第 3305 号）。

書籍・論文等

青木栄一（2004）『教育行政の政府間関係』多賀出版。

青木栄一（2013）『地方分権と教育行政——少人数学級編制の政策過程』勁草書房。

赤木須留喜（1978）『行政責任の研究』岩波書店。

秋月謙吾（1988）「非ルーティン型政策と政府間関係——関西国際空港計画をめぐる政治と行政（一）」『法学論叢』123 巻 3 号，1-18 頁。

秋月謙吾（2001）『行政・地方自治』東京大学出版会。

秋吉貴雄・伊藤修一郎・北山俊哉（2010）『公共政策学の基礎』有斐閣。

秋吉貴雄（2017）『入門公共政策学』中央公論新社。

明智カイト（2015）『誰でもできるロビイング入門——社会を変える技術』光文社。

浅野史郎・北川正恭・橋本大二郎（2002）『知事が日本を変える』文藝春秋。

淺羽茂（2002）『日本企業の競争原理——同質的行動の実証分析』東洋経済新報社。

朝日新聞社会部（1979）『公費天国——告発キャンペーンの舞台裏』朝日新聞社。

朝日新聞名古屋社会部（1998）『新版ドキュメント官官接待——公費接待からカラ出張まで』風媒社。

鰺坂学（2009）『都市移住者の社会学的研究』法律文化社。

東俊之（2004）「制度派組織論の新展開——制度派組織論と組織変革の関係性を中心に」『京都マネジメント・レビュー』6 号，81-97 頁。

阿部昭夫（1994）『記番印の研究——近代郵便の形成過程』名著出版。

天川晃（1974）「地方自治制度の改革」東京大学社会科学研究所編『戦後改革 3 政治過程』東京大学出版会，231-286 頁。

天川晃（1983）「広域行政と地方分権」『ジュリスト総合特集 29　行政の転換期』有斐閣，120-126 頁。

天川晃（1985）「戦後自治制度の再編成——戦時から戦後へ」日本政治学会編『年報政治学 35　近代日本政治における中央と地方』岩波書店，205-229 頁。

天川晃（1986）「変革の構想——道州制論の文脈」大森彌・佐藤誠三郎編『日本の地方政府』東京大学出版会，111-137 頁。

天川晃（2017）『戦後自治制度の形成』左右社。

阿利莫二（1960）「地方六団体——地方自治をめぐる全国組織」日本政治学会編『年報政治学 11　日本の圧力団体』，49-63 頁。

五十嵐冨英（1987）『自立する「地方」——地方記者の見た戦後自治史』ぎょうせい。

石澤靖治（1995）『ザ・MOF──大蔵省権力とデモクラシー』中央公論社。

礒崎初仁（2017）「法令の過剰過密と立法分権の可能性──分権改革・第3ステージに向けて」北村喜宣ほか編『自治体政策法務の理論と課題別実践──鈴木庸夫先生古稀記念』第一法規。

市川喜崇（2012）『日本の中央・地方関係──現代型集権体制の起源と福祉国家』法律文化社。

伊地知重孝編（1978）『自治省残酷物語』エール出版社。

伊藤修一郎（2002a）「社会学的新制度論」河野勝・岩崎正洋編『アクセス比較政治学』日本経済評論社，147-162頁。

伊藤修一郎（2002b）『自治体政策過程の動態──政策イノベーションと波及』慶應義塾大学出版会。

伊藤修一郎（2006）『自治体発の政策革新──景観条例から景観法へ』木鐸社。

伊藤大一（1989）「テクノクラシー理論と中央・地方関係──自治省と地方公共団体」『レヴァイアサン』4号，25-40頁。

伊藤正次（2003）『日本型行政委員会制度の形成──組織と制度の行政史』東京大学出版会。

稲垣浩（2015）『戦後地方自治と組織編成──「不確実」な制度と地方の「自己制約」』吉田書店。

稲継裕昭（1996）『日本の官僚人事システム』東洋経済新報社。

稲継裕昭（2000）『人事・給与と地方自治』東洋経済新報社。

稲継裕昭（2007）「アクター官僚・自治体の経験的分析」『レヴァイアサン』40号，108-114頁。

井上徳宣（1995）「十五年目を迎えた『とんび会』──建設省と地元の架け橋」『MCM建設月報』48巻2号，52-54頁。

茨城の占領時代研究会編（2001）『茨城の占領時代』茨城新聞社。

今井照編著（2008）『市民自治のこれまで・これから』公職研。

今里滋（1999）『分権時代の自治体職員8　情報と交流のネットワーク』ぎょうせい。

岩野美代治著・竹内桂編（2017）『三木武夫秘書回顧録──三角大福中時代を語る』吉田書店。

大倉一知（1996）『MOF担の告白』あっぷる出版社。

大蔵省財政史室編（1978）『昭和財政史──終戦から講話まで　第16巻地方財政』東洋経済新報社。

大谷基道（2009）「都道府県東京事務所の研究──東京事務所不要論と国・都道府県の関係」『年報行政研究』44号，170-183頁。

大谷基道（2014）「中央省庁と道府県とのインフォーマルなネットワーク──省庁県人会の活動を中心に」『NUCB Journal of Economics and Information Science（名古屋商科大学論集）』59巻1号，69-89頁。

大谷基道（2015）「自治官僚の昇進と地方出向——出世コースと出向先との関係」『NUCB Journal of Economics and Information Science（名古屋商科大学論集）』60 巻 1 号，21-38 頁。

大谷基道（2016）「道府県東京事務所の成立過程——戦前・戦中・戦後」『NUCB Journal of Economics and Information Science（名古屋商科大学論集）』60 巻 2 号，27-40 頁。

大谷基道（2017a）「都道府県東京事務所の水平的な連携」『獨協法学』102 号，613-644 頁。

大谷基道（2017b）「省庁県人会を通じた国と道府県のネットワーク」『獨協法学』103 号，424-446 頁。

大谷基道（2017c）「都道府県における新たな政策に係る人材の確保」『公共政策研究』17 号，69-82 頁。

大谷基道・稲継裕昭（2018）「東日本大震災の被災自治体における出向官僚の役割」『獨協法学』105 号，318-344 頁。

大谷基道・河合晃一編（2019）『現代日本の公務員人事——政治・行政改革は人事システムをどう変えたか』第一法規。

大西靖（2017）「管理会計研究における制度的視点——正当性と同型化」『現代社会と会計』11 号，1-11 頁。

大畠菜穂子（2015）『戦後日本の教育委員会——指揮監督権はどこにあったのか』勁草書房。

大森彌（1998）「日本官僚制の分権改革——機関委任事務制度の終焉」山脇直司・大沢真理・大森彌・松原隆一郎編『現代日本のパブリック・フィロソフィ』新世社，99-142 頁。

大森彌（2006）『官のシステム』東京大学出版会。

大山耕輔（1996）『行政指導の政治経済学』有斐閣。

荻田保（1984）「戦後地方財政小史（Ⅰ）」『都市問題研究』36 巻 4 号，42-52 頁。

奥野誠亮（2002）『派に頼らず，義を忘れず——奥野誠亮回顧録』PHP 研究所。

加藤秀俊（1966）『人間関係』中央公論社。

金井利之（2007）『自治制度』東京大学出版会。

加茂利男・水口憲人（1990）「補助金と政治・行政——都道府県関係者へのアンケート調査から」宮本憲一編『補助金の政治経済学』朝日新聞社，84-114 頁。

唐澤太市（2011）『地方公務員のための仕事学——「愛郷一念」からの提言』上毛新聞社。

カルダー，ケント・E（淑子カルダー訳）（1989）『自民党長期政権の研究——危機と補助金』文藝春秋。（原著 Calder, Kent E. 1988. *Crisis and Compensation: Public Policy and Political Stability in Japan, 1949-1986*. Princeton, NJ: Princeton University Press.）

河合晃一（2015）「ノンキャリア官僚研究のフロンティア——自治省特進組の人事システムの分析」（2015 年度日本行政学会研究会ポスターセッション発表資料）。

河合晃一（2019）「ノンキャリア自治官僚の人事システム」『年報行政研究』54 号，85-104 頁。

川瀬憲子（2012）『アメリカの補助金と州・地方財政』勁草書房。

河内隆・佐々木浩・米田順彦（2002）『地方自治総合講座1　地方自治の構造』ぎょうせい。

官僚機構研究会編（1978）『建設省残酷物語』エール出版社。

喜多見富太郎（2010）『地方自治護送船団——自治体経営規律の構造と改革』慈学社。

北村亘（2005）「三位一体改革の政治過程」『甲南法学』45巻3・4号，341-398頁。

北村亘（2006）「三位一体改革による中央地方関係の変容——3すくみの対立，2段階の進展，1つの帰結」東京大学社会科学研究所編『「失われた10年」を超えてII——小泉改革への時代』東京大学出版会，219-249頁。

北村亘（2009）『地方財政の行政学的分析』有斐閣。

北山俊哉（2011）『福祉国家の制度発展と地方政府——国民健康保険の政治学』有斐閣。

木寺元（2012）『地方分権改革の政治学——制度・アイディア・官僚制』有斐閣。

久世公堯（1957）「府縣における地方自治の實態——國と府縣との関係を中心として」日本公法学会編『公法研究』16号，110-122頁。

桑原幹根（1979）『桑原幹根回顧録——知事二十五年』毎日新聞社。

幸田雅治（2002）「自治省の政策形成過程」城山英明・細野助博編著『続・中央省庁の政策形成過程——その持続と変容』中央大学出版部，209-236頁。

河野勝（2002）『制度』東京大学出版会。

国立印刷局編『職員録』（各年度版）国立印刷局。

小原隆治（1993）「戦前日本の地方自治制度の変遷」西尾勝編『自治の原点と制度』ぎょうせい，39-77頁。

小原隆治（2006）「分権改革と大都市」指定都市市長会企画制作・東京市政調査会編『大都市のあゆみ』東京市政調査会，278-318頁。

金野啓史（2002）「同郷者団体と自治体——岩手県陸前高田市の事例を中心に」松崎憲三編『同郷者集団の民俗学的研究』岩田書院，57-90頁。

斉藤淳（2010）『自民党長期政権の政治経済学』勁草書房。

札幌市教育委員会編（1990）『さっぽろ文庫54　県人会物語』北海道新聞社

佐藤俊一（1985）「日本型多元主義と中央・地方関係」『群馬大学医療技術短期大学部紀要』5号，19-37頁。

佐藤文俊ほか（2003）『最新地方自治法講座⑨　国と地方及び地方公共団体相互の関係』ぎょうせい。

自治大学校編（1961）『戦後自治史II　昭和21年の地方制度改正』自治大学校。

自治大学校編（1963）『戦後自治史V　地方自治法の制定』自治大学校。

自治大学校編（1966）『戦後自治史VIII　内務省の解体』自治大学校。

時評社編『省庁名鑑』（各省庁別，各年度版）時評社。

神一行（1986）『自治官僚』講談社。

新藤宗幸（1992）『行政指導——官庁と業界のあいだ』岩波書店。

鈴木俊一（1999）『官を生きる――鈴木俊一回顧録』都市出版。

曽我謙悟（2005）『ゲームとしての官僚制』東京大学出版会。

曽我謙吾（2016）『現代日本の官僚制』東京大学出版会。

外岡秀俊（2006）『情報のさばき方――新聞記者の実戦ヒント』朝日新聞社。

園田茂人（1992）「日本的＜疑似地縁結合＞の現在――在京県人会組織に関する調査結果から（上）」『中央大学文学部紀要』147 号，1-50 頁。

祖父江孝男（1969）「日本における同郷人の結合様式――県人会の比較研究」『年報社会心理学 10　現代の人間関係の社会心理学』勁草書房，4-19 頁。

祖父江孝男（1971）『県民性――文化人類学的考察』中央公論社。

大霞会編（1970）『内務省史（第 2 巻）』地方財務協会。

大霞会編（1971）『内務省史（第 1 巻）』地方財務協会。

大霞会編（1977）『内務省外史』地方財務協会。

大霞会編（1987）『続・内務省外史』地方財務協会。

高田朝子（2010）『人脈のできる人――人は誰のために「人肌ぬぐ」のか？』慶應義塾大学出版会。

高寄昇三（2013）『昭和地方財政史第 3 巻　府県財政と国庫支援，地域救済と府県自治』公人の友社。

竹下虎之助・広島大学文書館編（2006）『地方自治とは何か――竹下虎之助回顧録』現代史料出版。

田中成之（2004）『〈改革〉の技術――鳥取県知事・片山善博の挑戦』岩波書店。

中国新聞社編（1976）『ルポ・地方公務員』日本評論社。

辻清明（1969）『新版日本官僚制の研究』東京大学出版会。

辻清明（1976）『日本の地方自治』岩波書店。

辻中豊（1988）『利益集団』東京大学出版会。

童門冬二（2005）『異才の改革者渡辺崋山――自らの信念をいかに貫くか』PHP 研究所。

土岐寛（1986）「東京事務所の政治行政機能」『都市問題』77 巻 12 号，40-46 頁。

土岐寛（2003）『東京問題の政治学（第二版）』日本評論社。

鳥飼顯（1997）「機関委任事務に関するいくつかの『通年』への疑問」『都市問題』88 巻 7 号，51-64 頁。

鳥飼顯（1999）「『法定受託事務』概念の放棄と事務区分の考え方の見直しについて」『都市問題』90 巻 8 号，101-117 頁。

内事局編（1948）『改正地方制度資料　第三部』内事局。

中内力（1995）『県庁わが人生』高知新聞社。

中根千枝（1967）『タテ社会の人間関係』講談社。

長野士郎（2004）『わたしの 20 世紀――長野士郎回顧録』学陽書房。

中野実（1986）「地方利益の表出・媒介と公共的意思決定」『日本型政策決定の変容』東洋経

　　済新報社，111-155 頁。

中野実（1992）『現代日本の政策過程』東京大学出版会。

中野実（1993）『日本の政治力学』日本放送出版協会。

中牧弘允，ミッチェル・セジウィック編（2003）『日本の組織——社縁文化とインフォーマ
　　ル活動』東方出版。

中村政則・天川晃・尹健次・五十嵐武士編（1995）『戦後改革とその遺産』岩波書店。

西尾勝（1990）『行政学の基礎概念』東京大学出版会。

西尾勝編著（2000）『分権型社会を創る②　都道府県を変える！——国・都道府県・市町村
　　の新しい関係』ぎょうせい。

西尾勝（2007）『地方分権改革』東京大学出版会。

西尾勝・村松岐夫（1994）『講座行政学第 5 巻　業務の執行』有斐閣。

西口敏宏（2007）『遠距離交際と近所づきあい——成功する組織ネットワーク戦略』NTT
　　出版。

日本経済新聞社編（1994）『官僚——軋む巨大権力』日本経済新聞社。

日本地方自治学会編（1997）『機関委任事務と地方自治』敬文堂。

日本の官僚研究会編（1971）『お役人操縦法——陳情・申請マル秘作戦』日本経済新聞社。

野地孝一（1985）「中央地方関係の分析枠組のために——日本とフランスの研究から」『信州
　　大学経済学論集』23 号，47-56 頁。

橋本大二郎（2001）『知事』平凡社。

橋本紀子（2005）「『青年の社会的自立と教育』に関する社会史的研究——1950 年代後半か
　　ら 60 年代前半の秋田県における集団就職に関する資料調査」『教育学研究室紀要——教
　　育とジェンダー研究』6 号，8-19 頁。

ばばこういち（1999）『改革断行——三重県知事北川正恭の挑戦』ゼスト。

林雄介（2003）『霞ヶ関の掟——官僚の舞台裏』日本文芸社。

原敏（2009）『清流の鯊』（自費出版）。

原田晃樹・金井利之（2010）「看取り責任の自治——滋賀県余呉町の居住移転政策を中心に
　　（下）」『自治総研』379 号，1-34 頁。

東国原英夫（2008）『知事の世界』幻冬舎。

平田彩子（2009）『行政法の実施過程——環境規制の動態と理論』木鐸社。

平田彩子（2017）『自治体現場の法適用——あいまいな法はいかに実施されるか』東京大学
　　出版会。

広瀬道貞（1981）『補助金と政権党』朝日新聞社。

広本政幸（1996-7）「厚生行政と建設行政の中央地方関係（一）〜（三）」『大阪市立大學法
　　學雜誌』43 巻 1〜3 号，99-127 頁・239-267 頁・494-526 頁。

福丸馨一（1962）「地方財政における中央集権化と『地域開発』問題」『鹿児島県立短期大学
　　紀要』13 号，67-79 頁。

北国新聞社編集局編（1982）『地方公務員』北国新聞社。

本澤二郎（1991）『代議士秘書残酷物語』エール出版社。

毎日新聞社会部（1980）『官僚――その腐蝕の構造』大陸書房。

毎日新聞社会部（1996）『醜い官僚たち――官官接待の闇』毎日新聞社。

毎日新聞取材班（1994）『霞が関しんどろーむ――「官益」国家の内側』毎日新聞社。

毎日新聞福岡総局編（1997）『平成公費天国――福岡県庁バブル物語』葦書房。

牧野眞一（2002）「沖縄の同郷者集団――県人会活動を中心に」松崎憲三編『同郷者集団の
　　民俗学的研究』岩田書院，21-56 頁。

牧原出（1999）「『省庁体系』に関する一考察」『季刊行政管理研究』87 号，3-15 頁。

牧原出（2003）『内閣政治と「大蔵省支配」――政治主導の条件』中央公論新社。

松下圭一・西尾勝・新藤宗幸（2002）『自治体の構想 2　制度』岩波書店。

松村清之（1954）「地方公務員の人事交流」荻田保編『自治論文集』地方財務協会。

松本英昭（2015）『新版逐条地方自治法［第 8 次改訂版］』学陽書房。

真渕勝（2010）『官僚』東京大学出版会。

真渕勝・高東柱（2017）「地方自治体の東京事務所」『政策科学』24 巻 4 号，251-276 頁。

水谷三公（1999）『日本の近代 13　官僚の風貌』中央公論新社。

三宅拓也（2015）『近代日本〈陳列所〉研究』思文閣出版。

宮澤弘著，御厨貴・飯尾潤編（2007）『地方自治に生きる――宮澤弘回顧録』第一法規。

宮嶋慶一・十代田朗・津々見崇（2002）「東京圏における同郷会の活動特性とその役割に関
　　する基礎的研究」『平成 14 年度都市計画論文集』Vol. 37，727-732 頁。

宮武外骨（1941）『府藩縣制史』名取書店。

宮本憲一編（1990）『補助金の政治経済学』朝日新聞社。

宮元義雄（1997）『官官接待と監査』学陽書房。

村尾信尚（2004）『「行政」を変える！』講談社。

村上弘（1993）「中央地方関係の『結合』と相互依存モデル――行政エリート調査その他の
　　アンケートをもとに」『立命館法学』230 号，43-74 頁。

村松岐夫（1979）「地方自治理論のもう一つの可能性」『自治研究』55 巻 2 号，3-36 頁。

村松岐夫（1985）「集権化の下における自治概念の再検討――政治過程論の中の地方自治」
　　『自治研究』61 巻 1 号，22-37 頁。

村松岐夫（1986）「政府間関係と政治体制」大森彌・佐藤誠三郎編『日本の地方政府』東京
　　大学出版会，243-276 頁。

村松岐夫（1988a）「相互依存関係モデルと 1980 年代以降の地方自治」『自治研究』64 巻 1 号，
　　14-29 頁。

村松岐夫（1988b）『地方自治』東京大学出版会。

村松岐夫（1994）『日本の行政』中央公論社。

村松岐夫（2005）「地方自治包括的改革における中央の戦略と地方の自己責任」『地方自治』

695 号，2-19 頁。

村松岐夫（2014）「戦前戦後断絶論と中央地方の『相互依存関係』仮説・再訪」『季刊行政管理研究』145 号，4-15 頁。

村松岐夫・稲継裕昭・財団法人日本都市センター編著（2009）『分権改革は都市行政機構を変えたか』第一法規。

村松岐夫・水口憲人編著（2001）『分権——何が変わるのか』敬文堂。

村山和雄（1997）「あなたの町のために東京でガンバル“予算工作員”たちのスパイ大作戦」『お役所「犯罪」ランキング』宝島社，61-70 頁。

安田雪（2004）『人脈づくりの科学』日本経済新聞社。

安田雪・高橋伸夫（2007）「同型化メカニズムと正当性——経営学輪講 DiMaggio and Powell（1983）」『赤門マネジメント・レビュー』6 巻 9 号，425-432 頁。

安富邦雄（1977）「戦前昭和期の農業補助金と農村対策」『商学論集』45 巻 3 号，1-70 頁。

柳川隆・川濱昇（2006）『競争の戦略と政策』有斐閣。

山岸俊男（1999）『安心社会から信頼社会へ』中央公論新社。

山岸俊男（2001）『社会心理学キーワード』有斐閣。

山口覚（2008）『出郷者たちの都市空間——パーソナル・ネットワークと同郷者集団』ミネルヴァ書房。

山崎幹根（2000）「政策決定過程における制度運用と中央地方関係の変化（1）——戦後北海道開発政策を事例として」『北大法学論集』50 巻 5 号，1115-1176 頁。

山田正志（1986）「地方自治体と情報収集」『都市問題』77 巻 12 号，27-39 頁。

山田雄一（1985）『稟議と根回し』講談社。

山本隆（2002）「福祉国家と政府間関係——イギリスの政策状況を中心にして」『立命館産業社会論集』38 巻 3 号，1-30 頁。

吉田和男（1998）『地方分権のための地方財政改革』有斐閣。

米盛裕二（2007）『アブダクション——仮説と発見の論理』勁草書房。

米山俊直（1976）『日本人の仲間意識』講談社。

読売新聞政治部（1971）『にっぽん権力地図——地方政治の総点検と解剖』サイマル出版会。

リード，スティーブン・R（森954朗ほか訳）（1990）『日本の政府間関係——都道府県の政策決定』木鐸社。（原著 Reed, Steven R. 1986. *Japanese Prefectures and Policy Making*. Pittsburgh, PA: University of Pittsburgh Press.）

笠京子（1990）「中央地方関係の分析枠組——過程論と構造論の総合へ」『香川法学』10 巻 1 号，39-93 頁。

渡辺深（2007）『組織社会学』ミネルヴァ書房。

Advisory Commission on Intergovernmental Relations. 1993. *Federal Regulation of State and Local Governments: The Mixed Record of the 1980s*. Washington, DC: ACIR.

Akizuki, Kengo. 2001. "Partnership in Controlled Decentralization: Local Governments and the Ministry of Home Affairs." In Michio Muramatsu, Farrukh Iqbal, and Ikuo Kume, eds., *Local Government Development in Post-war Japan*, Oxford: Oxford University Press, 63–84.

Blau, Peter M. 1963. *The Dynamics of Bureaucracy: Study of Interpersonal Relations in Two Government Agencies*. rev. ed. Chicago: University of Chicago Press.

Bowman, Ann O'M. and Richard C. Kearney. 2005. *State and Local Government*. 6th ed. Boston / New York: Houghton Mifflin Company.

Cammisa, Anne Marie. 1995. *Governments as Interest Groups: Intergovernmental Lobbying and the Federal System*. Santa Barbara, CA: Praeger Publishers.

Cialdini, Robert B. 2008. *Influence: Science and Practice*. 5th ed. Prentice Hall.（社会行動研究会訳（2014）『影響力の武器──なぜ人は動かされるのか』［第 3 版］誠信書房。）

DiMaggio, Paul and Walter W. Powell. 1983. "The Iron Cage Revisited: Collective Rationality and Institutional Isomorphism in Organizational Fields." *American Sociological Review* 48 (2), 147–160.

Elazar, Daniel J. 1984. *American Federalism: A View from the States*. 3rd ed. New York: Harper & Row.

Farkas, Suzanne. 1971. *Urban Lobbying: Mayors in the Federal Arena*. New York: New York University Press.

Giddens, Anthony. 2006. *Sociology*. 5th ed. Polity Press.（松尾精文ほか訳（2009）『社会学』［第 5 版］而立書房。）

Gray, Virginia, Russell L. Hanson, and Thad Kousser, eds. 2012. *Politics in the American States: A Comparative Analysis*. 10th ed. Thousand Oaks, CA: CQ Press.

Haider, Donald H. 1974. *When Governments Come to Washington: Governors, Mayors, and Intergovernmental Lobbying*. New York.: The Free Press

Henry, Nicholas. 2009. *Public Administration and Public Affairs*. 11th ed. Upper Saddle River, NJ: Prentice-Hall.

Herian, Mitchel N. 2011. *Governing the States and the Nation: The Intergovernmental Policy Influence of the National Governors Association*. Amherst, NY: Cambria Press

Jensen, Jennifer M. 2016. *The Governors' Lobbyists: Federal-State Relations Offices and Governors Associations in Washington*. Ann Arbor: University of Michigan Press

Jun, Jong S. and Deil Spencer Wright, eds. 1996. *Globalization and Decentralization: Institutional Contexts, Policy Issues, and Intergovernmental Relations in Japan and the United States*. Washington, DC: Georgetown University Press.

King, Gary, Robert O. Keohane, and Sidney Verba. 1994. *Designing Social Inquiry: Scientific Inference in Qualitative Research*. Princeton, NJ: Princeton University Press.（真渕勝監訳（2004）『社会科学のリサーチ・デザイン──定性的研究における科学的推論』

勁草書房。)

Lipsky, Michael. 1980. *Street-Level Bureaucracy: The Dilemmas of the Individual in Public Service.* New York: Russell Sage Foundation. (田尾雅夫訳（1986）『行政サービスのディレンマ——ストリート・レベルの官僚制』木鐸社。)

March, James G. and Herbert Alexander Simon. 1993. *Organizations.* 2nd ed. New York, NY: John Wiley & Sons. (高橋伸夫訳（2014）『オーガニゼーションズ［第 2 版］』ダイヤモンド社。)

Meek, Jack W. and Kurt Thurmaier, eds. 2012. *Networked Governance: The Future of Intergovernmental Management.* Thousand Oaks, CA: CQ Press.

Moncrief, Gary F. and Peverill Squire. 2017. *Why States Matter: An Introduction to State Politics.* 2nd ed. Lanham, MD: Rowman & Littlefield Publishers.

North, Douglass C. 1990. *Institutions, Institutional Change and Economic Performance.* Cambridge: Cambridge University Press. (竹下公視訳（1994）『制度・制度変化・経済成果』晃洋書房。)

O'Toole, Laurence J. and Robert K.Christensen. 2013. *American Intergovernmental Relations: Foundations, Perspectives, and Issues.* 5th ed. Thousand Oaks, CA: CQ Press.

Parkinson, C. N. and R. C. Osborn. 1957. *Parkinson's Law, and Other Studies in Administration.* Boston: Houghton Mifflin. (森永晴彦訳（1961）『パーキンソンの法則』至誠堂。)

Pfeffer, Jeffrey. 1992. *Managing with Power: Politics and Influence in Organizations.* Boston: Harvard Business School Press. (奥村哲史訳（2008）『影響力のマネジメント』東洋経済新報社。)

Porter, Michael E. 1980. *Competitive Strategy: Techniques for Analyzing Industries and Competition.* New York: Free Press. (土岐坤・中辻萬治・服部照夫訳（1995）『新訂競争の戦略』ダイヤモンド社。)

Rhodes, R. A. W. 1981. *Control and Power in Central-Local Government Relations.* Farnborough: Gower.

Rhodes, R. A. W. 1985. "Intergovernmental Relations in the United Kingdom." In Yves Meny and Vincent Wright, eds., *Centre-Periphery Relations in Western Europe.* London: George Allen & Unwin, 33-78.

Rhodes, R. A. W. 1986. *The National World of Local Government.* London: Allen & Unwin.

Rogers, Everett M. 2003. *Diffusion of Innovations.* 5th ed. Free Press. (三藤利雄訳（2007）『イノベーションの普及』翔泳社。)

Rose, Richard. 1985. "From Government at the Centre to Nationwide Government." In Yves Meny and Vincent Wright, eds., *Centre-Periphery Relations in Western Europe.* London: George Allen & Unwin, 13-32.

Samuels, Richard J. 1983. *The Politics of Regional Policy in Japan: Localities Incorporated?*

Princeton, NJ: Princeton University Press.

Stephens, G. Ross and Nelson Wikstrom. 2007. *American Intergovernmental Relations: A Fragmented Federal Polity*. New York: Oxford University Press.

Treisman, Daniel. 2007. *The Architecture of Government: Rethinking Political Decentralization*. Cambridge University Press.

Wright, Deil S. 1988. *Understanding Intergovernmental Relations*. 3rd ed. Pacific Grove, CA: Brooks-Cole.

新聞・雑誌記事等

朝日新聞「＜街＞霞が関の『とんび』多忙」1987 年 5 月 7 日付。

朝日新聞「新車両よりフル規格　フリーゲージ，国の開発難航」2017 年 2 月 19 日付。

朝日新聞北海道版「道内自治体東京事務所　曲がり角」2007 年 12 月 30 日付。

中國新聞「自治体クライシス第 9 部（1）東京事務所　情報収集，省庁へ日参」1999 年 5 月 28 日付。

中國新聞「天風録　呉市東京事務所」2008 年 3 月 23 日付。

北海道新聞「道内自治体，東京事務所撤退進む　道は縮小」2008 年 3 月 30 日付。

毎日新聞「補助金とるにもカネかけて……自治体は手土産攻勢——予算の陳情合戦，し烈」1994 年 12 月 20 日付。

毎日新聞「予算期に官官パーティー，千葉市が昨年 2 回　11 月に中央官僚の 200 人が参加」1995 年 8 月 25 日付。

毎日新聞「中央官僚との懇親会費用，『一般需用費』から流用−宮城県」1995 年 9 月 19 日付。

毎日新聞「宮城県，接待は廃止しますが懇談は続けます『区別は後で議論』——『官官接待』」1995 年 9 月 21 日付夕刊。

毎日新聞「[平成江戸屋敷もよう] 県東京事務所　1〜29」1996 年 9 月 16 日付〜1997 年 8 月 4 日付（全 29 回連載）。

毎日新聞「[再編大変！] 師走の中央省庁　運輸・建設『困った』……統合『府人会』トップ」2000 年 12 月 1 日付。

毎日新聞宮城版「[前略　有権者様]'04 参院選　政治家への道／下　宮城」2004 年 7 月 3 日付。

琉球新報「那覇市が東京事務所廃止検討　情報遠のく懸念も」2005 年 1 月 15 日付。

iJAMP「政府予算編成時の東京対策本部を廃止——佐賀県」1998 年 12 月 15 日付。

iJAMP「経費縮減で予算陳情の対策本部を廃止——福岡県」1998 年 12 月 16 日付。

iJAMP「予算対策の拠点，東京から県庁へ——大分県」1999 年 12 月 8 日付。

iJAMP「東京事務所の縮小を検討——山形県」2000 年 9 月 25 日付。

iJAMP「東京事務所を政策アイデア発信基地に　『省庁との連絡調整役』から脱却を——三重県」2001 年 10 月 9 日付。

iJAMP「道庁食糧費，6年で4分の1に――『裁判の成果』と原告弁護団」2001年11月27日付。

iJAMP「政策課題ごとにグループ制――福島県」2002年2月1日付。

iJAMP「東京の宿泊施設を売却へ――鹿児島県」2002年7月2日付。

iJAMP「政府予算対策本部を廃止――福井県」2003年12月19日付。

iJAMP「都内の宿泊施設を廃止――岩手県」2005年12月14日付。

iJAMP「東京事務所を廃止へ――北海道旭川市」2006年2月10日付。

iJAMP「東京事務所を廃止へ――鹿児島県鹿屋市」2007年3月12日付。

iJAMP「情報収集と政策提言強化へ東京事務所増員――高知県」2008年5月7日付。

iJAMP「09年度予算，24日に政府案＝復活折衝，原則廃止に――官房長官」2008年12月12日付。

iJAMP「道路予算の安定確保で決議＝関連4団体が決起集会」2014年11月27日付。

iJAMP「早期のリニア全線開通を要望＝国交副大臣に――期成同盟会」2015年6月4日付。

iJMAP「認知症対策，介護で提言＝厚労省老健局長に――全国知事会」2017年8月17日付。

iJAMP「女性活躍へ環境整備を＝野田担当相に要請――全国知事会」2017年9月1日付。

SankeiBiz「増える自治体『東京事務所』，129が開設済み　情報収集や地元アピール」2019年6月11日付。https://www.sankeibiz.jp/macro/print/190611/mca1906110500008-c.htm

週刊観光経済新聞「呉市が東京事務所を廃止へ」2008年1月19日付Web増刊号 http://www.kankokeizai.com/backnumber/08/01_19/chiiki_kanko.html

週刊ダイヤモンド「地方公務員のあきれた小細工今も温存される官官接待役所の公金ぼったくり体質」2001年3月17日号。

週刊ダイヤモンド「県人会パワーは今も健在」2009年10月3日号。

地方行政「トピックス国土交通省一層密に」2004年6月24日号。

日経グローカル「都道府県・政令市の人事交流調査」298号（2016年8月15日号）。

毎日フォーラム「霞が関人脈」2005年5月号～2009年4月号。

毎日フォーラム「新・霞が関人脈」2009年5月号～2013年12月号。

毎日フォーラム「霞が関ふるさと記」2014年1月号～2月号。

事項索引

人名索引

著者紹介

大谷 基道（おおたに　もとみち）

1970 年生まれ。早稲田大学大学院政治学研究科博士後期課程研究指導終了退学，同大学院で博士（政治学）を取得。茨城県職員，（公財）日本都市センター主任研究員，名古屋商科大学教授などを経て，

現在：獨協大学法学部教授，専門は行政学，地方自治論。

著書：『現代日本の公務員人事——政治・行政改革は人事システムをどう変えたか』（第一法規，共編著，2019 年），『ダイバーシティ時代の行政学——多様化社会における政策・制度研究』（早稲田大学出版部，共著，2016 年），『大震災に学ぶ社会科学 第 2 巻 震災後の自治体ガバナンス』（東洋経済新報社，共著，2015 年）など。

東京事務所の政治学
都道府県からみた中央地方関係

2019 年 10 月 20 日　第 1 版第 1 刷発行

著 者　大 谷 基 道

発行者　井 村 寿 人

発行所　株式会社 勁 草 書 房

112-0005 東京都文京区水道2-1-1　振替　00150-2-175253
（編集）電話 03-3815-5277／FAX 03-3814-6968
（営業）電話 03-3814-6861／FAX 03-3814-6854
大日本法令印刷・牧製本

©OTANI Motomichi　2019

ISBN978-4-326-30282-6　　Printed in Japan